宣州烽火

——新四军在宣州

宣城市宣州区新四军历史研究会

焦正达　主编

合肥工业大学出版社

图书在版编目（CIP）数据

宣州烽火：新四军在宣州/焦正达主编 . —合肥：合肥工业大学出版社，2018.3

ISBN 978 - 7 - 5650 - 3873 - 0

Ⅰ.①宣…　Ⅱ.①焦…　Ⅲ.①新四军—抗日斗争—史料—宣州区　Ⅳ.①K265.106

中国版本图书馆 CIP 数据核字（2018）第 059675 号

宣 州 烽 火
—— 新四军在宣州

焦正达　主编　　　　　　　　　　　责任编辑　郭娟娟

出　版	合肥工业大学出版社	版　次	2018 年 3 月第 1 版
地　址	合肥市屯溪路 193 号	印　次	2018 年 7 月第 1 次印刷
邮　编	230009	开　本	710 毫米×1010 毫米　1/16
电　话	人文编辑部:0551 - 62903205	印　张	22.25
	市场营销部:0551 - 62903198	字　数	384 千字
网　址	www. hfutpress. com. cn	印　刷	安徽联众印刷有限公司
E-mail	hfutpress@ 163. com	发　行	全国新华书店

ISBN 978 - 7 - 5650 - 3873 - 0　　　　　　　　　　　定价: 65.00 元

如果有影响阅读的印装质量问题,请与出版社市场营销部联系调换。

编　委　会

主　任　周启旺

副主任　杨作林　张学良　张光奎　郑生祥

编　委　马　荣　路增洪　李庭坚　徐永剑

　　　　张文选　焦正达　童达清　李居白

主　编　焦正达

副主编　童达清　李居白

凡　　例

1. 本书主要编写新四军 1938—1945 年在宣城市宣州区的战斗历史。因新四军多活动于省、县边界，为保持叙述的完整性，对部分跨边界的活动亦予以记录；同时，为便于读者较全面地了解情况，书中对一些历史背景作了简要的交代，并编录了新四军及游击队在宣州"编年纪"，附录了部分历史文献和当事人所作的回忆文章。

2. 在本书所涉及的时间段，宣州区为原宣城县，行政区域包括今宣州区及湾沚、红杨树、西河等镇及青弋江西岸部分地区（今分属芜湖县、南陵县）；为尊重历史及行文需要，本书在对该行政区域地名使用上，标题、目录、序言、后记中为"宣州"，正文内为"宣城"或"宣城县"。

3. 新四军战斗过的地方，部分地名现已改变，本书尽可能使用原地名。

4. 对某些史事出现各种文字、口述等资料记录不一之类的问题，本书采纳或引用公信度较高、与历史及地域实况等较符合的内容；无法判别情况的，则同时并存相对可信的内容。

5. 本书中的人物"传略"，只收录在宣州活动过的新四军、游击队指战员，按出生年排序。

6. 本书中军队番号的数字，新四军下属部队均小写，国民党部队集团军以下小写。

7. 本书中的纪年，除引文等特殊情况外，均使用公元纪年。

序

　　1938 年 5 月，粟裕率新四军抗日先遣支队，经宣州进入苏南敌后战场，从此拉开了宣州人民在中国共产党领导下抗击日本法西斯侵略的序幕。在长达八年艰苦卓绝的抗战中，新四军第 1、2、3 支队都曾在宣州这块热土上抛洒热血；在新四军的影响、领导和支持下，宣州人民积极投入抗日战争的洪流中，青年踊跃参军，群众出钱出粮，并成立了各种形式、规模的抗日游击武装，直到抗日战争取得伟大胜利。1945 年 10 月，新四军北撤后，为反对国民党的反动统治，宣州地方武装继续坚守在战斗第一线，面对白色恐怖，顽强斗争，终于迎来了中国人民解放军胜利渡江和新中国的成立。

　　为了牢记这一段光辉历史，激励后来者全身心投入社会主义建设，新中国成立后，宣城市宣州区地方党史部门、宣州区新四军历史研究会做了大量工作，曾经整理、编写过一些书籍、杂志，但现在看来仍显得零散，不系统。2017 年是中国人民解放军建军 90 周年，也是新四军成立 80 周年，习近平总书记在党的十九大报告中强调，要"推动中华优秀传统文化创造性转化、创新性发展，继承革命文化，发展社会主义先进文化，构筑中国精神、中国价值、中国力量，为人民提供精神指引"。为了更好地为新四军军史研究提供翔实而丰富的史料，总结历史经验教训，广泛开展革命传统教育，弘扬党的优良传统和新四军的"铁军"精神，宣州区新四军历史研究会深入挖掘、抢救新四军历史资料，走访新四军抗战老兵，并组织编写了《宣州烽火——新四军在宣州》一书。

　　本书系统地记载了新四军及其领导下的抗日武装在宣州的战斗全过程，

指导思想明确，记述全面清晰，资料翔实丰富，图文并茂，既有资料性又有可读性，既能把握全局又能细致入微，应该说是新中国成立后同类书籍中较好的一种。它的影响应该不仅仅限于宣州，凡是关注和研究新四军历史的人，包括新时代的党员干部，都可以认真地读一读本书，相信他们一定能从中得到有益的启示。总之，这本书的出版发行，对于立史存史，建设红色教育基地，开展红色传统教育，配合"昔日根据地，今日新农村"建设，为"全国百强"争先进位、提前全面建成小康社会，都有积极的现实意义和深远的历史意义。

编委会

2017 年 12 月

目　　录

引　言

　　20 世纪初，古老的神州大地风云激荡，发生着一幕幕史无前例的大裂变。

　　随着西方列强的侵略不断加剧，中国陷入半殖民地、半封建社会的深渊，广大民众承受着深重的苦难，国家、民族濒临危亡的边缘。但是，中华民族是永不屈服的民族，中国人民反抗侵略、救亡图存、争取独立和解放的斗争从来没有停止。1911 年 10 月，孙中山先生领导的"辛亥革命"爆发，终结了中国 2000 多年的封建君主制度。

　　由于历史的局限性，中国资产阶级革命没有取得彻底的成功，中国又陷入军阀割据、民不聊生的局面。于是，一批仁人志士开始重新思考中国的前途，探索新的革命道路。1915 年，陈独秀、胡适、鲁迅、钱玄同、李大钊等人发起的"新文化运动"，使各种新思潮进入中国，启迪了民众的思想觉悟，推动了现代科学、民主思潮在中国的发展。1919 年，"新文化运动"催生的五四爱国运动，则标志着中国进入了新民主主义革命时期。

　　五四运动为马克思主义在中国快速、广泛的传播，奠定了思想基础。当时，国内和国际环境也有利于马克思主义在中国生根发芽。第一次世界大战期间，因欧美资本主义国家互相厮杀，无暇遏制中国，中国民族资本主义工商业的发展进入"黄金时期"。随着中国民族资本主义工商业的发展及欧战结束后外资企业的增加，中国工人阶级队伍也日渐壮大，开始以独立的姿态登上了政治舞台，成为一支强大的、最富有革命性的新的社会力量。而俄国的"十月革命"，则改变了世界历史的方向，使中国革命有了新的国际环境和成功范例的指引。于是，中国各地共产主义小组相继建立。1921 年 7 月，毛泽东等 13 名代表在上海举行第一次全国代表大会，一个崭新的人民政党——中国共产党诞生了。

中国共产党领导中国人民进行新民主主义革命，经历了北伐战争、土地革命战争、抗日战争和解放战争4个历史阶段。在抗日战争时期，中国共产党与中国国民党实现第二次合作，共同抗击侵略者，最终赢得了抗日战争的伟大胜利。中国共产党领导的人民军队——八路军和新四军，为打败日本侵略者，争取中华民族的独立和解放，立下了不朽的历史功勋。

在安徽省的南部，有一座历史文化名城——宣城。抗日战争时期，新四军在宣城人民的支持下浴血奋战，有力地打击了日伪军，鼓舞了中国军民的抗战意志和胜利信心，为中华民族全面抗战的胜利做出了重要贡献。从1938年5月新四军抗日先遣支队进入宣城北乡，到1945年8月新四军苏浙军区第1纵队第3支队47团"狸头桥反扫荡"结束，新四军建军时4个支队中的第1、2、3支队都曾在宣城战斗过；特别是1938年9月到1939年11月，新四军第2支队司令部就驻扎在宣北地区，与宣城人民并肩作战，建立了血浓于水的深情，这片古老的土地因此而获得了新的荣光。光荣属于人民的新四军，光荣属于宣城和宣城人民。

80年来，一首威武豪迈的歌曲——《新四军军歌》在宣城大地上广为传唱，并将薪火相传，一代一代地传唱下去：

> 光荣北伐武昌城下，
> 血染着我们的姓名；
> 孤军奋斗罗霄山上，
> 继承了先烈的殊勋。
> 千百次抗争，风雪饥寒；
> 千万里转战，穷山野营。
> 获得丰富的战争经验，
> 锻炼艰苦的牺牲精神，
> 为了社会幸福，
> 为了民族生存，
> 一贯坚持我们的斗争！
> 八省健儿汇成一道抗日的铁流，
> 八省健儿汇成一道抗日的铁流。
> 东进，东进，我们是铁的新四军！
> 东进，东进，我们是铁的新四军！

扬子江头淮河之滨，
任我们纵横的驰骋；
深入敌后百战百胜，
汹涌着杀敌的呼声。
要英勇冲锋，歼灭敌寇；
要大声呐喊，唤起人民。
发挥革命的优良传统，
创造现代的革命新军，
为了社会幸福，
为了民族生存，
巩固团结坚决的斗争！
抗战建国高举独立自由的旗帜，
抗战建国高举独立自由的旗帜。
前进，前进，我们是铁的新四军！
前进，前进，我们是铁的新四军！

《铁的新四军》油画（周庆刚　马　锐　作）

第一章　日寇侵占宣州

第一节　"七七事变"前夕的宣州

宣城位于皖南山区与长江中下游冲积平原结合地带，历史悠久，文明昌盛。宣城自公元前 221 年（秦始皇二十六年）置县，公元前 109 年（汉武帝元封二年）置郡，三国后就被冠以"江南大郡"的名号。唐人论宣城："自古为名邑上郡，星分牛斗，地控荆吴，为天下之心腹，实江南之沃壤。既有山川之胜，又兼海陆之丰，六朝之物，萃于斯邑。"因地理、经济、文化、战略地位的显要，宣城历代都是郡、州、府等行政建制的治所、皖南地区的中心，被称为"京畿之区州府地、江东食货集散地、山明水秀揽胜地、上江人文首盛地"。

中华民国时代废府存县，宣城县东为广德、郎溪，南为宁国、泾县，西为南陵，北为芜湖和江苏高淳，邻近当时的首都南京，是南京的后方和粮仓。1932 年，安徽省试行首席县长制，设宣城首席县长，领宣城、郎溪、广德、宁国、泾县、绩溪、旌德 7 个县；全省划为 10 个行政区，宣城县属第 9 区，为专员公署驻地（1940 年第 9 区改为第 6 区，专员公署移驻芜湖）。1933 年，宣城县改所辖乡镇为联保，全县共有 16 个联保；1935 年设 6 个区署，分别为城厢、孙家埠、周王、西河、湾沚、水阳区，后恢复乡镇，区署辖 42 个乡、7 个镇、492 保、5128 甲。当时的宣城地域广大、资源丰富、人口稠密，经济、社会、文化等方面综合发展较好，堪称江南鱼米之乡、膏腴富庶之地。

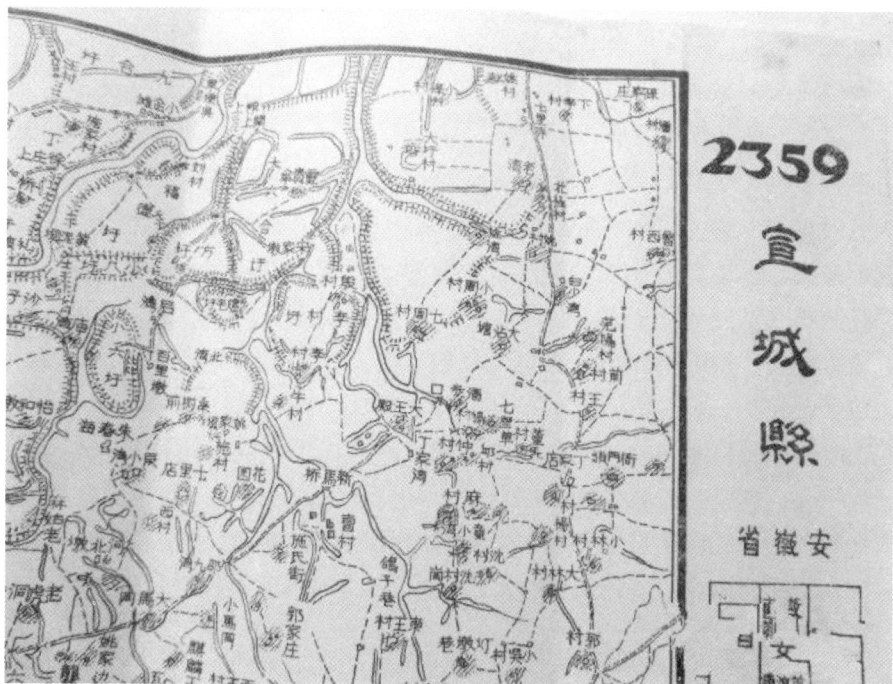

民国年间宣城县地图

　　抗战前的宣城县共有 108 005 户，513 419 人口，总面积约 4000 平方公里（含今芜湖县部分地区等）。其中耕地面积为 1 311 049 亩，人均 2.72 亩；主产农作物有水稻、麦类、薯豆类及旱杂粮等，经济作物有油料类、棉麻类、瓜菜类等。林地面积为 1 450 564 亩，用材林有杉树、檫树、松竹等，经济林有茶、枣、油茶、油桐、板栗、香榧等。水面资源约占总面积的 15%，水产品更是品种繁多、质优量大、享誉遐迩。因自然地理条件颇为优越，农业发展相对稳定，故一直是宣城经济的基础和主打产业。

　　宣城的商业较为繁盛。县城东、西、北门自古就形成街市，城中十字街是商业中心，东门外河道边多是富商大户，境内还有 24 个集镇市场；1937 年初，城内有百货布业 50 家、广货鞋帽 20 家、木竹业 96 家、茶行 20 家、药业 13 家、米店 28 家、砻坊业 30 家、屠业 19 家、旅店 35 家、浴业 11 家、酒楼茶馆 21 家、盐业 30 多家，共有大小商户 1200 多家、30 多种行业，并且大多是独资经营①。

①　参见《宣城县志》，宣州市地方志委员会编，方志出版社 1996 年版。

　　其他经济领域也在正常发展。工业方面已开始起步，1924年宣城第一座火力发电厂运行后，碾米、轧棉、纺织、染织、建材、生产生活器具、农副产品加工等行业发展较快，县内私营工厂、作坊、匠铺、个体手工业户多达4960家，仅官办、商办煤矿就有30余家。金融业方面初具雏形，有金融机构36家，其中银行7家、保险2家、信用社4家、钱庄10家、典当13家。交通较为便利，境内6条古道、2条水道依然发挥作用；早在1898年宣城和芜湖之间就开通了小火轮，1926年宣城至芜湖的公路开通了汽车，1934年江南铁路芜湖至孙家埠段通车（铁路毁于抗战战火）。宣城的信息渠道畅通，邮局、电报局、长途电话管理处、报纸杂志等一应俱全。教育、文化、民政等各项社会事业也较周边地区领先①。

　　当时的税收机制为分征制，国税、省税在宣城境内设有直接征税机构，自行征收税金；县级一般只征收田赋附加、契税附加、牙帖捐附加、牲畜税附加、杂项捐款及县有款产租息等，属于地方财政收入。1936年，宣城县财政收入为26.4119万元（大洋），而支出为13.2979万元（大洋），财政状况良好②。

----

① 参见《宣城县志》，宣州市地方志委员会编，方志出版社1996年版。
② 参见《宣城县志》，宣州市地方志委员会编，方志出版社1996年版。

抗战前期宣城的汽车、火车、小火轮

宣城社会表面的"和平繁荣"，却无法掩盖复杂的社会各阶级、阶层之间的矛盾，而当时的体制和机制根本不能有效化解这些矛盾。如外国商品与资本的侵入与民族工商业发展的矛盾、工商业主与雇工的矛盾、文化教育资源分配与穷人无力负担的矛盾等等，而农民和地主、高利贷者之间的矛盾尤其突出。

在广大农村地区，土地资源集中的现象相当严重，占总人口4.3%的地主占有了30%以上的土地，大量的农民没有土地或只有很少的土地，难以满足基本的生存需求。这种封建社会式的土地占有状况，迫使很多农民租种地主的土地，因而不得不承受他们的剥削。

民国时期的农村

地主剥削佃农的主要手段是收租，收地租有两种形式：一是"平分租"，根据当年田地收获的实际，实行租佃平分；二是"硬租"，就是不管年成的丰歉，都要交规定数量的地租，租额一般为"四六"或"五五"，有的超过一半，也就是说，佃农辛勤一年劳动所得，有四成至一半以上要以地租的形式交给地主。有的还有其他手段：如"牛租"，佃农绝少有自家的耕牛，无牛的则要租地主的牛，一般 1 亩要交租稻 25 至 30 斤；佃农还要给地主送"年节礼"、做无偿劳役等。

土地剥削和高利贷剥削通常相互关联，一些地主又兼做放高利贷者。对于租地的佃农，地主往往要收所谓的"押板金"，无钱交纳者只好向地主、放高利贷者借贷，借贷一般年利为 30% 左右；在青黄不接的时候，放高利贷者便乘机向贫穷的农民放粮，或放"青苗"，春借一，秋还二，更黑心的还有收取200% 的高额利息。此外又有什么"驴打滚""包子钱""要命钱"等花样繁多的高利贷，按天数计算利息，整得那些无奈借贷的穷人终年背债，不得翻身，苦不堪言。"镰刀上墙，家中无粮"，就是这些农民生活的真实写照。因此，农村破产者、贫困农民、佃农等与地主阶级之间存在着深刻的矛盾。

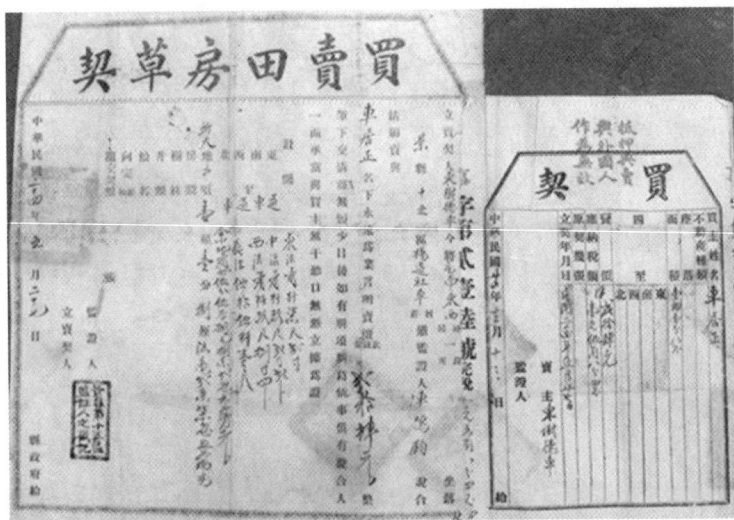

民国时期的田地、房屋买卖契约

在政权政治方面，矛盾更呈尖锐化。从县级政府到最基层组织，几乎都是国民党把持。政府机构里一些贪官污吏横行霸道，"衙门朝南八字开，有理无钱莫进来"，公权力成为攫取个人或小团伙利益的工具；而农村的区乡保甲制度，也是被国民党或其代理人、豪绅地主等所掌控，他们利用职权，催税逼租，抽丁抓夫，乃至敲诈勒索、鱼肉百姓，百姓苦不堪言、怨声载道。同时，国民党实行独裁统治，对共产党地下组织、游击队根据地进行残酷的围剿。

1936 年 1 月，"国民革命军"第 11 军一部纠集了"宁旌宣"3 县的保安队 3000 余兵力，向"泾旌宁宣"4 县边区的游击根据地大举进攻，采取分兵合击的战术，将根据地逐渐包围，所到之处烧毁房屋，捕捉干部。宣城县调查室"肃反"专员王介佛，让叛徒徐世良、苏承平、潘茂彬等人带领特务行动队，冒充游击队混进宣城八条坑，逮捕干部和群众 50 多人，共产党员汪金山等被捕后被杀害。"西安事变"后，国民党宣城县党部仍然执行"防共、反共"的方针，阻碍共产党的活动和发展，还制造事端设法将共产党的游击武装予以缴械解散。

但是，所有这些社会矛盾归根结底都是中国内部的矛盾，而在当时，全中国最激烈的矛盾就是中国人民与日本侵略者的矛盾，"中华民族到了最危险的时候，"民族危机空前深重，各族人民要求抗日的怒潮席卷全国。

第二节　日本发起全面侵华战争

日本侵略中国的野心由来已久。这个民族，在中国古代强大时不断派遣使节、留学生、学者、僧人等来学习中国先进的政治制度、生产方式和文化科技。仅在 7、8 世纪，日本就派遣了 18 次遣唐使来中国学习，受到中国朝廷和民间的友好接待，并无私地给他们提供帮助，传授知识本领。到 14 世纪后期，日本还专门遣使来中国增进"交好"，甚至甘做"属藩"，以获得同明朝"勘合贸易"的权益。16 世纪末，丰臣秀吉执政，野心开始膨胀，他曾狂言："在我生存之年，誓将唐之领土纳入我之版图。"1592 年（明万历二十年）、1597 年，日本两次出兵朝鲜，均被明军援朝的偏师打得大败而归。德川幕府末期，日本还认为"当今之世界万国中，皇国易取易攻之土地，无比中国之'满洲'为更易取者"。

1868 年（清同治七年），日本明治天皇发表《宸翰》，公开宣称要"开拓万里波涛，宣布国威于四方"；确立了所谓的"大陆政策"，以征服中国为首要目标：一是向北，越过朝鲜海峡"征韩"，进入中国东北、华北，同时觊觎俄国远东地区；二是向南，越过琉球进犯台湾，进入中国东南沿海地区和南洋诸国。1887 年，日本政府制定了《清国征讨方略》，采取了一系列举措：实行

"全民皆兵"，设立筹划战争的参谋本部，吞并中国的藩国琉球，侵略台湾，进犯朝鲜，继而于 1894 年发起中日"甲午战争"。战后日本得到了巨额赔款和台湾等战略要地，不仅促进了其本国的发展，而且也加剧了其对远东地区的侵略。1904 年，日本与俄国因争夺中国东北利益而爆发战争；次年日本战胜，与清政府签订了《会议东三省事宜正约》，占取了"租地"、铁路，掠夺中国的资源，并且就此在中国东北驻扎下关东军。第一次世界大战时，日本又出兵山东，胁迫袁世凯接受鲸吞中国的"二十一条"，加紧对中国的掠夺。

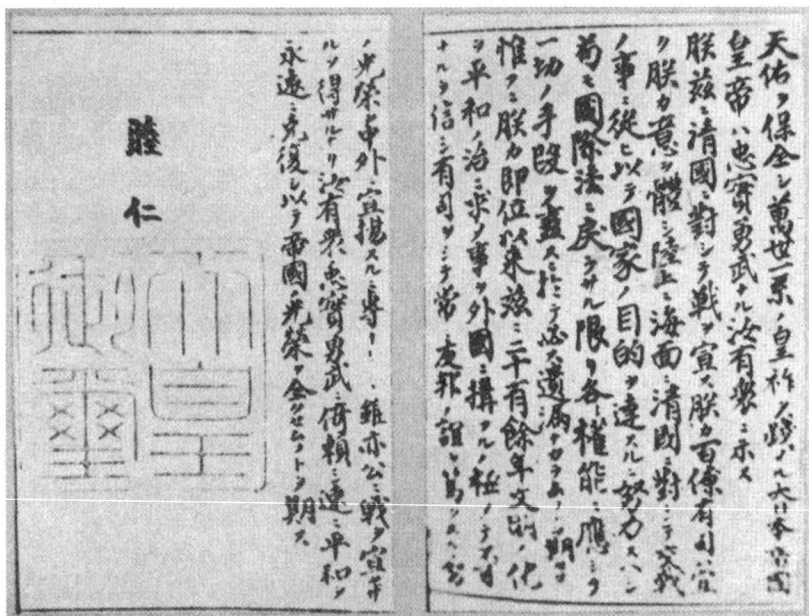

日本明治天皇对清朝的宣战诏书

1927 年，在田中内阁召开"东方会议"后，日本制定了侵略中国的总方针《对华政策纲领》，加快了攫取"满蒙"、武力侵华、实现大陆政策的行动。1931 年，日军发动蓄谋已久的"九一八事变"。由于蒋介石实行"不抵抗政策"，东北沦入日寇之手，后来成立了傀儡政权伪满洲国。

张学良东北军的中将参谋长荣臻于 9 月 18 日深夜记下当日的情况："得知日军袭击北大营，当即向北平张副司令以电话报告，并请应付办法。当经奉示，尊重国联和平宗旨，避免冲突，故转告第 7 旅王以哲旅长，令不抵抗……彼时，又接报告，知工业区迫击炮厂、火药厂，均被日军袭击。当时朱光沐、王以哲等，又以电话向张副司令报告，奉谕，仍不抵抗……"

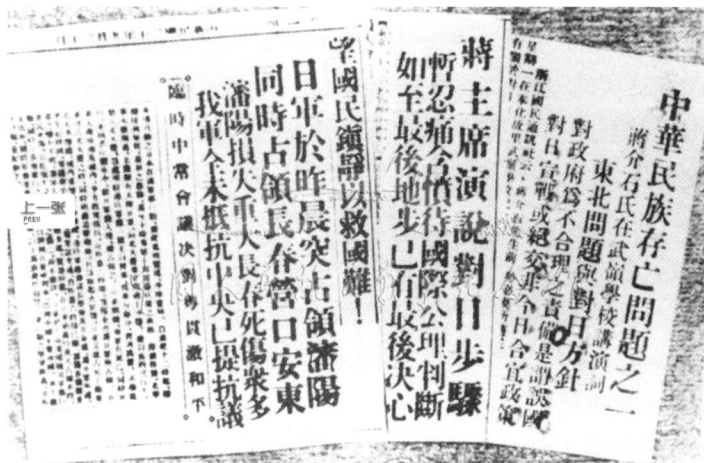

中国报纸和日本画报里的"九一八事变"

9月19日下午，张学良方致电蒋介石："昨日接到沈电，惊悉中日冲突事件，唯东北既无抵抗之力量，亦无开战之理由，已经由沈，严饬其绝对不抵抗，尽任日军所为。"对此张学良解释："当时我没想到日军会那么蛮干，我以为他们绝不会这样做。我觉得日本是要以这种军事行动来挑拨我们，因此我下令不要抵抗。我希望和平解决这个事件……后来国民对我的不抵抗有所责难，对这我不能接受。但如果责备我未能看穿日本的阴谋，我承认我有责任。"到1990年接受日本公共电视台NHK采访时，张学良仍表示："当时没想到日本人会大规模地进攻，所以判断，不可乘日本军部的挑衅而扩大事件"；"战争不合乎日本政府的利益，日本政府应会约束关东军。"

事变之后全国哗然，人民群众以各种大规模运动的形式，要求对日本宣战，收复失地。9月20日，中共中央发表《为日本帝国主义强暴占领东三省事件宣言》，强烈谴责日寇的侵略；22日又通过《关于日本帝国主义强占满洲事变的决议》，提出组织东北游击军队抗日（后形成东北抗日联军，即"抗联"）。而蒋介石为首的国民政府本着"攘外必先安内，统一方能御侮，未有国不统一而能取胜于外者"的原则，企图清除共产党及国民党内的反对势力后，再集结力量抗日，故对日本采取妥协政策，避免冲突扩大。

蒋介石对"九一八"日军侵袭之事深感愤怒和耻辱，他在第二天的日记中写道："是其欲乘粤逆叛变之时，内部分裂，而侵略东省矣。内乱不止，叛逆毫无悔祸之心，国民亦无爱国之心，社会无组织，政府不健全。如此民族以理论决无存在于今日世界之道，而况天灾匪祸相逼而来之时乎？余所恃者唯一片爱国心。此时明知危亡在即，亦唯有鞠躬尽瘁，死而后已耳。"此后他在日记的开头均写下"雪耻"二字，如当年夫差、勾践般警醒自己；9月20日他写道："雪耻，人定胜天。日本侵略东省，是已成之事，无法补救。如我国内能从此团结一致，未始非转祸为福之机。故对内部当谋团结也。因沈阳、长春、营口被倭寇强占以后，心神哀痛，如丧考妣。苟为我祖我宗之子孙，则不收回东省永无人格矣。小子勉之。"9月21日他写道："雪耻，人定胜天。团结内部，统一中国，抵御倭寇，注重外交，振作精神，唤醒国民，还我东省……"

蒋介石虽痛恨日本的侵略，但他一方面严重低估了中国人民的抵抗能力和决心，迟迟不能实行全面抗战；另一方面又加紧全力围剿共产党领导的红军，继续坚持国民党内的斗争；虽然他的目的是"团结内部，统一中国"，但这些行为却无疑增长了日本的气焰，为日本加快侵略步伐提供了可乘之机。此后，日军又进犯华北，威逼平津，在上海等地挑起战事；还在华北搞所谓的"自治运动"，企图达到其实际占领的目的。国家山河破碎，百姓陷于水火，中华民族处于生死存亡的紧急关头。

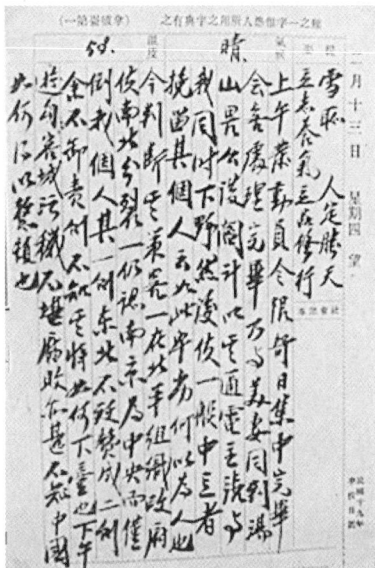

蒋介石日记

为挽救国家和民族，中国共产党明确提出团结抗日的主张。早在 1934 年 10 月，中央苏区红军就发出《为中国工农红军北上抗日宣言》，开始二万五千里的长征。1935 年 8 月 1 日，中国共产党发表《为抗日救国告全体同胞书》（史称"八一宣言"），呼吁全国各党派、各阶层、各军队团结起来，停止内战，一致抗日。1935 年 12 月，中共中央在"瓦窑堡会议"上提出了建立抗日民族统一战线的方针，为全面抗日的到来做了思想上和理论上的准备。1936 年 1 月，毛泽东、周恩来、彭德怀等联名发出《红军为愿意同东北军联合抗日致东北军全体将士书》；5 月，中共中央发布《停战议和一致抗日》通电，放弃"反蒋抗日"的口号；9 月 1 日，党内指示明确提出了"逼蒋抗日"的方针。中国共产党为建立抗日民族统一战线，进行了艰苦不懈的努力和机智英勇的斗争；而联合抗日的正确主张也产生了很好的政治效应，有力地推动了全国抗日救国运动的开展。

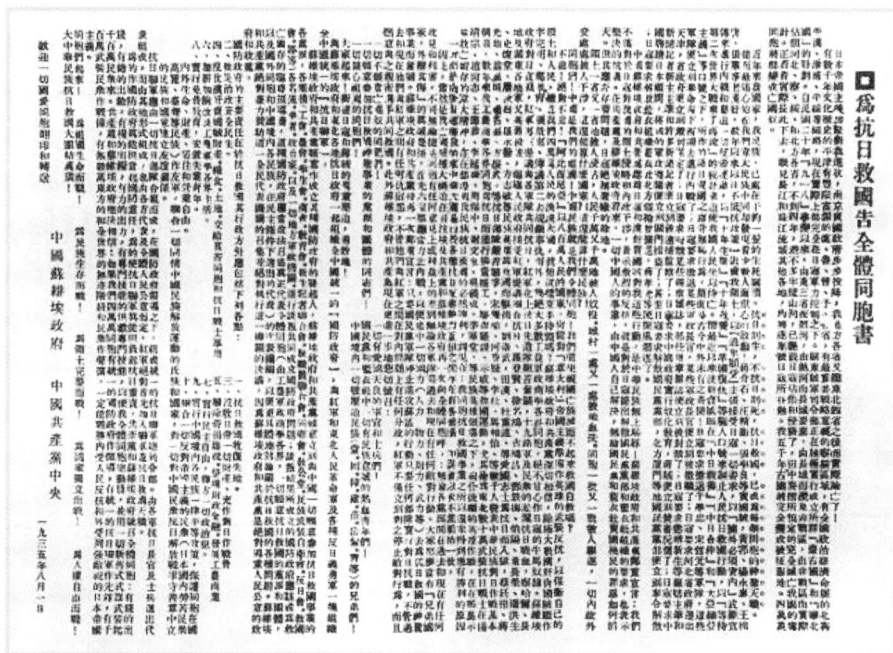

中国共产党发表"八一宣言"

在共产党人的感召、支持和参与下，1936 年 5 月，宋庆龄、沈钧儒、邹韬奋、陶行知、章乃器等国民党左派和爱国民主人士发起成立"全国各界救国联合会"，开展救亡图存运动。国民党内不同派系的军队也受到影响。6 月 1 日，陈济棠、李宗仁在广州发出通电，痛斥"九一八事变"后日寇对中国领土的践踏，决定率部北上抗日。而张学良感触最深，他本在热河沦陷后引咎辞职，1935年9月，蒋介石却调其入陕甘"剿共"，张学良到了陕西，在与红军的交战中，东北军接连失败。家园沦丧，国难当头，东北军也不愿再打内战，张学良对蒋介石"攘外必先安内"的政策也不认同；加上共产党的统战工作，使得张学良开始秘密同共产党接触。1936年4月9日，张学良飞抵延安与周恩来、李克农举行会谈，张学良同意停止内战一致抗日，同意组织国防政府和抗日联军，并同意为红军北上让路。1936年9月，东北军与共产党正式签订了《抗日救国协定》。

东北军的战局失败以及与红军停战对峙，引起蒋介石的不满，于是他亲自前往西安督战。张学良与第十七路军总指挥、西北军军长杨虎城多次劝说蒋介石停止"剿共"，一致抗日，遭到蒋介石的拒绝。1936年12月12日，张学良、杨虎城在西安华清池发动"兵谏"，扣留了蒋介石及其随行的一批党政军要员，提出"八项主张"并通电全国。在国际国内多种政治力量的干预、斡旋以及中

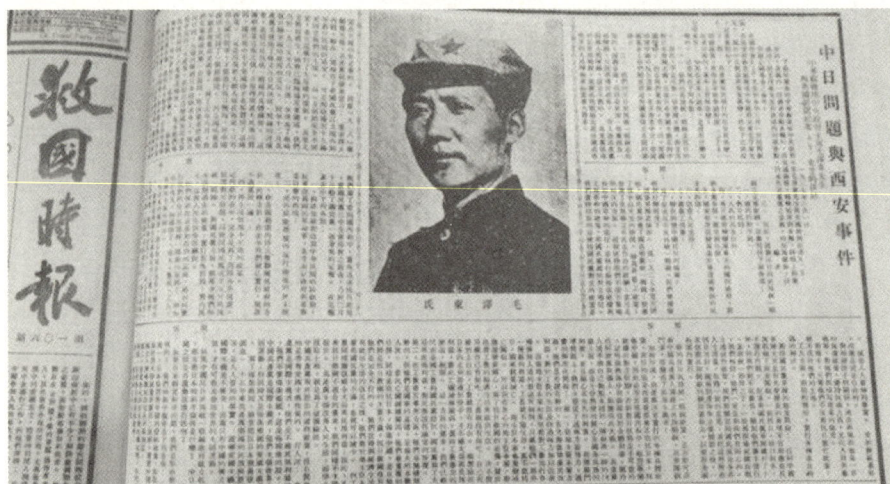

《救国时报》报道"西安事变"

共中央和周恩来的主导下，"西安事变"最终得以和平解决。历史在这里发生了一个极其重大的转折，蒋介石接受了"停止内战，联共抗日"的主张，第二次国共合作、抗日民族统一战线初步形成。中国共产党自此获得了合法生存、休整和发展壮大的机会，中国人民抗日的热情更加高涨。12月26日，张学良护送蒋介石平安抵达洛阳后，《大公报》称："全国民众听到这个喜讯，都欢喜

得几乎要发疯了。昨天晚间，全国自都市至城关，自成人以至儿童，都热烈庆祝，欢声彻夜，这种情形，真是揭开了历史的新页。"

值此之际，日本也在加紧蚕食中国，并作出了全面发动对华战争的部署。1936 年，日本华北驻屯军多次制造事端，逼迫驻丰台的国民党军第 29 军撤出，侵占了丰台；由于丰台是北宁、平汉两条铁路的交汇处，有重要的战略地位，日军便在这里大肆扩建兵营，作为储存后勤物资的备战基地。1936 年 4 月，日本广田内阁对华北驻屯军实行增兵及升格；增兵后的日军频繁在中国军队驻地附近演习，经常与中国军队对峙并挑衅，其实日军真正的目标是卢沟桥。

卢沟桥位于北平城西南约 15 公里的永定河上，自古以来就是重要的交通枢纽和货物集散地；它还具有极高的桥梁工程技术和艺术水平，"卢沟晓月"从金代起就被列为"燕京八景"之一。元代，意大利旅行家马可·波罗在游记里说卢沟桥"是世界上独一无二的"。1937 年，北平的北、东、南三面已经被日军控制：北面是热河和察哈尔东的关东军一部，西北是关东军控制的伪蒙军 8 个师约 4 万人，东面是伪"冀东防共自治政府"及其所统辖的约 1.7 万人的伪保安队，南面丰台已被日军强占；而卢沟桥就成了北平对外的唯一通道，战略地位更加重要，日军一旦占领卢沟桥，北平就是一座死城。卢沟桥东的宛平城原是军营，明清时代称为"拱北城""拱极城"，是捍卫北平的军事要塞。为截断北平与南方各地的来往，进而控制察哈尔和河北，使华北完全脱离国民政府，日军精心谋划，第一步就是占领卢沟桥和宛平城。

1937 年 2 月初，日本林铣内阁上台后，频频调运关东军入关，平津间的日军兵力增加到 3 万多人。6 月，华北驻屯军专门开展以攻击卢沟桥、夺取宛平城为目标的昼夜演习，并成立临时作战科，积极备战。1937 年 7 月 7 日，日军终于制造出全面侵华的标志性事变——"卢沟桥事变"，亦称"七七事变"。

事变爆发后，群情激愤，举国上下要求立即全面抗战的呼声直冲霄汉。7 月 8 日，蒋介石在庐山制定了处理"事变"最初的"不屈服，不扩大"和"不求战，必抗战"的方针；蒋介石致电第 29 军军长兼冀察政务委员会委员长宋哲元、副军长兼北平市市长秦德纯等人，"应固守勿退"，"守土应具决死决战之决心，与积极准备之精神应付"，"全体动员，以备事态扩大"。

同日，中共中央向全国发布《中国共产党为日军进攻卢沟桥通电》，呼吁："全中国的同胞们，平津危急！华北危急！中华民族危急！只有全民族实行抗战，才是我们的出路！我们要求立刻给进攻的日军以坚决的反攻，并立刻准备应付新的大事变。全国上下应该立刻放弃任何与日寇和平苟安的希望与估计。"

通电要求"不让日本帝国主义占领中国寸土""为保卫国土流最后一滴血",号召全国人民团结起来,政府与军队团结起来,筑起抗日民族统一战线的坚固长城,驱逐日寇出中国!

中共中央呼吁抗击日本侵略者的通电

当天下午,毛泽东、朱德、周恩来等9人联名给蒋介石发电:"庐山蒋委员长钧鉴:日寇进攻卢沟桥,实行其武装夺取华北之已定步骤……红军将士愿在委员长领导之下为国家效命,与敌周旋,以达保地卫国之目的。"7月9日,彭德怀、林彪、刘伯承、贺龙等代表全体红军给蒋介石发电报:"我全体红军愿即改名为国民革命军,并请授名为抗日前锋,与日寇决一死战!"15日,共产党将《中国共产党为公布国共合作宣言》提交国民党,指出:为挽救祖国的危亡,在和平统一团结御侮的基础上,已经与国民党获得了谅解而共赴国难。17日,共产党代表周恩来、秦邦宪、林伯渠在庐山同国民党代表蒋介石、张冲、邵力子再次会谈国共合作事宜。随即蒋介石面对各党派代表、各界名流正式发表《抗战宣言》,郑重宣布:

"我们已快要临到人为刀俎、我为鱼肉的极人世悲惨之境地，我们不能不应战！至于战争既开之后，我们只有牺牲到底，抗战到底，若是彷徨不定，妄想苟安，便会陷民族于万劫不复之地；如果放弃尺寸土地和主权，便是中华民族的千古罪人！……如果战端一开，那就是地无分南北，年无分老幼，无论何人，皆有守土抗战之责任，皆因抱定牺牲一切之决心！"

《抗战宣言》的发表，意味国民党的政策从"安内"转向"御侮抗日"，国共两党开始第二次携手合作，对抗外敌，抗日民族统一战线正式形成。

7月11日，日本近卫内阁发表了《派兵华北的声明》；接着日军参谋本部作出《形势判断》，制定了《对华作战要领》和《在华北使用兵力时对华战争指导要领》，认为"迅速收拾时局下最大决心的时机已经到来"，预定在3个月内消灭国民政府政权。7月28日，日军在100余门大炮和装甲车配合、数十架飞机掩护下，向北平发动总攻。第29军将士包括军事训练团学生浴血抵抗，副军长佟麟阁、第132师师长赵登禹等官兵和学生壮烈殉国。29日、30日，北平、天津相继沦陷。

7月31日，蒋介石发表《告全体将士书》："……和平既然绝望，只有抗战到底……我们要大家齐心，努力杀贼，有进无退，来驱逐万恶的倭寇，复兴我们的民族！"8月，战火向东南蔓延。8月14日，《国民政府自卫抗战声明书》发表，中国自"九一八"事变后从局部抗战走向了全面抗战。

第三节　宣州沦陷和日寇的暴行

国民政府定下"以空间换时间，积小胜为大胜"的战略方针，中国人民决心坚持长久抗战。由于华北平原地势平坦，对机械化装备程度高、训练有素的日军有利，国民党军决定吸引日军把侵略重点转到东南，充分利用山川河流众多的地形优势，开辟第二战场，分散敌军兵力，争取部分战争主动权，以达到尽量消灭日军的有生力量、最终战胜日寇的目的。

1937年8月13日，第二次淞沪会战展开。日本上海派遣军司令官松井石根率两个师团进攻上海，第九集团军总司令、京沪警备司令张治中率部奋起抗击；双方不断增兵，战事越来越大。此战日军共出动精锐部队20多万人，出动飞机390架，舰艇30余艘，包括4艘航母，已超过华北战场的兵力；国军共出动近

70万人（实际到达战场约40万人），包括中央军、川军、桂军、粤军、滇军、湘军等，总指挥先是第三战区司令长官冯玉祥，后由蒋介石亲自兼任。由于抗战初期的国军武器装备劣，训练素质低，派系、兵种协同作战能力弱，加上战前准备不足、战机把握不够、战术失误过多等原因，虽然顽强抵抗，但血肉之躯终究抵不住钢铁大炮；于是在11月8日夜间，国军开始撤出阵地，上海沦陷。

第二次淞沪会战

第二次淞沪会战国军虽然失败，但在战略上却成功地将日军吸引到东南，陷入长期的消耗战中，粉碎了日本"三个月亡华"的神话。同时国军将士3个月的浴血奋战，使世界各国看到了中国的抗日实力与决心；日本的民心士气则大受影响，日军速战速决的美梦被打破，致命弱点暴露：战争与民生的资源难以长久支撑，那么最后的溃败就是其必然的命运。而全中国却凝聚了一个共识：为了抵抗侵略者，中国"纵使战到一兵一枪，亦绝不终止抗战！"

日军占领上海后继续引兵西进，11月12日，松井石根率4个师团分三面合围中国的首都南京，后又增兵至20余万人。日军北路沿沪宁铁路，向无锡、常州、丹阳和句容攻击，一部自镇江渡江北上，切断津浦线和江北大运河，堵截南京守军北撤之路；中路自无锡转攻金坛，兵锋直逼南京；南路绕太湖，经湖州、广德、宣城、芜湖，以断南京守军的西撤之路。同时，日本海军大小舰艇亦溯江而上，策应陆路日军行动。

11月24日，蒋介石任命唐生智为南京卫戍司令长官；保卫南京的国军总兵力约15万人左右，其中军事学院学生、新兵3万多人。12月2日，日军攻破江阴防线；其后，日军攻占镇江、句容、溧水、丹阳、江宁淳化镇，对南京城形成钳形包围的攻势。12月10日，日军向南京发起总攻，国军节节抵抗，战

日军进攻南京的命令

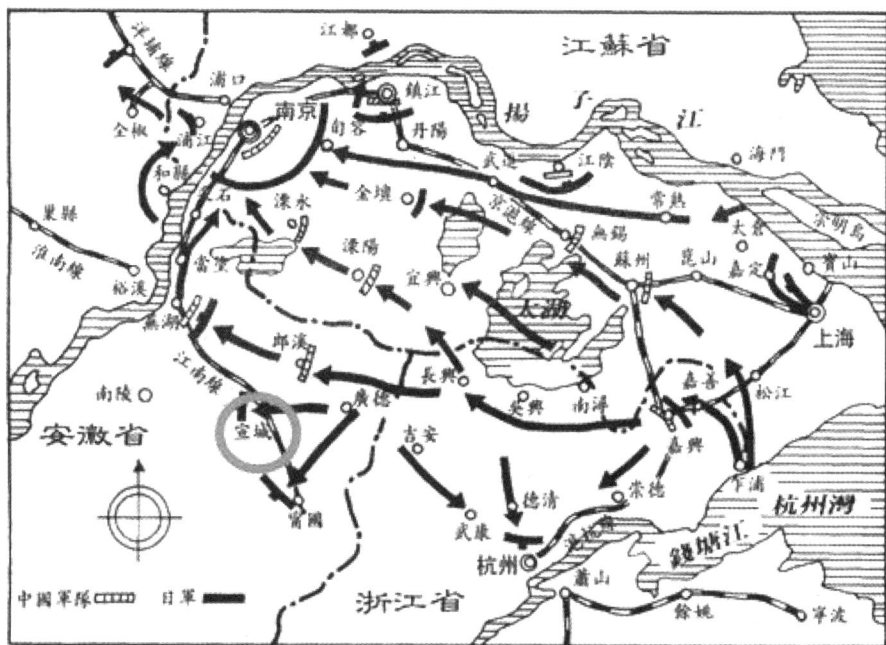

斗极为惨烈，形势极其危急。12 月 11 日夜，蒋介石致电唐生智："如情势不能久持时，可相机撤退，以图整理而期反攻。"12 日凌晨 2 时许，唐生智召集参谋人员制订撤退计划及命令。因唐生智在战前曾表示破釜沉舟、誓与南京共存亡，并没有预作周密的撤退安排，也没有控制船只水道，临时制订的计划根本没有可行性；突然的阵前撤退，造成一片大混乱，使撤退变成了溃败，结果只有大约 3 万官兵成功突围。

1937 年 12 月 13 日，日寇攻陷南京城，开始了长达 6 个星期的大规模疯狂屠杀、抢掠、强奸等惨绝人寰、灭绝人性的罪恶暴行，造成南京城内外 30 至 40 万中国军民死难，史称"南京大屠杀"。

1937 年 12 月南京攻防图

日军合围南京时，国军在南京西路已无兵可调。为保障南侧背的安全，蒋介石商同川军首领刘湘，急令川军第二十三集团军守卫广德至长兴防线，第二十三集团军各部分别奔赴防区。11月25日，日军18师团（牛岛师团）出动飞机、大炮、坦克、装甲车强攻广德以东的界牌，川军第145师顽强阻击，激战数日，弹尽援绝，师长饶国华殉国，临终遗书道："本部扼守广德，掩护友军后撤集中，已达成任务。我官兵均不惜牺牲为国效力，忠勇可嘉，深以为慰。广德地处要冲，余不忍视陷于敌手，故决与城共存亡，上报国家培养之恩与各级长官爱护之意，今后深望我部官兵奋勇杀敌，驱寇出境，还我国魂，完成我未竟之志，余死无恨矣！"11月30日，广德被日军占领。

自11月26日起，日军即开始了对广德、宣城、芜湖等皖南战略要地的连续空袭。26日上午9时至下午2时许，日军20余架飞机对宣城县城进行了狂轰滥炸和机枪扫射，城南大街、鳌峰和东门城外数千间民宅、商铺、单位用房、古建筑等被炸成一片瓦砾；民众伤亡者难以计数，仅南门豆腐巷口的一颗炸弹就致使18人丧生，北门大街的胡德和杂货店内38人被当场炸死。27日上午8

毁于日寇战火的宣城古建筑

时至下午 1 时许，十余架日机在县城中心地段复兴街一带轮番投放燃烧弹，繁华的十字街区域陷入火海烈焰之中。11 月 29 日、30 日，又有十多架日机飞临县城上空轰炸，宣城火车站东站、北站、汽车站、凤凰桥、谢朓楼、皖南中学、开元寺等悉数被炸毁，全城房屋十毁七八，断壁残垣，尸横遍野，惨不忍睹。日机飞走后，城内木匠忙着就地取材，用被炸房屋的木料赶做简易棺材，装殓死难者。

　　1937 年 12 月初，日军以坦克开道继续推进，在郎溪县十字铺兵分两路，一路沿望十路进军郎溪，一路向西进军宣城。12 月 3 日，郎溪沦陷。西路日军 18 师团第 52 联队攻打宣城，与国军驻军发生激战。由于当时宣城的国军都是各战场溃退的疲兵，有川军残部、黔军独立 34 旅（兵员已不足 1 个团）等，人员归建和休整不足，武器弹药装备都未及时补充，也缺乏有效的统一指挥，战斗失利后被迫撤退；国民党宣城县党部书记雷克展逃回湖南老家。12 月 6 日，宣城沦陷。日军从宣城东门攻入县城，一路烧杀抢掠，沿芜屯公路两侧，东起双桥集镇，西到八里岗，几乎没留下一间完整的房屋。城内没来得及逃走的百姓、伤兵遭到残暴杀戮，大街小巷、河道水井，到处是累累尸体。根据《宣城县志》（1996 年方志版）、宣城地方党史等文献资料记载及相关当事人口述，日寇在宣城北郊、狸桥、水阳、孙埠等地制造了一系列的血案，经整理概略如下：

日本《支那事变画报》刊载的攻陷宣城的消息

日军攻下宣城县城后，很多居民逃到城北的敬亭山南麓避难，但后来还是被日军发现。日军两次血洗北郊，残杀手无寸铁的百姓100多人，且手段凶残到令人发指，连儿童也不放过。

制造血案的动因是为了恐吓百姓，让百姓顺从他们的奴役，而其"理由"却是为抓捕一个女人。日军进城后掳掠了一批妇女"慰安"士兵，北门金谷春浴室跑堂师傅高小宝的妻子就是其中之一，高妻被蹂躏后于某日伺机逃了出来，日军震怒，到处搜捕，得悉敬亭山中隐藏了很多百姓，决定前去"扫荡"。

1938年正月初八清晨，大雪初晴，日军分三路出发，一路到顾村，一路到高塘桥、孙家庄，一路到金土地庙，然后到韩家庄会合。日军在敬亭山下方圆十多里的地方，见房就烧，见人就杀，男女老幼难民四散奔逃，一部分人集中逃往"罗汉肚子"一带的深山沟。北门搬运工曹国江一家4口被打死在花园冲路口。居民陈金全的老伴因是小脚跑不快，被撵上来的日军用刺刀刺破肚皮，肠子拖了一地，她在雪地里挣扎着爬了一段后痛苦地死去。日军抓到韩家庄的剃头匠张江海，胁迫他带路进山沟抓人，他因不肯而被日军砍下了头颅。一个和家人跑散的5岁小女孩被抓，日军把她挑在步枪的刺刀尖上，小女孩嘶声哭叫，日军狞笑阵阵，接着残忍地把孩子扔向火堆烧死。

下午，日军抓到了高小宝一家5口、卖灯草的王老头一家4口及韩家庄的农民童宗旺、马正财、王明友、袁老四、金老三妻子等人，日军将他们关进哑巴冲邝家的草屋里，只留下高妻。日军反扣草屋大门，持枪把守屋子四周，然后放火烧屋。与此同时，日军将高妻绑在屋外的长条凳上，在血红的火光下、凄厉的惨叫声中，对高妻实施了轮奸；发泄了兽性后，日军又用刺刀乱戳她的下体，最后把她连板凳一起塞入正在燃烧的屋里。

三天后日军再度进山，把山洼里难民栖身的草棚子全部烧光；又包抄了一峰寺，杀害了在庙里避难的群众50多人，烧毁了一峰寺等寺庙的房屋数十间。

日军在进攻宣城的中途即制造了"狸桥惨案"。狸桥镇俗称"狸头桥"，位于宣城北乡，与郎溪和江苏高淳接壤，也是通往南京的一个门户。日军开进狸桥后杀人放火无恶不作，镇上的商家居民无不遭受荼毒。街上开药铺的李则青、居民王老四、周老大等首当其冲被残杀；吴金生爷爷被日军用刺刀扎入太阳穴狠狠转了一圈，鲜血喷涌而死。森泰巷一家老两口带着10岁的孙女躲在楼梯底下，被日军发现后拖出，爷爷被毒打致死，奶奶和小孙女被强奸后杀死。金山村张家冲农民梅万文的儿子儿媳，逃到高山头村被日军抓住，儿子被刺刀捅死，儿媳被轮奸后杀死；高山头村的一对新婚夫妇藏身村头乌龟桥下，仍没有逃脱

敬亭山麓广教寺双塔，千年古寺毁于日军战火

悲惨的命运，新郎吴花子被日军抓获后用步枪的刺刀剖开腹部，他的新媳妇就在村口被十多个日军轮奸，然后用东洋刀剖腹杀死。

日军在狸桥镇区及周边的村庄烧杀抢夺4天4夜，光明村、金山村、胡村、塔山村、河北村、东华里村、刘村、东头村、慈溪村、宝塔村等地都遭到血洗，粮食财物被抢，300多户人家被烧，成百上千的农民被屠杀，数不清的妇女被强暴。后来日军又多次进犯狸桥，恶行不断。整个抗日战争期间，狸桥镇遭受日军的踩踏特别严重，据不完全统计，共有6978户被日军摧残，占当时总户数的80%，被残害的百姓有6218人，房屋、器物、牲畜及其他财物被破坏、掠夺的不计其数。

日本报纸报道日军攻陷宁国府城（宣城）

　　攻下宣城县北部重镇湾沚后，日军继续进军芜湖。1938 年 1 月 3 日，驻守湾沚的吉田中队 100 余人从新丰进犯水阳镇，在河东遭到地方民众自卫组织的顽强阻击。日军以优势兵力打败了抵抗者，俘虏 30 余人，之后用铁丝把自卫队员的锁骨串联起来，带到河东下码渡水碧桥头空地，用煤油浇透全身，点上火活活烧死。

　　日军在华侨聚居的河东街到处抢掠，抓捕未来得及逃走的百姓。上街头袁传龙的哑巴儿子在家看门，哑巴身强力壮，拳脚厉害，他奋勇打死一个闯入他家的日本兵，马上被其他日军乱枪打死。在当铺巷对面的黄烟店，黄烟师傅刺死一个日本兵，被多名日军扑上来乱刀刺死。上街、中街的商人百姓被当场打死打伤数十人；另有数十人被抓，日军将他们捆在一起推进一个水池里，然后浇泼硫酸烧死。在下街，日军围追奔逃的百姓，将百姓堵在龙溪塔旁边，架上机枪扫射，一次性打死 118 人。下街粮店店主

水阳东岸龙溪塔

张荣发被日军抓住，被日军用刺刀逼着脱下衣服，在他腹部连刺数刀，张荣发惨叫而死。日军洗劫了财物后，在粮店放起火烧水阳的第一把火。顷刻间，火光冲天，浓烟弥漫，大火持续烧了十个多小时，归侨苦心经营多年的河东华侨街，500 余户居民，400 余户 1000 多间商铺民房化成一片焦土，约 500 人死难。

　　日军杀进附近的赵家村，40 余户人家被烧 38 户，10 多人被杀；一个叫赵启春的村民被日军割下生殖器塞进嘴里，再活活打死。

　　下午 3 时左右，日军从浮桥渡河进入水阳西街抢掠杀人。他们抓住了两名抗日志士计根宝、朱开诚，将他们捆吊在河西大庙的一棵大树上，剥光衣服；然后割下计根宝的生殖器、剜出睾丸，把朱开诚从脊梁中间剖开，用凌迟的手段残酷折磨致死。日军又由下码渡到中码渡沿街放火，火势刚起时，突然接到撤退的命令，这才匆匆撤离水阳。幸存的百姓急忙赶来救火，水阳河西的中街、上街房屋才算保住了一部分。

1938年3月17日，日军进犯宣城东部商贸重镇孙家埠，仍是烧杀淫掠。孙家埠大街、马义坊、袁家巷、余村滩等地到处一片火海，财产被掠夺，妇女被强暴；日军还把许多百姓赶到油坊，然后放火焚烧，烈火烹油，人肉被烧焦的气味久久不散。当日被杀戮的群众多达1000多人，无数的家庭家破人亡、妻离子散，一些百姓被迫逃难，孙家埠人口一下锐减了1/3。这期间，新河庄、养贤、沈村等宣城多数乡镇都遭受了浩劫。

日寇侵占宣城

侵占宣城的日军犯下的滔天罪行，罄竹难书，激起广大人民群众的强烈反抗。"七七事变"之后，宣城县即组建了抗日人民自卫军，下设常备队和后备队，国民政府县长郭吉兴兼任司令。宣城沦陷后，境内群众又相继组建了"青抗会""农抗会""商抗会""妇抗会"等抗日组织。1937年年末至次年年初，孙家埠一带群众在共产党地方组织的协助下，成立了"抗日动员委员会"，共产党员江干臣等人组建起孙埠抗日游击队，并由20余人枪发展到50余人枪；很快各地民兵组织也陆续出现。这些灵活机动的群众组织和小型武装，利用自己的天时地利人和，宣传抗日主张，破坏敌人的战争设施，打乱敌人的各项部署，伺机武装袭扰敌人，在一定程度上牵制了日军对宣城更深层次的侵略。同时，他们也在期盼能与强有力的正规抗日军队合作，共同打击侵略者。

第二章　新四军挺进宣州

第一节　在艰难中建军

中国人民全面抗战爆发后，同是中国军队的国军、红军终于携手合作抗日。1937 年 8 月 22 日，国民政府军事委员会发布命令，西北红军改编为国民革命军第八路军，任命朱德为总指挥、彭德怀为副总指挥。8 月 25 日，中共中央军事委员会发布命令，中国工农红军改为国民革命军第八路军（后称第十八集团军），朱德为总指挥、彭德怀为副总指挥、叶剑英任参谋长、任弼时为政治部主任，下辖 3 个师，共 4.6 万人。但是，南方八省红军游击队的地位一时仍难以确定。

在"西安事变"到"七七事变"这段时间内，国内总体的政治氛围是内战已经停止，国共两党正在协商，准备联合抗日。1937 年主要进行了三次会谈：即 2 至 3 月间的西安谈判，3 月下旬至 4 月初的杭州谈判，6 月的第一次庐山谈判；谈判的主要内容是红军问题、国共合作形式和政权等。但国民党暗地里却对红军实行"北和南剿"的政策。由于南方八省红军游击队分散在各地，有的就在国民党核心要地附近活动，虽然力量薄弱，却被蒋介石视为"心腹之患"，一直处于被包围封锁的状态；他们既无法与远在西北的中共中央取得联系，也无法及时得知外部准确的消息。蒋介石便企图利用此信息不对称之机，在中共中央指令到达前，尚未引起社会关注时，抓紧时间解决这一问题，也使西北红军更加孤立。故此国民党对南方红军游击队实行更严密的封锁，采取围剿、收编、缴械等方式对付他们，使他们的生存环境极为艰苦危险。

1936 年冬，在江西打游击的陈毅被国军第 46 师围困，躲在大庾岭梅关莽丛间 20 多天，安危系于千钧一发之际，陈毅"虑不得脱"，竟不得不写下绝命书式的诗歌《梅岭三章》藏于棉衣内层。1937 年，又先后发生了漳浦、瑞金、泉州、宁德等"事件"，红军游击队一旦放松了警惕，往往就被国民党驻军缴械拘人；拒绝下山的则被打垮。经过共产党的严正交涉和斗争，这些事件才得以平息，国民党撤走了游击区周围的军队，释放了一批政治犯。

1937 年 8 月 1 日，中共中央发布《关于南方各游击区域工作的指示》：在保存与巩固革命武装、保障党的绝对领导的原则之下，可以与国民党的附近驻军或地方政权进行谈判；未确实谈判好以前，部队可以自动改变番号，用抗日义勇军或抗日游击队名义进行独立的活动，开展统一战线工作；谈判好以后，即"改变番号与编制以取得合法地位"。8 月 8 日，在赣粤边区进行游击战争的项英、陈毅等从香港出版的报刊上先后得知西安事变及和平解决的消息，看到了毛泽东 5 月 7 日的文章《为争取千百万群众进入抗日民族统一战线而斗争》后，立即召开边区干部会议，宣传党的抗日民族统一战线的方针政策，使大家在思想上取得了由"内战"转变为抗日的共识；会后发表了《停止内战联合抗日宣言》。在浙南的粟裕、刘英等，在闽西南的张鼎丞、邓子恢、谭震林等，分

红军游击队接受改编

别通过不同途径得知了新的时局和共产党的方针、政策，立即积极活动推动联合抗战。9月，项英与中共中央恢复了联系，得到了中央的指示，此后各大游击区都以此为据与国民党地方当局进行谈判。9月29日，项英、陈毅以中共中央分局的名义发表《告南方游击队的公开信》，要求各地红军游击队迅速集中，听候整编。

当年8月至12月，国共两党就南方红军游击队改编的建制、编制、干部、装备等问题，又先后在南京、南昌、武汉进行了多次商谈。中共中央认为，南方各游击区是今后南方革命运动的战略支点，不能轻易放弃；因此，起初的想法是将各边区红军游击队改编为独立团、民团或保安团等地方武装形式，获得物资、军需、经济上的补充接济，各地队伍不集中，不要求大地盘，不脱离根据地，坚持在原活动区域开展抗日斗争。然而随着局势的迅速变化，这一构想很快作了新的调整和改变。先是国民党不同意将红军游击队改编成为正规军，只能编成地方政府所辖的几个支队，装备、薪饷等更加苛刻，以达到就地消化、瓦解红军游击队的目的。对此，中共中央代表周恩来、博古、林伯渠等自然也不能同意，必须找出一个国共双方都能接受的方案。

就在谈判陷入僵局之际，周恩来得知北伐名将叶挺从海外回国请缨抗战，感到可以通过叶挺让改编之事获得转机，便赶到上海会见叶挺。叶挺本是共产党员，1927年与周恩来等一起领导了南昌起义，接着又参与领导了广州起义；1928年因受到中共"左"倾领导人和共产国际代表不公正的对待，愤然"离党"流亡欧洲，后又曾隐居澳门。周恩来对叶挺知之甚深，叶挺的军事才能、报国志愿是毋庸置疑的，他虽然离开了共产党组织，却并没有改变信仰，仍然心向共产党；加上他在军界的声望和在国民政府的人脉，可以为共产党做很多有益的工作。周恩来与叶挺坦诚商谈，叶挺慨然允诺参加红军游击队的改编，将他们集中组织成一个军，在南方举起抗日的旗帜。叶挺在国民党中积极开展活动，他向国民政府军事委员会和蒋介石建议，"让我来集合仍留在南方的红军和改编这些军队"，提出改编后番号为"国民革命军陆军新编第四军"（简称"新四军"）。叶挺的提议得到了国共双方的认可，红军游击队改编抗日势在必行，叶挺以非党身份出面改编，国共双方都能接受；而"新四军"番号对两党都有重大意义：蒋介石担任北伐军总司令时，国民革命军第四军战功赫赫，被誉为"铁军"；而朱德、毛泽东在井冈山会师后把部队合编为"中国工农革命军第四军"，成为中国共产党的第一军。叶挺的意愿，就是希望新四军能继承"铁军"和"红四军"的优良传统。

周恩来和叶挺

对新四军指挥权的问题，国共两党又争执不下，互相反对对方提出的军长人选和军官委派意见。经周恩来反复交涉，蒋介石才同意任命一名无党派人士担任新四军军长。周恩来希望由叶挺主持新四军工作，陈诚亦向蒋介石力荐叶挺；而蒋介石认为叶挺离开共产党10年，早不被信任，便想乘机拉拢叶挺，再通过叶挺清扫"后院"，收编红军游击队，继而掌控新四军，如此似乎新四军军长非叶挺莫属了。9月28日，国民政府军事委员会发出通报，单方面委任叶挺为新四军军长；10月6日又宣布，鄂豫皖边、湘鄂赣边、浙闽边、闽西等14个地区（不含琼崖）的红军游击队统交新四军叶挺编遣调用。

然而中共中央没有立即同意叶挺的任命，毛泽东对叶挺并不完全放心。10月8日，在南京谈判的博古、叶剑英、董必武联名致电中共中央："叶挺事，据他说，恩来第一次在沪曾和他提过这个办法，故他才敢活动。现已委任为新四军军长，拨发了5万元活动费。他表示，如我们不赞成，他仍可辞职"；并正式建议"南方游击队集中编为一个属我党直接领导的军"。次日毛泽东致电，询问叶挺是否愿意完全接受共产党的领导，是否愿去延安面谈。叶挺明确表示，接受共产党的领导并赴延安接受考察。10月18日，中共中央同意改编的建议；10月30日，同意任命叶挺为军长，项英为副军长，反对国民党插入任何人，以4个月为清理时间，任何游击队、游击区均须党中央派人亲自去传达，然后集中。11 月 3 日，叶挺来到延安，毛泽东召开欢迎大会并亲致欢迎词。叶挺表态："今后，一定遵照党所指示的道路走，在党和毛主席正确领导下，坚决抗战到底。"11 月 7 日，项英到延安，共同商讨新四军组编事宜。新四军领导问题暂时得以解决。

叶挺于 11 月 9 日离开延安，12 日到达武汉，在汉口太和街 26 号设立新四军筹备处，就新四军具体编制以及活动范围等事宜与何应钦反复磋商。国民党方面仍多方刁难，叶挺则以辞职相争，最后各让一步，谈判才基本完成。经商定，新四军不设师级编制，下设 4 个旅级支队，辖 9 个团，比中共中央希望的还多出一个团的编制，而且干部均是共产党任命。12 月 14 日，中共中央决定成立东南分局，受中共中央和中共中央长江局双重领导，负责东南各省党的工作，项英任书记，曾山任副书记；同时决定成立中共中央革命军事委员会新四军分委员会，项英任书记，陈毅任副书记，以加强党对新四军的领导。12 月 18 日，中共中央长江局负责人王明、周恩来、博古到武汉；12 月 23 日，项英到武汉；12 月 25 日，中共中央所派干部及叶挺所邀人员 50 余人在汉口召开大会，叶挺、项英分别发表讲话，分析当前面临的形势，提出工作任务，号召大家团结奋斗，抗战到底。至此，新四军军部正式成立。

傅秋涛、张云逸、叶挺、项英、曾山在汉口新四军军部

1938 年 1 月 6 日，新四军军部移驻南昌，在三眼井高升巷原张勋公馆内挂牌办公。1 月中旬起，项英、曾山、陈毅、黄道、张云逸、赖传珠等到各大边

区作改编动员，集结整编部队。陈毅来到祁门县舍会山，要求"皖赣"特委尽快集中部队，"皖赣"特委派刘毓标、杨汉生寻找"上浙皖"特委书记邵长河和游击武装，最后找到在宣城南部溪口和宁国、泾县山区活动的宣南红军游击队（皖浙游击大队宁宣红1队）。游击队在阙怀仰、程祥元、老马、老金等人的带领下，在戴阳村集合起70余人50余枪的队伍，经旌德、太平、祁门到婺源，与特委会合时已汇聚成500人。1月30日，阙怀仰等在江西浮梁县瑶里镇见到了陈毅，游击队先改为"江西抗日义勇军第1支队"，后编入第1支队第2团3营。在江西听说还有一小股队伍隐藏在"宣郎广"山区，阙怀仰便和皖浙赣独立团2营教导员杨汉生带一个班的战士回去寻找，却在宁国县被叛徒王弼诱捕，阙怀仰、杨汉生和班长被国民党地方当局当作土匪杀害。可见红军游击队下山、集合和改编绝不是一帆风顺的。到3月，南方八省的红军游击队终于在高度分散，交通、通信联络非常困难的情况下，基本完成了改编任务；4月中旬，新四军江南、江北部队基本集结完毕，共1.03万人。新四军组编序列为：

军部：军长叶挺、副军长项英，参谋长张云逸、副参谋长周子昆，政治部主任袁国平、副主任邓子恢。

新四军主要将领塑像

军部所设机构、部门及主要负责人为：参谋处，处长赖传珠；秘书处，处长李一氓；副官处，处长黄序周；军需处，处长叶辅平；军医处，处长沈其震；

军法处，处长李一氓（兼）；兵站处，处长张元寿；情报处，处长封裔应；总务处，处长郑行福；政治部，秘书长黄诚；组织部，部长李子芳；宣传教育部，部长朱镜我；民众运动工作部，部长邓子恢（兼）；敌军工作部，部长林植夫；教导总队，教育长冯达飞；战地服务团，团长朱克靖。后来又增加了《抗敌报》《抗敌》杂志以及军部修械所、医院、运输队等。军部人员主要来自四个方面：一是中央派员，二是南方老红军，三是叶挺随员，四是国统区、沦陷区及海外来的地下工作者、爱国进步人士、左翼文化人士和革命知识青年，集中了一批精兵强将、优秀人才。

第1支队：司令员陈毅、副司令员傅秋涛，参谋长胡发坚，政治部主任刘炎；下辖2个团，第1团团长傅秋涛（兼）、副团长江渭清，第2团团长张正坤、副团长刘培善；共2300多人，由赣粤边、湘赣边、湘鄂赣边、皖浙赣边、湘南等5支游击队组成。

第2支队：司令员张鼎丞、副司令员粟裕，参谋长罗忠毅，政治部主任王集成；下辖2个团，第3团团长黄火星、副团长邱金生；第4团团长卢胜、副团长叶道之；共1800多人，由闽西、闽南、浙南、闽赣边等地游击队组成。

第3支队：司令员张云逸（兼）、副司令员谭震林，参谋长赵凌波（后由孙仲德继任），政治部主任胡荣；下辖2个团，第5团团长姚守坤、副团长曾昭铭，第6团团长叶飞、副团长吴焜；共2100多人，由闽北、闽东游击队组成。

第4支队：司令员高敬亭、副司令员周骏鸣，参谋长林维先，政治部主任肖望东；下辖3个团，第7团团长杨克志、副团长曹玉福，第8团团长周骏鸣

新四军印章

（兼）、副团长林凯，第9团团长顾士多、政委高志荣、参谋长高昆；另设了1个手枪团，团长詹化雨，政委汪少川；共3100余人，由鄂豫皖红二十八军、豫南桐柏地区游击队组成（1939年9月，高敬亭被错杀后，第4支队分编为：第4支队，司令员徐海东；第5支队，司令员罗炳辉。原豫东地区游击武装增为第6支队，司令员彭雪枫）。

新四军虽然兵员不多，装备落后，却是在长期内战、敌人夹缝中保存下来的精英，他们忠于共产党、忠于国家、忠于人民、忠于理想信念，他们意志坚定、战斗英勇、战略战术机动灵活、善于密切联系群众，是一支敢于担负起打击日本侵略者重任的人民军队。

第二节　抗日先遣支队首战告捷

1938年2月6日，国民政府军事委员会命令新四军各部集中到皖南歙县岩寺一带整训，然后开赴前线。2月15日，毛泽东指示新四军向敌人后方发展，江南新四军力争在苏浙皖边开展游击战，并强调："目前最有利于发展地区还是江苏境内的茅山山脉，即以溧阳、溧水地区为中心，向着南京、镇江、丹阳、金坛、宜兴、长兴、广德线上之敌作战，必能建立根据地，扩大四军基地。如有两个支队则至少以一个在茅山山脉，另一个则位于吴兴、广德、宣城之线以西策应。"① 4月5日，新四军军部从南昌移驻岩寺，机关设在金家大院。4月上中旬，第1、2、3支队及特务营近7000人先后开赴歙县地区，并接受国民政府第三战区的点验；新四军敌后作战的序幕就此拉开。

因新四军将士刚从各个根据地来到皖南，面临的是新的作战对象、地形、环境、敌情、社情，情况非常复杂。为慎重起见，毛泽东曾要求"先派支队去溧水一带侦察"，"须派电台及一有军事知识之人随去"②。为此军部计划先向苏南派出一支小分队进行战略侦察，了解敌军组织、部署、战力等情况，寻找其薄弱点；同时实地察看该地区地形民情，并宣传共产党的抗日主张、战略方针，做好抗日民族统一战线工作。这个小分队可以说是任务艰巨，责任重大。军部

---

① 1938年2月15日毛泽东致项英、陈毅的电报。
② 1938年4月24日毛泽东致项英的电报。

领导把目光投向了第 2 支队副司令员粟裕。粟裕从南昌起义打到井冈山，又在国民党心腹地区打游击 3 年，身经百战，政治、军事上都很优秀，堪称最佳人选。当叶挺、项英找粟裕谈话时，粟裕为能担起这一重任而感到激奋和光荣。接受任务后，粟裕迅速组建队伍，以侦察连为基础，加上 3 个支队抽调的精干人员，组成了一支 500 人的抗日先遣支队，粟裕任司令员兼政委，钟期光任政治部主任；民运科长王丰庆、侦察参谋张铚秀、测绘参谋王培臣、副官曹鸿胜、电台台长江如枝、副台长廖肇权及机要员何凤山等富有经验的老红军都加入了先遣支队。

新四军在岩寺待命东进

4 月 26 日，新四军召开东进抗日誓师大会。28 日，先遣支队自歙县潜口开始了征程。粟裕与钟期光商定了宣传提纲，针对江南地区日伪为奸、兵匪为患的现状，提出"本军不拉夫、不派款"的响亮口号。粟裕还亲自编了一首宣传歌，有一段歌词是："自古来，出门遇了兵，有理说不清；如今是，遇了新四军，亲如一家人，无理也可说分明。"歌词朗朗上口，通俗易懂，一路传唱，收效颇佳。先遣支队经石埭、青阳到南陵，从县城东北的红花埠渡过青弋江，在湾沚至团山的九连山边越过了敌人的铁路封锁线，5 月 12 日自宣城东门渡夜渡裘公河，进抵金宝圩，经裘公渡、杨泗渡、雁翅、黄池、高淳，突破溃兵土匪的重重阻难阻碍，于5月22到达江宁县铜山镇业家庄。粟裕派出3个侦察小组，分别向龙潭至南京、丹阳至常州、句容至镇江等方向进行细致缜密的武装侦察，及时将情报上报军部。粟裕还写了一份综合报告，根据掌握的大量第一手材料，对江南敌后错综复杂的军事、政治形势和经济情况、社会情况、地理地形、群众条件等，作了极其详细的分析汇报，并提出了自己的看法和建议，供军部决策参考。

5月中旬，第三战区命令新四军派兵到南京、镇江之间破坏沦陷区铁路阻敌。军部令粟裕率先遣支队及第1支队各一部，共4个连，携带电台1部，由现地出发，于3日内到达镇江、龙潭间完成任务，并随时具报战况及敌情。粟裕立即率部行动，两个晚上隐蔽行军100多公里，6月15日深夜到达南京至镇江间的下蜀镇附近。在群众帮助下，部队冒雨拔道钉、撬铁轨、搬枕木、剪电线，神不知鬼不觉地破坏了下蜀东站两侧的铁路与电线，随即撤离，隐蔽在一座小山上。次日晨，一列从上海开出的军车，在下蜀站出轨翻车，沪宁线中断3日。

新四军韦岗伏击战战场

就在这时，先遣支队侦察发现镇江到句容之间的公路上，每天有50到60辆日军汽车频繁通过，往返时间为上午8时至9时、下午4时前后。粟裕接到报告后到现场察看，见句容公路经过的韦岗到竹子岗一带，山高林密，道路蜿蜒，两旁便于隐蔽袭击敌人。粟裕决定在距镇江15公里、南京30公里的韦岗打一场伏击战。6月16日，粟裕召开连以上干部会议，作出战斗部署，从各连抽调精悍的6个步兵班，以驳壳枪、轻机枪各1个班为伏击主力，余部于上元庄待命，还安排少数部队担任句容方向的警戒。为封锁消息，部队夜间出发，天黑风急，山道崎岖，战士们悄然快速地行军，17日拂晓前进入镇句公路韦岗赣船山、高骊山口的伏击阵地。粟裕又简要作了一次战前动员，要求大家隐蔽、迅速、灵活、勇猛，一定要打出军威，务求必胜。

上午8时20分，镇江方向果然开来一支5辆车的车队，进入伏击圈后，新四军的各种枪支、手榴弹突然发出怒吼，日军依托地形拼命组织反击。日军武器的确先进太多，别说飞机、军舰、坦克、大炮，也不说机枪、掷弹筒等重武器，就拿步枪来说，日军使用的"三八大盖"有效射程500米，而中国军队普遍使用的"汉阳造""中正造"的有效射程仅200余米，作战时往往挨打无法还手。新四军奋勇与敌人激战半小时，击毁了汽车4辆，击毙了指挥官土井少佐、梅泽武四郎大尉及十余名日军，伤敌数十名；残敌有的跳上剩余的一辆汽车逃跑，有的从水路游泳逃生了。粟裕下令停止追击，赶紧打扫战场撤离阵地。果然很快就飞来3架敌机低空盘旋侦察，镇江开来17辆日军卡车和1辆坦克，他们轰击韦岗战场时，新四军带着缴获的十余支长短枪、7000多元日钞以及车中满载的军服等军需物品安全转移了。

陈毅得悉胜利的消息后，口占《卫（韦）岗处女战》七绝一首，以志欣慰之情："故国旌旗到江南，终夜惊呼敌胆寒。镇江城下初相遇，脱手斩得小楼兰。"粟裕也作《韦岗初胜》诗一首："新编第四军，先遣出江南。韦岗斩土井，处女奏凯还。"上海等地的中外报刊竞相报道此战，"新四军"的名字迅速成为一面抗日斗争的大旗。蒋介石亦电令嘉奖："叶军长，所属粟部，袭击韦岗，斩获颇多，殊堪嘉慰，仍希督饬继续努力，达成任务，中正。"

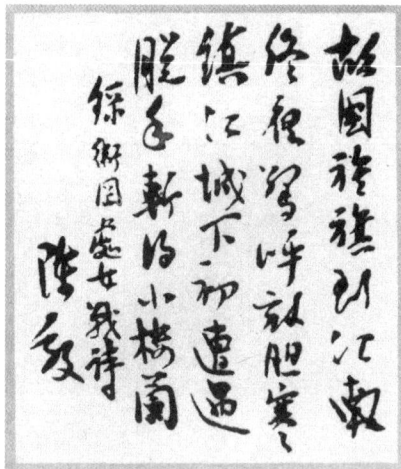

陈毅手书韦岗之战的诗作

韦岗之战规模虽不算大，但意义重大。这是江南新四军抗战的第一战，它有力地克服了人们对具有强大综合优势、"不可战胜"的日军的畏惧心理，也起到了战略试战、战略侦察的作用，为开创江南抗日局面立下了第一功。正如粟裕所说："这不仅打击了敌人之横行，而且兴奋了广大人民的抗战情绪，提高了他们的胜利信心"；"这一战斗的胜利，不仅奠定了我军进入江南战区的基础，而且开辟了胜利的先声。"粟裕当时亲自为破坏铁路和韦岗伏击作了总结报告：

下蜀街铁道之破坏及韦岗处女战 [①]

（1938 年 6 月 17 日）

一、由李家山至下蜀街破坏铁道之全般情形

（一）受领之任务余于十一日午后，奉军座命令并转来司令长官顾电令：着该军派兵一部，挺进于南京、镇江间破坏铁道，以阻京沪之敌，务于三日内完成任务，否则严厉处分，并将敌情随时具报。等因奉此，着该员即率先遣队及一支队各一部（共四个连），并电台一架，即由现地出发，务于三日内达到镇江、龙潭间完成破坏该段铁道之任务，并将战况及敌情随时具报。此令。

（二）当前之敌情当月六日友军之七十六师龚旅向天王寺进攻后，次日天王寺增敌至二百余，溧水增敌至六百余，并于十、十一等日有敌百余进扰徐溪桥、张官塘、六家庄一带，句容城亦增敌四百余人，淳化镇、秣陵关、禄口、汤水镇之敌仍旧，而龙潭镇有敌四十余，仓头、下蜀、桥头各有敌二十余人，高资亦有敌三十名，其余各方面敌情不明。

（三）破坏铁道前之行动经过当月之十一日午后四时由李家山出发，本拟当晚即通过天王寺与溧水间之公路，及至新桥东北五里之王庄，为七十六师龚旅之警戒所阻，虽经直接之交涉仍无效，延搁三小时之久，而时已夜深，路滑难行，不能于天明前通过公路线，不得已仍在王庄宿营。次日（十二日）为保守秘密亦不能白昼通过公路线。乃于午饭后始由王庄出发，经过三晚之夜行军始到达预定地点。中途因电台灯泡烧坏不能通报，为便利行动计，派兵一连掩护电台东去靠茅山休息，其余部队于十五日拂晓前抵句蜀公路以东之徐家边

---

① 此系韦岗战斗结束后，粟裕当日向军部所作的报告。

隐蔽。

（四）破坏京镇铁道工作之进行情况。部队进至徐家边后，得悉龙潭至镇江线并未增加敌人，而下蜀街之敌夜间则移驻其以西二里之火车站及庙内，构有普通之高胸墙工事及简单之铁丝网。部队遂于当日（十五日）午后四时出发，晚十时到达下蜀街。我们因所带之爆破材料不能用，除以一个连向街西二里火车站之敌警戒，于必要时采取佯攻以掩护破坏外，另以一个排向东警戒，其余部队则全部以手工进行破坏。经指战员四个半小时之努力，及当地人民之帮助，乃将铁道、电线破坏至四十米达之长。然后令警戒部队向火车站之敌攻击，因敌固守我未强攻，乃安全撤退至下蜀以南二十里之东谢村宿营。是日（十六日）午前八时，敌火车一列驶至该处出轨，随后增来七卡车敌兵至该处示威，并修理被我破坏之铁道。

新四军破坏敌军铁道

（五）破坏铁道之检讨

1. 优点

（1）部队虽经三晚之雨夜行军已十分疲劳，仍能抖擞精神继续于第四晚完成破坏任务，且情绪表现仍很高涨。

（2）破坏了京镇间之铁道交通，予敌人后方极大威胁。

（3）完成了顾司令长官给我们之初次任务。

（4）散发了很多宣传品，大大扩大了本军政治影响。

（5）提高了部队进行游击战的信心。

（6）部队撤退时，号召了千余群众逃走，以免遭敌踩蹦。

2. 弱点

（1）部队没有完好的爆破材料，准备也不充分。

（2）夜间动作尚欠妥善，特别是有少数战士初到铁道旁时不沉着，警戒也配置不当。

（3）部队进行工作时尚不静肃。

（4）部队手工的破坏能力差。

3. 特别说明的事件

（1）当晚的主要任务是破坏铁道，故虽只有二十余敌固守火车站，我未先攻，以免敌人过早发觉而妨碍主要的破路工作。

（2）在此次行动中完全采取夜间动作（三天雨夜行军），行动秘密，故能顺利达到预定地点以遂行任务。

（3）爆炸材料之未准备妥当，是由于我军材料缺乏，且奉命后仓促出发之故。

（4）电台灯泡中途烧坏，致未能适时通报，但如仍令随部队行动，反有妨碍，故此留下来未带。

二、韦岗处女战

（一）当前之敌情。当我们将下蜀之铁道破坏后，京敌即于十六日八时增来七卡车，汤水、桥头、高资各点亦稍有敌增加，有于次日（十七日）搜剿东谢、西谢及普渡桥一带之企图。

镇句公路每日有敌汽车通行达五六十辆之多，其通行时间以午前八时至九时及午后四时前后为最多。

其余各方情形仍如旧。

（二）战斗任务之确定。为积极打击敌人，以开展江南游击战争，并加倍完成顾司令长官给予我们的任务，同时又可避免敌人之突击起见，决定将部队即日（十六日）转移，拟于十七日在韦岗以南赣船山口伏击敌人运输部队，以求得以小的代价而取得大的胜利。

（三）部队之动员及编成。各部队之指战员，自十一日晚起，连晚之雨夜行军，及繁多之侦察警戒，已十分疲劳，且病员增加至十余人之多，如全部参加战斗，不仅迟缓行动，而且会影响战斗。十六日晚天雨如注，不便夜行，乃至杜村宿营，当晚即进行动员组织，经多番解释与鼓励，由各连各选步兵二班，侦察连则加选短枪及轻机枪各一班，各班均配以得力之榴弹手组成参战部队，取捷径向伏击地前进；其余部队及行李、病员等则另派员率领取道徐家边、小芦荡、大西庄、神巷经赣船山以南之东昌街、南青山镇到达上元庄附近停止待命。两支部队于十七日晨二时冒雨分选出发。

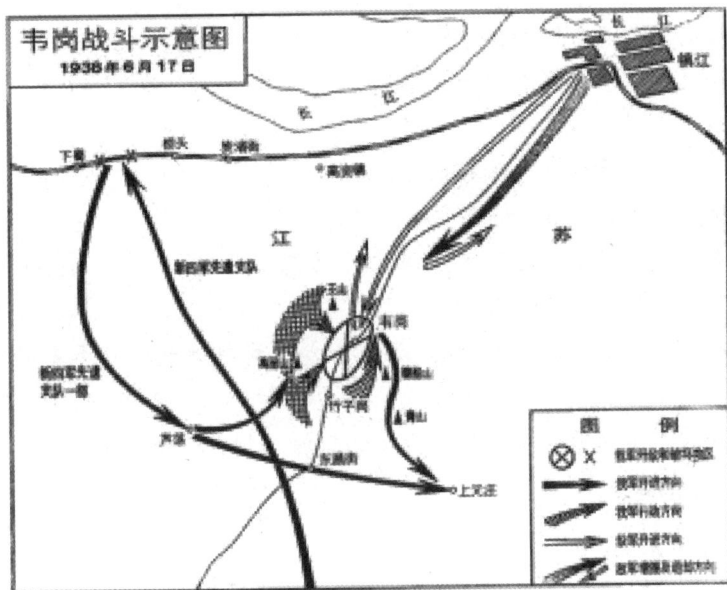

韦岗战斗示意图

（四）战斗行动及经过。由各连选出之参战部队计有步兵六个班，轻机枪一个班枪二挺，短枪一个班。参战部队由余率领，先头派以短枪之便衣队，经徐家边在小声荡（距预定伏击地仅八里）稍事停止，进一步进行鼓励与具体分配各部之动作任务，旋即继续前进。十七日午前八时，部队沿高骊山东坡小路接近伏击地点时，望见敌汽车一辆于赣船山、高骊山两山之间的公路上向镇江方向北驶，因距离太远，我未予射击，敌车即驶去。八时十分，我先头之侦察班到达山间公路北口，余率轻机枪一挺进至山间公路时，发现自镇江南驶之敌先头第一辆车，侦察班乃遵预先所嘱即行隐伏，让敌车通过，以截其退路。当敌车进入山间公路时，我机枪尚未布置完毕，即仓促向敌车头射击，遂将敌车汽缸击穿，但敌车仍向前猛冲约里许，至山南口以外始停止。当时我后续部队尚未到达，致使敌车乘员全部逃走，仅截获邮件一车。随后我后续部队赶到，即以两个班占领赣船山南公路东侧地点，向句容方向警戒，并准备截敌汽车。约过六七分钟，发现敌第二车（军官包车）由镇江方向开来，当其通过北口进至山间公路时，我军以机枪、手榴弹猛烈轰射，首先将其驾驶员击伤。敌车即失控翻入公路以西之水沟，随即我军将该驾驶员击毙。接着在战斗中又将日军少佐土井击毙。敌另一名则乘混乱之际潜伏车底，待我军近前搜查车内物件及准备焚烧该车时，该潜伏车底之敌乘机将我军战士刺伤，于是大家在仓促之际群起向敌射击，遂将该敌击毙，后查明系敌上尉梅泽武四郎。在混乱射击该敌之际，发生了有人误毙战士一名。随后在土井身边缴获手枪、军刀各一，在车上缴获保险箱一只，内有日钞七千元。又经过约五分钟，敌第三、第四、第五车连续而至，共载敌约三十余名，我军当即拦击。敌第三车被击中于山间公路中段，第四车被击停于路南口，而其第五车乃自行停止于路北口以北，故我布置于路中段之轻机枪火力不能及，该车上之敌均下车潜伏于公路之两侧草丛中向我方射击，阻止我军前进。于是我军另一机枪占领路北口右侧高地，实行瞰制射击，始将敌全部击溃，计毙敌十三名，伤敌七八名。但敌第五车为我机枪火力所不能及，而我预先潜伏于路北口的便衣队，亦因使用驳壳枪，不能阻止敌之后撤，故敌之第五车乃得以装载伤兵数名逃回，而敌之残余步兵则隐入公路西沿之水沟中泅水逃去。战斗历半小时结束，除缴获步枪十余支，手枪、军刀各一，钢盔数顶，日钞七千元外，另有四车全部物资。

韦岗战斗及缴获的战利品

（五）战斗结束敌第五车及残余步兵逃走后，余即令部队清扫战场，收集战利品及焚毁汽车。因我方人员太少，除担运自己之伤员外，仅取回一部分重要之军用品，而不得不将车上之物品大部毁弃。旋即分路撤退到上元庄，与未参战部队会合。部队吃过茶饭，作了战后动员，即继续行动。我军刚撤离战地约四里时，自镇江增援之敌大致有十七卡车，又坦克一辆，赶至战地大肆轰击，并将附近房屋焚毁。随后敌机三架亦赶来盘旋低空侦察，但我军已安全撤退。

（六）此次战斗的检讨

1. 胜利的意义

（1）这是本军出动江南的处女战，这一胜利真是旗开得胜，因此大大地提高了战斗情绪及本军的政治影响

（2）自南京失陷后，江南广大人民未见过中国军队的胜利，这次战斗大大地兴奋了群众。

（3）战区司令长官给我们的任务只是破坏京镇铁道，但我们不仅完成了破坏铁道的任务，而且更加倍地取得了战斗的胜利，这使本军提高了在抗战军队中的地位。

（4）打击了日寇横行无忌的行为。

《韦岗战歌》五线谱

2. 我们的优点

（1）士气旺盛，在数夜急行军及大风雨之中行进，全身尽湿仍然勇气未减，且能与敌肉搏。

（2）机枪于仓促之间对敌实行纵射，收到的效果实大。

（3）行动做到了飘忽，尚称秘密，尤其雨天行人少，更利于保守秘密。

（4）天候大雨并有雾气，以及地形对我军均有利。

（5）群众对我军很好，伤员得其帮助运输，撤退后敌人无从知我去向。

3. 我方之弱点

（1）因天雨路滑未能先期赶至伏击地点，致刚上公路，敌之汽车即来，我尚未布置好而仓促应敌，未能全部消灭敌人。

（2）因经数日兼程赶往铁道线破坏，部队十分疲劳，虽挑选精锐之战士作战，但掉队同志仍多。

（3）参战人员太少，除向句容方面警戒外，作战部队尚少于敌人，敌截获之军用品不能全部运走。

（4）手榴弹之投掷技术太差，虽投掷于车前十余米达，但仍在车后远处爆炸，未能炸中敌车。

（5）火力未能及时布置纵深，未能发挥突然之集中猛烈火力，予敌以大的杀伤；虽派有便衣队潜入敌后，但因驳壳枪之火力太弱，未能截断敌之退路，致使敌逃脱一部。

（6）截获敌汽车之后，部队混乱，干部不能掌握住部队和及时布置打击敌之后续车辆。

（7）射击技术还不如敌人，反而误毙自己战士。

（8）不注意利用地形地物，致遭不应有之损伤。

（9）在战斗中大家竟忘记了喊日语口号。

4. 敌方之弱点

（1）敌之先头车辆虽负侦察作用，但在大风雨中被我军狠击时，其后续车辆并未闻到声息。

（2）伏击地点系山坳部且无人家，群众亦因而未出，故敌人全不知我军行动。

（3）敌探亦因天雨未出，故其失去耳目。

（4）敌人素极骄悍，不甚注意侦察，故造成遭我伏击之机咐。

（5）敌因烧杀淫掠，为广大群众所痛恨，是失败之原因。

5. 敌人之优点

（1）敌卡车仅有踏板，左、右、后均无栏板，一闻枪声即全部同时跳至车下，不致受大的杀伤。

（2）敌善于利用地形地物，一闻枪声即能迅速跳入草丛中，利用地形隐蔽射击以抗拒我军。

（3）敌射击技术准确，两百米达以内，步枪均能命中。

（4）敌军均善于游泳，其退却时系从公路旁一米达深之水沟中隐退，故我军未能及时发觉。

（5）敌人在紧张情况下，能机动将军需物品抛弃而运回其伤兵。

（6）敌人官兵尚沉着，对我步枪火力不甚害怕，因我军射击技术差之故。但敌一闻我机枪声即行隐伏，且因受法西斯思想之灌注，宁打死不缴枪。

（7）敌增援迅速，我军于撤退后仅半小时，敌增援部队及坦克车均至。

（8）此次敌车所装多系敌国之慰劳品，贵贱均有，也有女学生绘赠前线士兵的图画，这表示敌国做了相当的动员工作。

6. 今后伏击敌汽车应注意之事

（1）打汽车之地形，须选择道路弯曲处或有上下倾斜山凹之处；如不易找到有弯曲倾斜处时，在路旁有直径在十五生的以上之树木的地点亦可，总以预为侦察为宜。此次战斗地点，余于十日前曾实地侦察过。

（2）确实查明敌车之通过时间后，部队应先期到达伏击地点，使有充分之布置时间。但需特别秘密，不要使人知道，谨防汉奸告密。最好选择在没有居民的地点，并需有良好的观察所。

（3）在有树木的地点伏击时，可先将树木截断五分之四，横倒于车路上，以阻敌车通过。但如果敌车很远就能望见截断之树木时，则不宜先行横倒而只截断树之最大部分，以绳牵住，待敌车将近时再割断绳索横倒树干。

（4）火力之配备以机枪之多寡而定，如只有一挺机枪，则宜配置弯曲处之外角，向敌车头射击。因为这样布置在距车百米达时开火，则敌车有两百米达之危险界，我不需转移机枪火力点，且在敌车越过我火力点时，我机枪可以转向其尾部射击，敌车也有很远距离之危险界。但火力点最好要高于路面一米达左右，以防敌车压倒。如果机枪多的话，则应作梯次交叉火力的纵深配备。步枪则应以齐射为宜。

（5）打汽车之射击目标，以汽车前头之汽缸部位及驾驶员为最好。有时也可以设陷阱。

（6）以手榴弹打汽车，应有提前量，一般投掷于汽车前二十米达左右；并需布置梯次的投掷，即使其逃过第一关，也逃不出第二、第三与第四关。

（7）在敌车退路边应作……（2）的距离距先头七八百米达，在敌后退时隐伏，让其通过；如敌已受正面射击，则由敌后夹击，并以树木、大石等阻塞之。

（8）设置瞭望哨需特别注意隐蔽，并与部队规定联络记号，以便敌车来时通报，但绝不可开枪太早，免使敌车预有准备而逃回。

（9）截获敌汽车之后，应迅速将车上之物品搬走，然后点燃油箱之汽油焚毁之。部队迅速离开马路。

（10）打过汽车之后，应注意在其附近布置宣传品，及号召群众逃避，免为敌屠杀。

第三节　大江南北全军出征

第三战区划给新四军的活动区域是：第1、第2支队在长江以南，芜湖以东，高淳、溧水、金坛之线以北，丹阳、镇江以西等地区；第3支队东起芜湖、宣城，西至铜陵、南至青阳，北临长江一带。在江北的第4支队归第五战区第二十一集团军统辖，在皖西霍山地区集中后，按照毛泽东"进至蚌埠、徐州、合肥三点之间作战"的要求，向皖中一带开进。

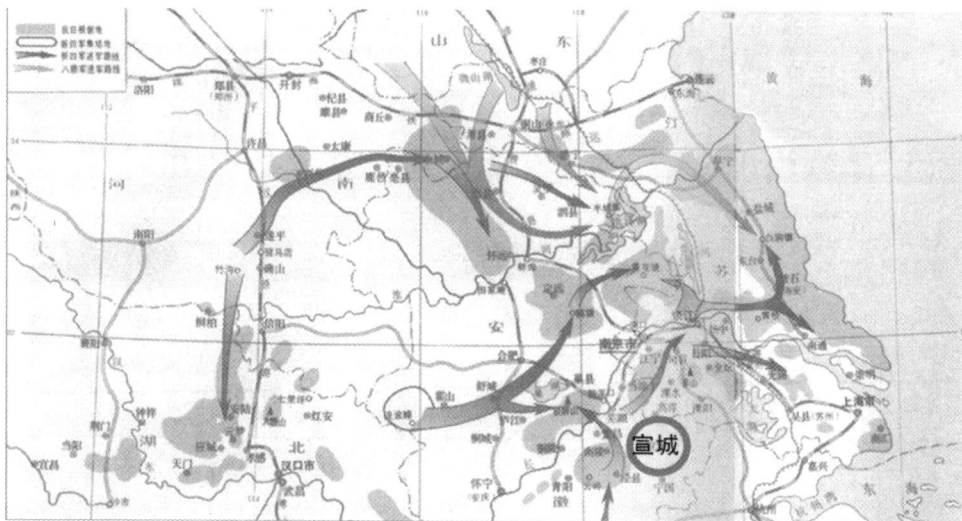

新四军向华中地区战略展开示意图

这时，新四军抗战面临的不利因素主要有：一是敌我力量悬殊，华中地区有日伪军近40万人，拥有飞机大炮、装甲坦克和机械化部队；而新四军仅1万余人，装备极差，仅有6200支各式破旧的步枪。二是国军强大，有54万人，他们一方面抵抗日军，另一方面也制约新四军的发展，有的还存在伺机削弱或消灭之心；在抗日战争进入相持阶段后不断与新四军制造摩擦，往往形成"敌、伪、顽"夹击新四军的态势。三是新四军在前 10 年内战中主要进行山地游击战，对平原和水网地区的游击战缺乏经验。四是华中地区没有华北地区回旋余地大，新四军与敌军、国军呈犬牙交错态势，易遭包围攻击，作战和建立根据地的困难较大。

但新四军也有明显的有利因素：一是日军是侵略者，既不熟悉地形和社会环境，也到处受到民众的抗击；且日伪之间、伪军之间都存在矛盾，不可能齐心协力。二是国军中的顽固派虽然反共，但主张抗日的却可以争取团结；国军中中央军和杂牌军之间、地方实力派之间的矛盾等，亦可加以利用。三是华中大部分地区经过了革命的洗礼，许多地方有共产党的组织或共产党员，有各种革命群众组织，社会基础和群众基础好；只要紧密依靠群众、放手发动群众、进行人民战争，就能克服重重困难。四是中国抗日战争是反侵略的正义战争，日寇失道寡助，新四军抗日就能得道多助，得到本地区和国内外各界人士的支援。

1938 年 5 月，新四军皖南部队挺进敌后

综合有利与不利因素可知，新四军的抗战必然十分艰苦，有时甚至险恶；但如能很好地利用有利因素，预防和化解不利因素，在战争中逐步壮大自己，成为区域内抗日主力军，就能站稳脚跟，获得最后的胜利。

1938年5月4日，毛泽东致电项英指出：在敌后进行游击战争虽有困难，但是只要有广大群众，活动地区充分，注意指挥的机动灵活，就能够克服这种困难。这是河北及山东方面的游击战争已经证明了的。新四军主力部队在广德、苏州、镇江、南京、芜湖之间广大地区组织民众武装，发展新的游击队，创造根据地是完全有希望的。在茅山根据地大体建立起来之后，还应准备分兵一部进入苏州、镇江、吴淞三角地区去，再分一部渡江进入江北地区。在一定条件下，平原也是能发展游击战争的，现在条件与内战时期有很大不同。当然无论何时也应有谨慎的态度，具体的作战行动应在具体情况许可之下进行。这就是中共中央对于新四军发展的"东进北上"战略方针。根据这个方针和毛泽东《关于新四军进行游击战建立根据地的指示》精神，新四军军部向所属各部发出指示，明确提出今后的任务是："深入敌人后方，开展广泛的游击战，达到牵制和分散敌人的兵力，配合国军主力正面作战，在持久战中，争取最后的胜利"；作战原则是："积小胜为大胜，团结群众以游击动作进行胜利的战斗，并力求达到自身的壮大和战斗力量的坚强而能进一步进行大的运动战歼灭大的敌人。"① 遵照军部的指示，新四军各支队开始向华中敌后挺进，在长江南北进行了全面的战略展开。

云岭新四军军部

---

① 此系1938年5月，叶挺、项英向新四军下达的命令。

5月11日，第4支队第9团在巢县东南蒋家河口伏击了日军第4师团坂进支队巢县守备队，毙敌20余人，缴枪11支，新四军无一伤亡。这是新四军成立后的第一仗，干净利落地获取了胜利。当月15日《新华日报》公布了这一消息，使得军威大振，民心大振。蒋介石收到战报后，也于5月16日致电新四军军部："叶、项军长吾兄，隐电悉。贵军四支队蒋家河口出奇挫敌，殊堪嘉慰，希饬继续努力为要。中正，铣日。"到当年10月，第4支队进行了数十场战斗，击毙日军数百名，歼灭反动保安团3000余人，攻克庐江、无为两座县城，缴获大量战利品，队伍得到发展壮大，初步打开了江北的抗战局面。

就在抗日先遣支队深入敌后侦察之际，新四军对江南部队作出战略调遣。5月4日，第1、2、3支队从岩寺开赴战场。5月5日，新四军军部移驻太平县麻村，29日移驻南陵县土塘村。土塘是个偏僻隐蔽的小山村，项英曾想长期驻扎此地，他在6月15日致电毛泽东说："军部及3支队（以一营）位置于南陵至泾县间山地整训队伍，以大力争取这一带群众，准备以太平（不含）与泾县、青阳、南陵之间山地为根据地，后方已移至这一区域内。"项英在这里召开了新四军第一次政治工作会议和参谋工作会议，确定了政治工作四项内容，作了《指挥机关与参谋工作》讲话。但因土塘过于狭小，且水源不足，实在难以久居，7月1日，新四军军部正式迁至泾县云岭，并在云岭一直驻扎到"皖南事变"。

新四军第1支队进入茅山敌后

5月15日，新四军第1支队抵达泾县茂林，当天陈毅召开了地方士绅座谈会和群众大会，宣传抗日民族统一战线政策，号召民众团结起来，以各种方式开展抗日活动。陈毅还为牺牲在此的红七军团军团长、红军北上抗日先遣支队总指挥寻淮洲立碑，在蚂蚁山烈士墓前，陈毅率部宣誓："我们要完成其遗志，以东线胜利，驱逐日军，回答先烈，庶几无愧……"以烈士的精神激励队伍。陈毅致电军部建议派人到泾县开展工作，很快新四军工作队进入泾县。5月下旬第1支队到达南陵县，陈毅为部队东进敌后作了思想发动，提高将士们对形势的认识和政策水平。6月2日夜，第1支队突破宣芜铁路封锁线，分三路向敌军侧背行进，各路人马在宣城狸头桥会合。粟裕亲自赶到狸头桥迎接，并与陈毅长谈5个多小时，报告了先遣支队江南行动情况。当夜，陈毅率部离开狸头桥，渡过固城湖进入高淳，6月8日在溧水与抗日先遣支队会师；第1支队在苏南开辟了茅山地区抗日根据地。

新四军第2支队抗日誓师大会

第2支队召开抗日誓师大会后，从泾县田坊经宣芜铁路到当涂，继而进入以小丹阳为中心的芜湖、当涂、宣城以东的苏皖边，开辟了江宁、当涂、溧水边区和宣城、当涂、芜湖边区两块相连的根据地。其中"宣当芜根据地"是以宣城金宝圩和当涂大官圩为中心的水网区域，系军部及皖南部队和苏南部队的联系纽带，战略地位非常重要。

6月下旬，新四军抗日先遣支队完成任务后撤销，人员分别归建；粟裕回第2支队，主要负责军事工作。韦岗战斗之后，新四军第1、第2支队又进行了夜袭新丰火车站、夜袭句容城、偷袭延陵镇、突袭天王寺据点等一系列战斗。新丰站位于大运河与京沪铁路的交叉点，是一处重要的交通枢纽，日军第15师团淞野联队广江中队的一个精锐小队防守。第1支队第2团1营奉命打掉这个据点。通过化装侦察，1营摸清了日军的兵力安排，决定采用夜袭方式，速战速决。7月1日晚战斗开始，新四军分割包围攻击日军，战况激烈。一伙日军企图突围，与新四军展开肉搏战，被新四军勇士持大刀全歼；其余日军凭其火力优势固守待援。为尽快解决战斗，1营营长段焕竞当机立断，决定实施火攻。他们集中火力，掩护突击组接近敌营房，将从车站搬来的两桶煤油放在大门过道里，又堆放麦秸点燃，转眼间整个楼房成为火场，往外冲的日军都被击毙，车站守敌40余人全部被消灭。随即1营和地方武装一起破坏交通线，致使京沪线火车一度全线瘫痪，公路交通也中断月余。这次战斗是新四军抗日的首次夜战，对指战员既是考验也是锻炼，新四军在战斗中日渐成熟，在敌后舞台上大显身手。至1938年年底，新四军第1、第2支队共与敌作战200多次，歼灭日伪军3000余人，缴获了大量军用物资，有效地配合了正面战场，鼓舞了广大军民的斗志。同时，新四军大力摧毁日军扶植的伪政权、维持会、保安团，派工作组放手发动群众，实行减租减息，调动了群众的生产积极性和抗日热情。

新四军新丰火车站战斗旧址

对于地方武装，新四军采取争取团结、扶植的逐步改造的政策，联合抗日。"失联"多年的老共产党员管文蔚组建了丹阳抗日自卫总团，所部 3000 多人，他打击日寇，肃清汉奸特务和土匪等武装，任命镇江、丹阳、武进 3 个县的县长，令各乡自卫团团长主持事务，控制着方圆数百里的抗日游击基地，人口过百万。得知新四军到了苏南，他说："日寇恨我，土匪怕我，国民党顽固派拉我、打我，我天天盼望共产党领导的新四军过来，给我扶持与帮助，今天总算盼来了。"管文蔚立即和陈毅取得了联系，与新四军协同作战，并将部队交给共产党，编为新四军"江南抗日义勇军挺进纵队"。其他如延陵、茅山、句容、金坛、社头、江宁、当涂、小丹阳等地游击队也先后投奔新四军。

陈毅和管文蔚

对于地方进步人士，新四军积极开展统一战线工作，并在此基础上，建立起具有政权性质的"抗战动员委员会"。1938 年 7 月在宝埝成立了镇江、句容、丹阳、金坛 4 县抗敌总会，8 月成立了江宁、当涂、溧水 3 县抗敌自卫委员会；然后进一步建立各种革命团体，把各阶级、各阶层、各行各业都组织到抗日队伍中来，使新四军在江南抗日有了深厚的群众基础。到 1939 年春，第 1、第 2 支队的活动范围已经包括江苏省的丹阳、高淳、溧阳、溧水、武进、句容、镇江、金坛、江宁等县和安徽省的宣城、当涂、芜湖等 10 多个县，部队也发展到 14000 多人，直接领导和影响的民众超过 150 万人。加上第 3 支队在皖江南岸铜陵、繁昌等地和青弋江流域的发展，新四军抗日的星星之火，已逐渐形成燎原之势。

第四节　捍卫青弋江防线

　　青弋江发源于黄山北麓，经石台、太平、泾县、宣城、南陵、芜湖等县市流入长江。新四军第3支队主要在南陵、芜湖、宣城的青弋江一带活动，一方面承担拱卫军部的任务，另一方面阻止敌军深入徽州、屯溪等皖南腹地。青弋江下游有宣城县辖下的两个重镇湾沚、西河，1937年年末湾沚镇失守。宣城县辖下的另一个商埠红杨树集镇也在青弋江畔，离湾沚仅20余里水路，集镇边有码头、渡口，水陆交通便利，贸易往来发达，驻芜湖、湾沚的日军把这里作为南进的一个重要目标。

日军攻占湾沚

　　红杨树系国军第三十二集团军的防区，红杨树以西由川军第144师驻防，以东由东北军第108师驻防，其前沿在湾沚和芳山一线。当时国军以三道阵地设防，每与日军交战，若抵挡不住就不断退守，试图拖垮消耗敌人。在多次拉锯战之后，1938年5月，日军占领了红杨树。于是第三战区命新四军接替川军在红杨树、青弋江、峨桥一带的防务，配合第三十二集团军夺回红杨树到南陵马家园防线，扼守青弋江两岸圩堤阻击驻芜湖、湾沚的日军，这样就将新四军置于抗战的前沿。6月中旬，新四军第3支队第5团在孙仲德团长的率领下到达西河。孙仲德毕业于保定军校，作战经验丰富。他先向友军了解情况，密切接触群众，化装抵近侦察，充分掌握敌情，伏击下乡抢劫的日军小部队，袭扰日军据点，灵活机动地打击日军，迫使日军退回湾沚。7月，新四军收复了红杨树。

第3支队第5团驻地宣城县西河镇

芳山镇位于湾沚和红杨树之间，被日军占领后修了一个大碉堡，盘踞着70多个日伪军，配有精良重武器，成了湾沚日军南进的前哨。这些日伪军封锁渡口，还经常骚扰劫掠附近百姓，作恶多端。孙仲德决定打掉这个据点。8月，孙仲德派人加入敌人运粮的队伍，侦察了据点的详情；然后选拔2营侦察排的骨干力量化装，混进往据点运粮送菜的人群中，傍晚到达芳山后，被敌人关在据点内下货干活。夜间，侦察排战士从粮袋菜筐里拿出武器，消灭掉看守吊桥的伪军，潜伏在外的2营4连战士随即攻入据点。新四军炸毁了碉堡，围歼敌人，激战半小时，击毙大部分日伪军官兵，缴获步枪、机枪、手枪40多支。

新四军知道日军必不甘心失败，很快就会大举报复。孙仲德召开连以上干部会议，分析战情，群策群力，商讨作战方案。江南水乡到处是圩堤，攻防都在圩堤上，所以扼住圩堤者胜。日军火力强大，在狭长区域内占绝对优势。此前国军呈纵向三线配置，人数虽多，但实际接战的兵力不多，在日军火力压制下无法展开，只能被动挨打。孙仲德决定改造阵地，在群众的帮助下，他们在

新四军破坏敌军堡垒

圩堤拐弯处挖了一道 200 米宽的豁口，形成一块"人"字口开阔地，把敌人堵在圩埂的直线上；又在缺口的侧面及横断面上挖小坑道，设置射击暗孔，分层配置明暗工事，以己方横向对敌方纵向。果然，新四军刚准备完毕，敌人的驴马就驮着小钢炮、迫击炮、掷弹筒等重武器，沿青弋江大堤开来，进入伏击圈，新四军猛烈射击，日军被成片打倒。日军忙用炮火轰击，因新四军的阵地是平行线，没有纵深，炮火威力得不到充分发挥，新四军照打不误。于是，日军改变队形，分两路纵队凶猛冲锋，又被圩堤两侧暗道的枪弹打得无处藏身，最后只得狼狈退出。

新四军抓紧加固工事，还用大树封锁河道，防止日军乘汽船从水路侧攻。几天后，日军利用圩堤作掩护，从河沿外围隐蔽接近，但一到豁口处又暴露在新四军的枪口下。正面强攻不成，日军又派兵力迂回夹击。但新四军早有防备，布置好阵地予以迎头痛击。日军多次攻打红杨树，伤亡近 200 人，新四军取得完全的胜利。

红杨树战斗是新四军在宣城抗战的第一战，也是在皖南抗战的第一战，它极大地鼓舞了皖南抗日军队的士气，坚定了人民对抗战最终必胜的信心。

1938 年 7 月底，谭震林率部进抵西河镇，在南陵、宣城一线重新布防。第 5 团 1 营驻西河王家桥，2 营驻红杨树至马家园一带，3 营驻南陵金家阁；第 3 支队司令部和第 6 团 3 营驻南陵蒲桥，第 6 团余部随团长叶飞东进。

红杨树战斗

　　10月，日军一部攻占铜陵县大通镇。由于这一片区域靠近长江运输线，是日军第15、16师团的接合部；当时正在进行武汉会战，日军为保障其后方交通运输线的安全，经常在长江两岸扫荡。新四军军部曾发出指示："目前中心任务是，开展胜利的游击战来配合各方执行保卫武汉的总任务，同时使本军在全国政治地位提高。"① 新四军各支队贯彻军部指示，不断发起游击战袭扰拖滞敌军。第3支队与驻扎在湾址的日军第16师团一个大队当面，双方也屡屡交战。

　　为配合大通日军的沿江扫荡，10月30日，湾沚日军500余人，其中有骑兵100人，在大队长川月带领下，炮兵、骑兵、装甲车等全部出动，猛攻新四军第3支队南陵夫子决、马家园至西河防线。谭震林率第3支队各部、第1支队第1团2营以运动防御打击进犯之敌，配合铜陵、青阳一带的国军第50军。新四军在清水潭、红花铺与日军激战，毙敌十余人，伤敌百余人，主动撤出红杨树，退守马家园。11月3日，日军又增兵400余人围攻马家园。新四军再次主动后撤，随即调整部署，集中主力进行反击，又夺回马家园，日军被迫退至红锡镇、红花铺两地。当夜，新四军派出小分队袭击湾沚和九连山之敌，11月4日拂晓袭击红杨树，小分队烧营房、炸碉堡、攻守敌，打得痛快淋漓。日军见后院起火，大为恐慌，只得赶紧撤回湾址。数日后日军又进犯新四军，均被击

---

　　① 此系1938年5月23日新四军军部向江南敌后新四军各部发出的指示。

退。马家园战斗新四军以伤亡32人的代价，杀敌数十人，伤敌300余人，粉碎了日军的扫荡。第三战区为此战发布了嘉奖令。

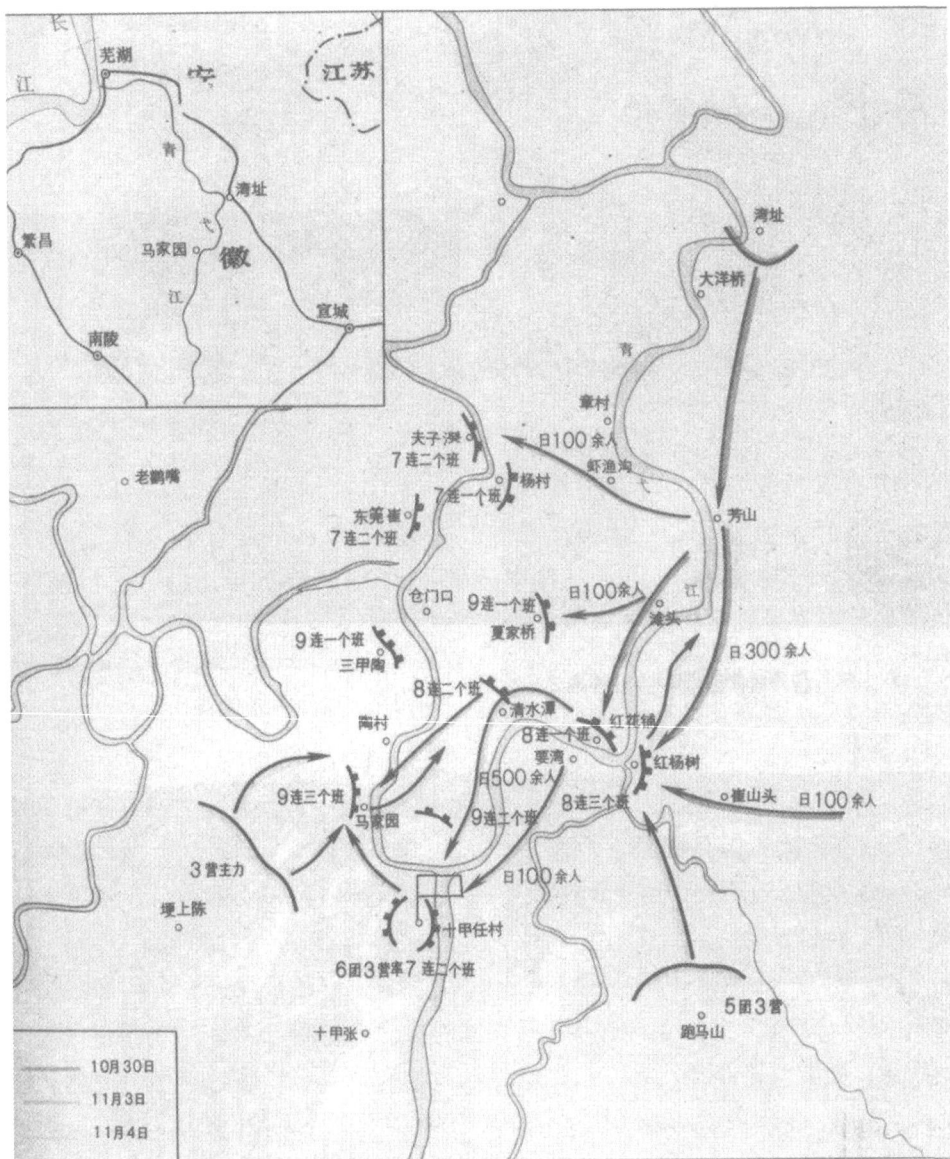

马家园战斗要图

第3支队还在"南芜宣"地区积极发动群众，以民运科副科长王澈安为首成立了宣城县西河镇抗日动员委员会。中共皖南特委先后派出几个工作组，以新四军第 3 支队的名义在这一地区宣传共产党的方针政策，教育培训群众运动中的骨干分子，吸引他们加入共产党，并在西河、蒲桥、弋江、金阁等地成立了党支部和区委。根据党组织发展和抗日运动情况，中共皖南特委决定成立"中共南芜宣县委"，统一和巩固党的领导，更广泛地开展群众工作，各地农、青、妇等抗敌协会纷纷建立，会员很快有 1 万多人。

新四军第 3 支队开赴抗战前线

1938 年年底，新四军第 3 支队奉命调往铜陵、繁昌沿江前线。此时日军正在执行夺取繁昌、扫荡皖南、扩大南京、芜湖以及江南广大区域的侵略计划。为阻击敌军，谭震林率部连续进行了中分村战斗、5 次繁昌保卫战，大小战斗100 余次；尤其惨烈的是第四次繁昌战役，日军调集 2000 多兵力，出动大批炮兵，连毒气弹都使用了，向新四军发起 3 次大规模的疯狂进攻；新四军与敌人血战峨山头、赤沙滩、塘口坝、铁门闩等地，历时 20 天，终于击退了日军，打出了新四军的军威。新四军牵制了日军兵力，支援了国军的正面战场，用事实抨击了国民党顽固派们诬蔑新四军"游而不击""不能打大仗"的谬论。第三战区司令长官顾祝同致电叶挺称"查该部游击努力，缴获独多，应予传令嘉奖，以资鼓励"；第三十二集团军司令官上官云相也致电叶挺说"贵部奋勇杀敌壮烈牺牲，不胜钦佩，悼念之至"；第三战区向蒋介石发出繁昌大战的捷报，蒋介石"复电嘉勉并饬努力督饬追击粉碎之敌进扰企图"。

第五节　协同友军抗战

　　新四军不仅自身奋勇杀敌，还多次协同友军作战。1938 年，"硬仗将军"王甲本率国军第 98 师暂驻皖南。王甲本系滇军名将，素来敬仰同是滇军出身的前辈朱德，南昌起义后曾多次与转战中的朱德接触，还密报朱德率部转移，属于"亲共"一派。王甲本投入淞沪战场前，朱德正在中共驻宁办事处，他与周恩来看望了王甲本，并勉励其为国建功；后来王甲本在与日军肉搏战中殉国，朱德亲自题词"抗日民族英雄王甲本"。

　　1938 年 4 月，王甲本奉命会同新四军进攻盘踞在铁路沿线的日军，拿下宁国县河沥溪及宣城县水东、孙家埠、双桥等车站。与他合作的又是一个出自滇军的将领罗炳辉。1937 年年末，原红九军团军团长罗炳辉任八路军副参谋长，在武汉八路军办事处协助周恩来、叶剑英工作。1938 年 9 月，罗炳辉回延安参加中共中央六届六中全会，12 月被派往皖南任新四军第 1 支队副司令员，1939 年 5 月随叶挺渡江后留在江北。这两个老乡经过周密策划，密切配合，与日军恶战了 4 个昼夜，攻下了日军各据点。两军乘胜从双桥逼近宣城，城内日军慌了手脚，紧急向西北逃窜，宣城县城光复。在并肩作战中，王甲本见新四军的配合极为默契，既机动灵活、避实就虚、攻敌软肋，又善抓战机、舍生忘死、敢打敢拼，比他常遇到的那些见难就躲、见死不救、只顾保存自己实力的国军强太多。王甲本认识到新四军不仅不是"游而不击"，而是一支能打仗、会打仗的军队。他感慨地对罗炳辉说，和你这样的友军打仗，真痛快。罗炳辉也对王甲本勇猛强悍的抗日精神表示了敬意，称赞他打出了中国军队的威风，两人都有了惺惺相惜之感。战斗结束后，罗炳辉的两个团枪弹所剩无几，王甲本 3 次批条子到军需处，支援罗炳辉部 20 万发子弹。

　　1938 年 7 月，王甲本奉命进攻盘踞在宣城到十字铺一线汪家山的日伪军。日军侵占宣城后，在汪家山构筑坚固的工事，外围还设置了铁丝网，驻扎了 30 多个日军及 2000 余伪军。王甲本率部接近据点时，汪家山附近陆冲里村民张明良的儿子张维才、继子易捷三主动来找部队，说他们常在这一带放牛，熟悉地形地貌和敌军进出据点的路径，愿意为国军带路。听了两人对情况的详细介绍后，王甲本召集部下会商，调整作战方案。21 日黎明，第 98 师朱上珍旅长、朱济猛团长率部迅速占据有利地形，集中火力发起攻击，敌军一下被打得晕头转向。国军趁机突破敌军防线，直插据点内部，敌军丢盔弃甲四散奔逃，汪家山据点被成功拔除。此战歼灭敌人700余人，缴获大炮2门、步枪1800支、军用物资无数。战斗中，带路的两个村民不幸被流弹击中，张维才重伤不治，易捷三获救。

罗炳辉　　　　　　　　　　　王甲本

当时国民政府的宣城县长是胡钟吾，出身绩溪儒商之家，青年时代曾在广州中央农民运动讲习所听过毛泽东讲课。胡钟吾就任之后，就深入宣城各乡镇保甲，大力宣传抗日救国、保家卫民的道理。他还号召"农抗会"农民、集结散兵游勇、收编训练"红枪会"等帮会成员等，就地组织起12万多人，编成一股股抗日自卫军，配合协助国军、新四军打击日伪军。为打击宣城人民的抗日行动，日军在36架飞机的掩护下，集结重兵展开大扫荡，县城再度遭到狂轰滥炸，房屋建筑毁坏，人员死伤无数；11月15日，宣城又一次失陷。3天后，在宣城群众的有力支持下，中国军队又合力击退日寇，收复宣城。1939年1月4日，宣城第三次陷落，两天后收复。"出于抗战需要"，胡钟吾当即发起数万军民，在一星期内拆除了古城的城墙。此后4年多的时间，宣城县城一直在中国人手中。1943年10月1日，在日军进攻宣城时，驻守县城的国军第52师156团弃城而走，宣城第四次沦陷。

胡钟吾是一位爱国爱民的县长，他看到宣城百姓赋税的苛重，便宣布田赋改征实物制，提高稻谷的收购价格4倍，规定余粮户必须借给贫困户大米300斤。此举深受广大农民的拥护，也使宣城人心稳定，民气凝聚，抗日保家的热情高涨。因赋税减免，宣城县政府公费不足；胡钟吾将实情告之于家，其父毅然义卖鸡血石300多颗，并出让店股，将所得全部送往宣城，充作抗战经费。国民政府为表彰胡钟吾抗日功绩，为其颁发了嘉奖令。

胡钟吾县长组织军民拆除宣城城墙

新四军第3支队也配合过第98师的正面抗战，并曾多次协助第108师，主动出击日军为其解围。1938年10月，日寇扫荡宣城时，第98师在宣城西北九连山、三元、湾沚一线阻击日军，在敌人强大的陆、空火力下，第98师官兵顽强抵抗，损失惨重。为支援友军，新四军第3支队第5团和第108师联合袭敌后方，攻打驻守湾沚的日军。谭震林、孙仲德指挥第5团1营的突击队，在暮色中进入湾沚镇区，1个连队带着船在湾沚铁桥附近准备接应。战斗一开始，新四军向日军营房投掷包了蘸煤油棉花的手榴弹，很快敌营成了一片火海。战士们借着火光射击逃窜的日伪军，打死打伤数十名敌人。同时，第108师在湾沚外围向日军碉堡炮楼等工事进行炮击；第144师在方村、埭南一线阻击增援的芜湖日军，激战两个多小时后，日军突破国军阵地，援军直扑湾沚，突击队及时撤离。湾沚战后，王甲本在三元美人丘为阵亡的将士建墓立碑，碑为轿子形，上刻："中华民国二十七年十月，陆军第九十八师湾沚战役抗日阵亡将士之墓。师长王甲本、副师长吕国铨立。"

东北军第108师是驻防宣城时间最长的国军部队，师部设在新田镇师村，当时百姓对这支部队的口碑也不错。后来宣城人民对国军各驻军有个评价：98师是好汉（抗日得力），63师老捣蛋（吃干饭的），52师打内战（打共产党），108师不划算（"皖南事变"中第108师参加了"围剿"曾与其并肩作战的新四军，内战中被前身是新四军的华东野战军歼灭）。

第 98 师抗日阵亡将士墓

　　抗战期间第 108 师牺牲很大，在宣城也与日军进行了英勇的战斗。1940 年 2 月，日军自湾址、水阳、九连山地区出发，蓄谋围攻水阳江重要的码头新河庄。当时驻守新河庄的是第 108 师第 643 团 3 营，营长邵玉璋命 7 连长安国贤、8 连长陈保善、9 连长刘西山分别率部守备稻堆山、横堆山和北山头防线。1940 年 2 月 23 日，日机曾来宣北新河庄一带轰炸，邵玉璋命各连加强警戒。26 日晚，细雨迷蒙中，3 营巡戒士兵发现，约有 500 余日军悄悄向新河庄方向运动。邵玉璋得报后考虑，新河庄外围的 3 个山头阵地，易守难攻，如兵力充足定能拒敌于外。他一面通知全营做好战斗准备，一面电告团部请求增援。晚 9 时许，团部派 2 营 5 连赶往新河庄上游的仁村湾布防，防止日军侧攻夹击 3 营。次日凌晨 2 时，援军赶到仁村湾，不料日军已抢先占领了该地，5 连全部进入敌人的伏击圈，顿时枪声大作，一片杀声。为扭转被围攻的逆势，5 连官兵趁着黑夜冲击敌军一线，与敌军搅在一起，双方短兵相接展开血战。直到拂晓时分，5 连的 90 多名官兵终因力不能支，包括连长王克功在内的 80 多人阵亡。

　　与此同时，新河庄战场的形势也极其严峻。虽然邵玉璋已向各连下令，但当晚日军进攻北山头时，阵地仍像往常一样只有 1 个排值守，连长刘西山根本没作部署。9 连的守军一边抵抗一边待援，可是通道已被日军封锁。刘西山见状居然转身逃跑了，北山头守军全体阵亡。27 日晨，日军向横堆山发起多次进

新河庄稻堆山

攻，都被 8 连奋力击退，并当场毙敌 30 多人。日军改变战术，一部继续正面进攻，一部绕到横堆山背后。8 连腹背受敌，结果全军覆没。两处阵地失守，稻堆山已成了一座孤山。这座山形似草堆，不高却险，两面临水，易守难攻。但日军并不急着攻山，而是仗着装备优势，以猛烈的炮火轰炸山顶，整个山头硝烟滚滚，土石纷飞。一阵狂轰之后，日军再组织进攻，守军咬牙死守阵地，令敌军一筹莫展。上午 9 时左右，袭击仁村湾的日军赶到，他们从稻堆山南坡 7 连后背攻上山来，在前后强大的火力攻击下，守军奋力突围，7 连长安国贤等在天保圩被日军追上，力战阵亡。邵玉璋率残部向杨山嘴转移，日军尾随追击，国军且战且退。途中邵玉璋腿部中弹，他宁死不当俘虏，最后自杀殉国，年仅 27 岁。

稻堆山战斗烈士纪念碑

稻堆山战斗结束后，百姓们将 300 多名官兵的遗体运到宣城，安葬在敬亭山麓。第 108 师政治部主任孙麦秋撰写了碑文，记下 3 营将士奋战日寇的史实。宣城军、政、商、学各界为壮士们举行了公祭，有挽联写道："新河抗战，叱咤无前，岚岚英姿笃飒爽；水阳突围，指挥若定，菁菁玉树叹飘零"；"噫！成功成仁兮，诸君虽死精神在；干！吾侪继志兮，杀尽倭寇慰忠魂！"中共宣城县委书记孙宗溶也派人敬献挽联："大义炳乾坤血战水阳天变色，忠心贯日月魂归敬亭地钟灵。"抗日民族英雄，无论其身在哪家阵营何等党派，人们都不应该忘记，也不会忘记。

第三章　新四军第 2 支队鏖战宣州

第一节　司令部进驻宣北

1938 年春，新四军第 2 支队向皖南集结时，全体指战员发表《为出发抗敌告别父老书》，高呼"让我们向前线迈进，让我们和全国的抗战力量结成一条不可挣断的锁链，冲！冲！向前冲！把日本鬼子赶出中国去！"就此踏上征程。6 月，第 2 支队开始深入敌后，部队以营、连为单位机动灵活地打击敌人。第 4 团先在江苏深水、高淳活动，随即进入江宁、句容一带，开辟了以赤山、郭庄庙为中心的"江深句"游击区，从东南指向南京。而第 3 团驻守安徽当涂县横山，沿宁芜铁路、宁建公路开展游击战争，仅 1 个多月就摧毁了敌伪据点和维持会 13 个，收复了一批村镇，从西面威胁南京；7 月 6 日又在芜湖到当涂的铁路线上伏击了一列日军运输物资火车，缴获大量军用物资；8 月 5 日在芜湖以东永安桥与日军发生遭遇战，首次抓获日军俘虏；同月在大官圩消灭了顽匪余宗臣部，团部就驻扎在当涂县小丹阳、呈村、博望一带。第 2 支队领导机关在"宣当芜根据地"以大官圩、金宝圩为中心的地区活动，司令部先后暂驻小丹阳以东的杭家村、五山口、叶家山和大官圩的塘南阁，在第 3 团的防区内。

日军为保护宁沪、宁芜铁路运输线，占领出产乌砂的石马矿山，发起针对第 3 团及第 2 支队司令部的大扫荡。8 月 22 日，小丹阳战斗开始。日寇第 15 师团石井旅团出动日伪步兵 4000 余人、骑兵 500 余人，另有重炮 10 余门、轻炮数十门、装甲汽车数辆、装甲汽船 2 艘、水上飞机 8 架、轰炸机 20 架，从秣陵关、深水、当涂、采石、江宁等地分八路围攻小丹阳。

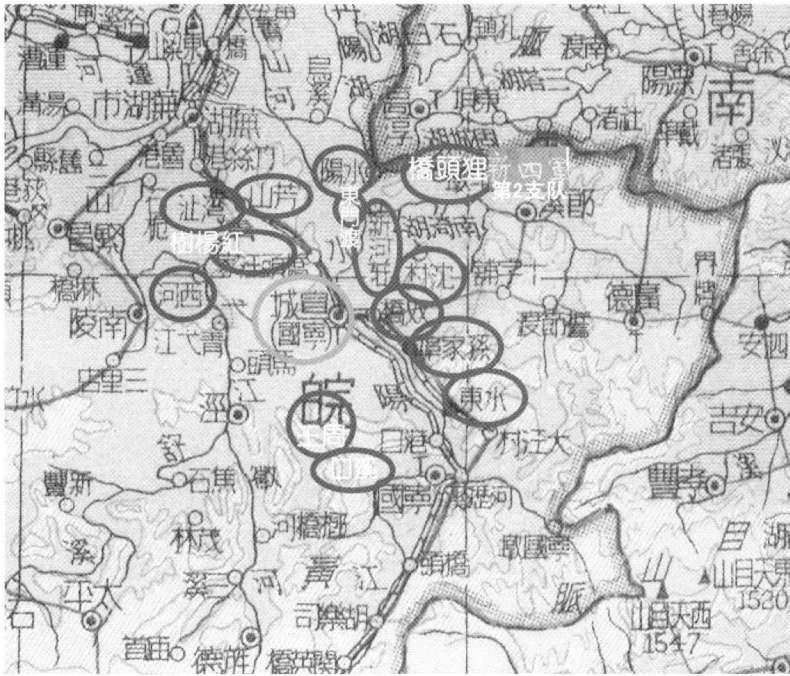

民国年间宣城位置图

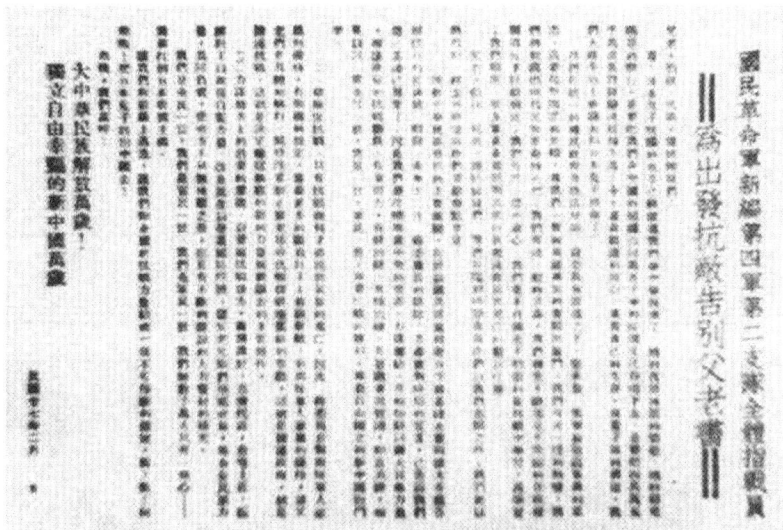

新四军第 2 支队《为出发抗敌告别父老书》

粟裕敏锐关注敌情，筹谋应敌之计，最后决定以小股兵力与敌周旋，一路阻滞敌人，主力集结在小丹阳西杨家庄隐蔽，待机侧击敌人；同时变被动为主动，分散部队袭击敌人后方。粟裕以一部分兵力转至外线作战，进行以下部署：一部进袭当涂，给敌人造成恐慌；一部穿插过陈塘头，占领鸡笼山阵地，与敌人对峙；一部进袭南京以南的陶吴，牵制敌人；一部奔袭南京近郊，夺取雨花台制高点，袭击中华门内外日伪军事目标，使敌人首尾忙于应付。与此同时，第 1 支队动员广大民众及地方武装，将宁沪、宁杭、镇句、宁建、溧武各公路大量破坏，并派部队袭击麒麟门，威胁南京之敌，配合第 2 支队的作战行动。小丹阳保卫战历时 5 天，第 2 支队第 3 团在黄火星团长的率领下，与日军在当涂、陶吴、护驾墩、鸡笼山共行了 4 次战斗，毙敌 20 余名，伤敌 30 余名，缴获了一批弹药及军用品，彻底打破了敌人分进合击的阴谋，我军竟然无一伤亡。战斗期间，日军连连接到后方告急的电报，胆战心惊，不敢恋战，只得撤退回防；他们气急败坏而又无可奈何地说："新四军是个神，你打他时一个也没有，他打你时都出来了。"

新四军南京外围作战电报

1938 年 9 月，张鼎丞、粟裕率新四军第 2 支队机关进入宣城北乡。司令部在史家湾、东华里、上冯村、慈溪等地作短时停驻后，10 月正式移驻狸头桥，先后驻扎在塔山村、晏家堡、刘村、蒋山张家村、红杨树（与青弋江畔红杨树镇同名）、南漪湖南姥嘴、横路章氏宗祠；其中驻扎张家村时间相对较长。第 2支队之所以将司令部选在狸头桥，主要因为这里地处苏皖边地，是敌顽势力的接合部、薄弱区；又濒临固城湖、南漪湖，水网纵横，水路通畅，方便传递消息、指挥部队，有利于小部队进出，却不利敌人大举扫荡。加上日寇在狸头桥制造的累累血案，百姓切齿痛恨，杀敌复仇意愿强烈；而新四军第 1、第 2 支队都曾经过这里，百姓对新四军有初步的认识，新四军也在此撒播下了抗日的火种，可以说已具备一定的群众基础，故而进驻狸头桥顺理成章。

狸桥张家村新四军第 2 支队司令部旧址

新四军第 2 支队司令部进驻宣城后，指挥开展了一系列的战斗。9 月间，第 2 支队在当涂石码矿区、青山、黄池、乌溪、当涂、博望、谢村、横溪桥等地与敌军发起游击战，迫使敌人龟缩在各据点。9 月下旬，日军第 15 师团一部入侵大官圩，第 2 支队第 4 团打退了敌人的进攻，毙伤日军 60 余人。10 月 2日，第 2 支队袭击敌军禄口与秣陵之间的运输车。当年冬，日军派伪军一个中队从湾址出发，侵占了金宝圩南端的裘公渡。第 2 支队决定消灭这股伪军。粟裕派出侦察员探清敌情，经过周密部署，将作战任务交给了特务大队长朱昌鲁。特务大队在侦察连的配合下，声东击西，于夜半时分绕道奔袭裘公渡，在夜色中经过半小时激战，俘获伪军队长以下 40 余人，缴获机枪 1 挺，步枪 30 余支。

1939年1月1日，日伪军向第2支队第3团1营驻地横山发起进攻。第3团1营在2营的配合下，激战5小时打退了敌军。1月6日，日伪军出动步骑兵2000余人，从江宁禄口、横溪桥、溧水洪兰埠、当涂等地出动，分四路围攻横山地区。第3团以特务连第1、第2中队掩护团直属队向神仙洞一带转移，另以3、9连设伏博望，余部守在横山。1月7日，第2支队参谋长罗忠毅率部在博望东北伏击洪兰埠来敌，激战3小时击溃敌军。1月8日，日伪军主力攻打横山，黄火星团长令1、3营集中火力予以迎头痛击，在白石村南面、山羊祠高地等阵地接连击退了敌人的3轮冲锋。到第4次冲锋开始时，第3团突然改变战术，仅留少数兵力坚守阵地，大部队分路向东、西方向运动，包抄切断敌人的退路。傍晚，9连和侦察连在小丹阳方向打响了战斗。敌军发觉后路被抄，便向小丹阳、拓塘撤退，途中遭到伏兵的痛击；敌军仓皇逃窜，新四军跟踪追击，又在陶吴俘房了日伪绥靖队。横山战斗中，新四军以伤7人、牺牲2人的代价，击毙日伪军50余人，俘房伪军100多人，粉碎了敌人的扫荡。

宣城北乡位置图

这些规模不大的战斗，搅得敌军疲于奔命、不得安宁，有效地消磨了敌军的意志，打破了敌军的作战计划，迟滞了敌军的侵略步伐，完全符合"积小胜为大胜"的战略方针；同时，新四军指战员积累了对日军作战的经验，坚定了抗战到底的决心；新四军在政治上的影响也不断扩大，在民众中的威望进一步提升，以游击战消耗敌人的重要意义也得到广泛的认可。

第二节　水阳伏击战

在 1938 年 1 月间，日军曾火烧水阳镇，大肆屠杀百姓，奸淫妇女，抢掠财物。哪里有压迫哪里就有反抗，日寇的暴行激起群众的怒火和仇恨，群众不断自发以各种形式打击敌人。2 月 12 日，水阳群众张大银率乡人击毙日军多人。4 月下旬，邢璧贵等群众率壮丁 36 人在水阳附近遭遇日军，这些手持农具菜刀的农民与武装到牙齿的侵略者英勇搏斗，16 人当场牺牲。5 月上中旬，粟裕率抗日先遣支队抵达金宝圩，大力宣传抗日救亡。7 月，新四军第 3 支队第 6 团到金宝圩；8 月，协助群众成立了抗战动员会，有组织地开展抗日活动，并消灭了盘踞在南漪湖郑村、宣北吴村的土匪。新四军第 2 支队进驻宣城北乡后，一直密切关注敌军的动向，寻找歼敌机会。1939 年 1 月 6 日，侦察员传来情报，一股约 130 余人的日军，携轻机枪 6 挺、掷弹筒 3 具，从宣城县城向北开拔，下午 1 时在新河庄打尖休息，4 时许又沿水阳江两岸继续北行，晚间可到达水阳镇。粟裕得知后，决心打掉这股敌军。

由于情报不能确定敌军是否夜宿水阳，粟裕设计了两套作战方案，以便随机应变，可谓志在必得。第一方案：如敌军不在水阳宿营，而是继续向乌溪、黄池前进，新四军则尾随跟进，待第二天敌军离开宿营地到乌溪附近渡河时，再击之半渡，歼灭其一部；第二方案：如敌军在水阳宿营，估计其在第二天沿河埂北进黄池的可能性较大，可以超越敌军队伍，在距离敌营 10 里许休息埋伏，突袭敌军。粟裕经过审慎思考，决定将伏击地点选在水阳北面 7 里处的白沙李。这里河网沟渠密布，河埂仅宽约 2 米，敌军无法展开实施强力突击；而新四军则可隐蔽设伏，待敌军接近时集中火力猛攻，伤敌大部后再以短兵追歼敌军残部。

1 月 6 日下午 6 时，粟裕、罗忠毅率第 3 团 2 连，第 4 团 6、8、9 连和 1 个重机枪排，从狸头桥张家村出发，轻装急行军抵达水阳镇。确定日军在水阳宿营后，部队立即赶往白沙李。根据日军沿水阳江两岸平行、主力在西岸的情况，粟裕将部队分布在东、西圩埂，主力安排在西埂；又命第3团4连当晚潜进至水阳镇南大福殿隐蔽，次日敌人出发后秘密跟进，待阻击战打响后自敌人背后狠狠插上一刀。他另派出一个排的兵力向黄池方向警戒，防止敌人增援。粟裕要求，必须等日军全部进入有效射程内，无险可守时，伏击部队再发起突然袭击，使敌军无路可逃。次日凌晨1时许，部队进入各自的作战位置。

1月7日上午8时左右，日军果然以粟裕预测的阵型往北行进。东岸日军先与新四军接触；西岸日军听到枪声后，都下到圩埂西面的斜坡，一面躲避流弹一面行军，这样的队形正好便于新四军右翼部队的侧击。但在日军刚到双陵门东南、尚未进入伏击圈时，意外突然发生了，一个副营长竟然没有沉住气，提前开枪射击，致使伏兵暴露；而担负夹攻任务的队伍也没有到位，前后夹攻的意图已无法实现。日军趁机迅速抢占附近民房等有利地形，凭其优势火力拼命顽抗，使新四军失去了火力效能，一时形成两军对峙的态势。新四军阻击部队虽然是4个连的建制，却装备低劣，又没有满员，还有很多新兵只能算是随军历练，战斗力自然不能跟日军匹敌；但狭路相逢勇者胜，在粟裕亲自指挥下，指战员与日军拼胆量、拼毅力、拼智谋，激战3小时后，日军终于抵挡不住，丢下31具尸体后向黄池方向仓皇退却。新四军收复了水阳镇。

水阳战斗

当地百姓欢欣鼓舞庆祝胜利，他们给新四军送来一帧绸质软匾，上书"杀敌致果"四个大字。粟裕亲切接见了劳军的群众，看到软匾时他笑着说："感谢父老乡亲对我们的鼓励。不过，从今天打仗的情况看，这匾上应该改一个字，否则名不副实。"在场的战士和群众都感到不解，一起疑惑地望着粟裕，粟裕解释，新四军从狸头桥奔袭水阳，赶在敌人前头布下了口袋阵，本应等敌人全部钻进圈套，再封住袋口一网打尽，可惜一枪早发，打破了口袋，漏掉了许多鬼子，"杀敌致果"变成了"杀敌未果"；他表示，有了这次教训，以后一定就会杀敌致果了。粟裕绘声绘色的表情动作，使得军民们开怀大笑。"粟裕改字"被传为佳话。通过这种方式，在以后的战斗中，战士们都会将严守战场纪律、沉着英勇杀敌的意念深深刻在心上；而群众也切身感受到新四军实事求是、不虚夸战绩的优良作风，更加敬佩和拥戴。战后粟裕认真总结反思，向军部上报了专题战报，作为部队的教育、战术的参考材料。

水阳战斗详报[①]

——3 团 1 个连 4 团 3 个连伏击

（1939 年 1 月 7 日）

一、情况

（一）军事情况

6 日午后得报：由宣城退回之敌百卅余人，附轻机枪 6 挺，掷弹筒 8 个，于6 日午后 1 时，到达新河庄停止，是否在该地宿营，尚未得悉。宣城现已无敌踪。

4 时半又得报：敌军百余人由水阳以南，沿东西两岸北来，于 8 时左右进入水阳镇，敌从何处来以及是否在该地宿营，尚未明悉。

（二）政治情况

水阳及其附近群众，对敌仇恨甚深，敌人水阳后，大部分群众逃避一空；恐慌之余，并渴望我军进击该地之敌。

当敌进攻宣城时，我军已在官圩以南，故未能获得与敌作战，有少数汉奸造谣，说我军不打日军，但广大民众对我军印象颇好，均不信。

（三）其他情况

去年 11 月 18 日，敌自宣城退经水阳往黄池时，我军因消息迟慢，未予打

---

① 此系水阳战斗结束后，粟裕当日向军部所作的战斗详报。

击，故敌益肆无忌惮。

二、决心与部署

（一）作战方案

因尚未确知敌人是否在水阳宿营，故假定两个方案：

第一方案：如敌未在水阳宿营而继续向乌溪黄池前进，我军则跟进，当于次晨敌离开宿营地至乌溪附近渡河时，予以半途追击歼灭其一部。

第二方案：

1. 如敌在水阳宿营，则估计敌人有于次日沿河埂北进黄池之充分可能，水阳东埂或有其一部平行前进，以为掩护，如此我军当超越敌之先头，伏击该敌而歼灭之。

水阳镇白沙李

2. 本来应超越敌宿营地（水阳）前 10 里外设伏较为秘密，并便利我尾敌部队之动作，后因我军部队尚在距水阳 35 里之狸头桥附近张家村出发，如绕道超越水阳太远，部队必过疲劳于战斗不利；又因群众对我军印象好，即在距敌甚近之地设伏，除汉奸外无人告密，因此决定在水阳北 7 里之白沙李附近伏击。

3. 根据五万分之一地图观察，白沙李附近尽系河网，其中仅有宽约两米河埂，敌我均无法展开强大兵力突击；同时，我军因缺乏刺刀，并新兵成分之增加，不宜使用突然之白刃战斗，决采集中之短兵火力，首先杀伤该敌，然后以肉搏而全部歼灭之。

（二）部队动员

6 日午后 6 时许，部队（不足 4 个步兵连及 1 重机关枪排）自狸头桥附近之张家村轻装出发，进至慈溪镇与派出之侦察班会合，知敌人尚在水阳，分布于东西两岸，在街之北端宿营。于是集合部队，鼓动士气，解释战斗意义与夜行军及战斗应注意事项；完毕后，复召集连以上军政干部及政治机关派出之政工人员，作短时间讲话，并分配各部之大体任务，而后前进。

（三）任务分配

1. 根据敌情，我军采取第二方案消灭该敌。

2. 各部队之任务：

甲、3 团 2 连、4 团 6、8、9 连（各连新兵随行）及重机枪排，为阻击部队，由袁家塘经画塘、冯渡、七里埂、夏村，进至白沙李两岸，布置伏击，至部队及火力配备，俟到达伏击地点再行分配。

乙、3 团杨洪才营长，率该营 4 连，于当晚进至水阳南大福殿隐蔽，并加强侦察警戒，俟次晨敌人出发后，即在敌后秘密跟进，待我正面阻击部队开火后，该连即由敌后猛袭而夹击之。

3. 各部仅带被毡及伙夫数名随行，不必携带包袱行李，俟到达目的地后，再行指定具体位置。

4. 副司令随阻击部队行进在尖兵排之后，到达伏击地后，拟在白沙李附近指挥，俟战斗结束，各部应到水阳东街附近集合。

（四）阻击部队的配备

各作战部队，任务大体分配后，即分别前进，阻击部队亦于 7 日晨 1 时许，到达亮陡门停止，并以主力开始渡河，其配备如下：

1. 估计敌人将由水阳东西两岸平行北进，以为掩护，故主力仍将沿西埂前进。

2. 我决以主力渡过河之西岸，阻击西岸北进之敌；仅以 8 连配置于东岸以钳制由东岸北进之敌，并以火力援助我西岸部队，消灭西岸之敌。

3. 河西部队任务配置如下：

甲、2 连之一班及轻机关枪 2 挺，配备于晏公庙以南之河埂两侧，为正面之阻击队，须俟敌人进至 B 点时（约距 80 米时）始行开火。该连主力（缺新兵排）疏开于千福滩坟地，一俟当前之敌被我火力大部歼灭时，即续之白刃扑搏而消灭之。

乙、9 连除以 1 排及轻机关枪 1 挺，位于晏公庙西北隐蔽，协助 2 连突击当前之敌；该连另一排分散于注家埠、小泥埠及前旺埠之线，俟敌进至 B 点时，以步枪火力侧击之。

丙、6 连长率其 1 排附轻重机枪各 1 挺，进至双陡门之砖瓦房内隐蔽配置，俟敌进至 B 点时，该连机关枪火力即由敌侧后夹击该敌，其步兵排则准备由土地庙附近登堤埂协同由敌后跟进之第 4 连夹击该敌。

丁、另一挺机枪应配于小泥埠之小土堆上，侧击由河埂上北进之敌。

新四军伏击日军

戊、4 团彭营副率第 8 连，以主力配置河东卜家正面，钳制东埂北进之敌，其一少部配置于陈家庄之沿河，以火力协助我西岸部队，消灭当前之敌。

己、正面阻击部队，统由 4 团余龙贵营长指挥，右翼侧由刘享云营副指挥。

4. 2 连之新兵排位于干鱼嘴北端，向黄池方向警戒，并掩护浮桥及任掩护队等事。

5. 通信联络照另纸规定。

6. 在敌未到达 B 点前不准开火。

7. 小行李及绷带所设于干鱼嘴东北（两叉河中间）之小村中。

8. 政工人员即在干鱼嘴东西两岸，动员民众，组织救护事宜。

三、战斗经过

7 日上午 8 时左右，敌果从水阳沿东西两岸平行北进，敌主力果走西岸，东岸之敌首先与我东岸 8 连接触，而敌西岸主力闻枪声均沿埂之西面斜坡行进，正合我右翼部队之侧击，但敌刚到达双陡门东南之 A 点时，刘享云营副竟即行开火，于是敌占据 A 点草房内顽抗不进，使我各部队完全失却火力效能。战斗历 3 小时之久，而我尾敌之 4 连，亦未适时赶到，如此已成对峙形态不能解决战斗，于是决心撤退，我东岸部队由高家桥方面撤至慈溪附近，我西岸部队则向杨泗渡方面撤退，敌也仓促向黄池方面退走，我军遂即占领水阳。

四、战斗结果

（一）影响

1. 给群众以极大的兴奋。

2. 予敌人以相当打击——死伤数十名。

3. 提高了部队战斗情绪与教育了部队。

（二）得失

此次战斗虽未将敌全部消灭，亦予敌以打击，计毙敌 31 名，伤敌不详。

五、战后评述

（一）战斗中敌我之优劣

甲、敌人方面

1. 优点

（1）射击技术好。

（2）善于利用当前的地形地物。

（3）火器好。

2. 缺点

（1）攻击精神差。

（2）到处受群众仇恨，消息不灵通。

（3）不敢追击。

乙、我军方面

1. 优点

（1）部队沉着听指挥。

（2）部队刻苦耐劳精神好。

（3）虽缺乏刺刀，而白刃战斗精神好。

2. 缺点

（1）仍有游击主义习气，不遵守时间，射击过早。

（2）射击技术差。

（3）通信联络差。

（4）部队利用地形地物差，目标容易暴露。

（二）经验与教训

1. 有了正确的情况判断与有了正确的决心以后，就需要依据这个正确决心去正确处置，才能取得战斗的彻底胜利。正确的处置，不仅是一个战斗的最高指挥者，而且需要所有参战的指挥者，都要有正确的处置，否则胜利是不可能的。这一次战斗所以不能取得全部胜利，主要的原因就是个别干部处置不正确。

2. 遵守时间到达指定地点和遵守时间开始射击（尤其伏击战斗时），是取得战斗胜利的一个重要因素。比如我们这次战斗中，尾追部队不能及时到达和过早开火，因而影响到不能取得战斗的全部胜利。

（三）对于以后教育意义

1. 我们在湖沼地区进行游击战争，依靠"机警灵活""神出鬼没""住无定所"的巧妙动作，不仅能够活动而且能够取得胜利。这里针对着湖沼地区的特质，提出应采取的战术——伏击的方式。

（1）对敌小的游击侦察部队，可乘其通过湖沼沟不易展开的地方，用短促的突击而歼灭之。

（2）乘敌人过河之际，对其尖兵将到岸上时，可以迅雷不及掩耳的"掩袭"，解决其尖兵，并用高度密织的火力，来杀伤和制止本队的增援。

（3）另一种相反的手段，可俟敌人本队过河之后，应用怎样的动作，伏击敌之后卫尖兵。但是必须记着进行战斗争取胜利的先决条件，是部队本身的刚胆、勇猛、沉着、隐蔽，以及获得当地居民的掩护。

此外准备伏击之前，于宿营时对宿营地的选择，须求得便于机动和运动的地方，侦察警戒要严密，并须要为适应情况的战斗准备，派出散兵群于重要和有顾虑的方向布置，在离宿营地八九里的地方，最好派往河流附近，既可警戒保障部队的安全，又可杀伤敌人，钳制敌人，阻滞敌人的前进。

2. 遵守射击军纪，为争取优势的条件之一，特别在平原、河川、堤埂这些地方作战，更有此要求。在命令中，必须严格规定射击时间，为防止过早开火的弊害，事先可宣布违反射击军纪的法令，但是最要紧的还是依靠于部下自觉遵从战场军事纪律。

3. 在湖沼地区活动作战，为了克服地形上的困难，必须讲求渡河的技术，在防御中宿营，求得避免敌袭与便利转移，须充分准备船只、木排、大木盆、竹筏子，以作渡河之用，至关重要。在攻击中，求得顺畅行动，使用架桥的方法，更属有利。这一点针对我们目前技术条件，在部队中积极进行轻便架桥的教育，是最有意义的。

第三节　官陡门大破"梅花桩"

弥漫在水阳白沙李的硝烟尚未散尽，新四军第2支队又发起了奇袭官陡门的战斗。官陡门位于芜湖东北郊10华里处，小镇东西长不过100米，一条南北流向的扁担河穿镇而过，四周河网密布，沟汊纵横。因这里离铁路仅3里、离飞机场也只有6里；芜湖失陷后，日军在飞机场屯驻了约1500人的兵力，在官陡门及其周边6里内屯驻了伪军1000人，将其打造为重要的军事据点。

随着新四军力量的增强和袭扰次数的增多，为应对威胁，日军企图以交通网为基础构建封锁线，在封锁线内部设立炮楼碉堡据点，以一个个棋盘式的小块来压缩新四军的活动范围。日军谓之"梅花桩战术"，那些据点就是所谓的"梅花桩"。官陡门处于封锁线的中心位置，是日军着力打造的一个大"梅花桩"，堪称易守难攻。进攻官陡门只有两条路线，中间阻隔了几条深不可涉的河流，还要经过当涂的青山、黄池。这两个据点之间有一条长约35里的大堤，守

日军"梅花桩"碉堡

军很容易从堤上阻击攻方并截断其退路。就算突破官陡门的外围，但日军在据点里又设置了3层铁丝网和障碍物，后面还筑有掩体战壕；西、南、北三面每一面相隔5里，都构筑了炮楼，形成一个大三角形。一旦据点报警，半小时内各碉堡的日军就能驰援，日机升空不用2分钟就能对攻击部队进行低空扫射和轰炸，芜湖日军的炮兵也能对据点实施火力支援。所以官陡门一带可以说是日军安全系数最高的据点，守军一直高枕无忧。

新四军第2支队要扩大活动范围，就要打破日军的围困压制，就要拔掉官陡门这个"桩"。粟裕考虑，官陡门正因为固若金汤，日军料想新四军不敢以卵击石，防范就会有所疏漏；如精心谋划，隐秘行军，快速进击，必然能收到出奇制胜的效果。

1939年1月18日清晨，寒风凛冽，冷雨飘零，粟裕和罗忠毅率领第2支队3团从狸桥塔山刘村开出。奇怪的是，除了部队首长，其他指战员只知道要打仗，却不知道要打哪里。从狸头桥到官陡门应该西行，粟裕却带领部队沿固城湖东岸北进。行军50里到达第一个预定地点时，粟裕传令就地宿营，并下令除批准的工作人员外一律不得外出。第二天早晨，粟裕又令原地休息，过了午后才命令部队上船，穿过当涂境内的石臼湖，进入博望镇南部的丹阳湖；晚上9点弃船上岸，部队翻过堤埂，转乘预先准备好的小船，继续悄悄沿内河西进。这几只船原先是装肥料的，无人在意。午夜，部队迂回穿插到第二个预定地点，距离官陡门70余里的一个村庄，在这里隐蔽宿营。如此曲曲弯弯绕来绕去，战士们仍不知道要打哪里。1月20日上午，各连队战前会议，粟裕作了例行的政治动员，还是没有宣布作战地点，所有人的胃口都被吊起来了。午饭后，粟裕安排战士们午休，召集排以上干部开会，他在会上宣布作战方案，分配作战任务，并规定20分钟内必须结束战斗，不许缠战；又详细解说具体事项，使各级指挥员对这一仗怎么打，都能了然于胸。晚饭后，避开当地百姓人等，粟裕集结全军发表激情澎湃的讲话，下达了进攻官陡门的命令。这时，全体参战人员的情绪都已调动到亢奋的状态，战斗欲望异常强烈。

部队急速潜行，1月20日晚8时半左右抵达日军青山、黄池据点之间的亭头镇。粟裕派出小分队在据点附近占据有利地形设伏，护卫部队回撤。其余部队继续向目的地前进。晚10时，主力部队来到大闸，并从这里渡河。侦察员找来一大一小两只船，小船仅能装三四个人，大船最多也只能装十来个人，更麻烦的是小船上没有划船工具。要按常规方式渡河，需要4个多小时，这里离目的地还有30多里，如天快亮时才能赶到，势必影响整个作战计划的进行。为抢

新四军急行军

时间，粟裕一边下令向河对岸警戒和封锁，一边把部队里选好的水手叫出来，让他们帮大船的船老大划船，加快渡河速度；用绳索把小船系起来，直接从两岸来回拖拉。凭这样两条"快速水道"，两个半小时部队全部抢渡过河。21 日凌晨 2 点，距官陡门还有 20 多里，又有一条河拦住了去路。粟裕命令部队绕道跑步前进，他自己一边随着队伍跑，一边低声给战士们鼓劲："走快点，冲猛些。"在漆黑的夜色中，战士们迎着冷风，踩着寒霜，在蜿蜒泥泞的小路上一口气奔行了 20 华里，直到头道桥边才减速过桥，悄然行军，凌晨 4 点左右，部队到达王石桥，这时距离官陡门只有 4 里。根据预定方案，粟裕将部队分作两路，一路沿西北芜湖方向往东迂回，另一路沿扁担河东岸向北，完成了对官陡门据点的"钳形"包围。

　　部队贴着堤坝的斜坡摸索前进，在离据点 300 米处，侦察班长带着两个战士匍匐上前侦察，发现了敌人的两个岗哨，也看清了铁丝网后的地堡。侦察员在剪断铁丝网清理障碍物时，不料触响了敌人暗设的警铃，就在警铃响起、敌人还没回过神来的一刹那，粟裕一声令下，新四军大小枪支一齐喷出愤怒的火焰，不到两分钟突击队就冲破了三层铁丝网，解决了守在掩体内的伪军；同时河东岸的部队也发起了冲锋。在新四军两路迅猛夹击下，刚从睡梦中惊醒的敌人晕头转向，根本不能组织起有效的抵抗，一个个像无头的苍蝇四处逃窜，新四军很快攻下了敌营和指挥所。官陡门的奇袭，从攻击开始到战斗结束，只用了 8 分钟，加上清扫战场也不过 20 分钟，歼灭伪军 200 多人，活捉 57 人，仅伪军司令人在芜湖而侥幸漏网；缴获机枪 4 挺、长短枪 70 余支及大量手榴弹、子弹和军需用品；新四军只有一个卫生员和一个司号员两人负伤。等日军援兵和飞机闻讯赶到时，新四军已在黑幕中押着俘虏带着战利品，"得胜回朝"了。

新四军在战场察看敌情

官陡门之战是新四军成立后的首次长途奔袭战，有力地打击了驻芜日伪军的嚣张气焰，极大地鼓舞了敌占区人民的抗日斗志，也进一步提升了新四军在第三战区的抗战威名；国民政府也给新四军军部发了嘉奖令。很快，宣城、芜湖一带就传出了一首《四老板是天神》的民谣："四老板，是天神，一飞飞到官陡门。黑头鬼子呼呼睡，阎罗殿上已点名。四老板，是天神，一飞飞到官陡门。这边唱着凯歌去，那边急煞了小日本。四老板，是天神，一飞飞到官陡门。百姓心里暗自喜，都夸老四是神兵。"歌里的"四老板"和"老四"，都是当地百姓对新四军亲切的昵称。作为策划者和指挥者，粟裕在整个"大破梅花桩"战斗前后表现出的谋划之精、出兵之奇、行动之快、用时之短、布局之密，都堪称突袭战的经典范例，甚至其中依稀可见史书中著名的"李愬雪夜下蔡州"的影子。粟裕自己对这一战也较满意，于当日还作了一首诗，题目就是《为官陡门战斗胜利题诗》（诗中数字与战后记录略有出入）：

新四军，胆气豪，
不畏艰苦与疲劳，
七十里之遥，
雪夜奔袭芜湖郊。

伪军无处逃，

伤毙满沟，

活捉四十余，

步枪四五十条，

机枪三挺，

驳壳十余条，

还有大刀，

日伪军旗，

脚踏车、大衣与皮袍，

军用品，用箩挑。

汉奸远逃，

敌伪心愁，

广大人民兴高，

同声咒骂汉奸罪不可饶！

官陡门战斗结束后新四军指战员合影，图上为粟裕题诗

后来，粟裕又亲笔撰文，详述战斗情况，全文如下：

芜湖近郊的奇袭

（1939 年 10 月 7 日·重庆《新华日报》）

一、敌情与地形的侦察

官陡门，在日军盘踞的战略基点芜湖北郊飞机场附近，是一个极险要的地方。那里恰恰和象棋盘中心卒前边的渡河点一样，棋盘河两边的三根路线，正如官陡门两岸的三条不到一米宽的堤埂的通路，这几条通路也都被破坏了，白天架了木板才能通行。那里设有三层铁丝网和其他障碍物，铁丝网以内还有掩蔽的战壕，两岸中间的河，宽约五十米，是不能徒涉的。其余的空白地方，全是河网与湖泊。官陡门周围几十里，特别是我们由东向西去进攻的地方，足足要经过一百余里的河网地区。这个地区，河沟纵横交叉，你要向前走几里路，

《新华日报》刊发的粟裕文章

就至少需得过三条或四条河，一出门就非坐船不可，水既深而船又小。这百余里的区域中，只有两条路可以直达官陡门，但是还需要渡过好几条深不可涉的河，而青山、黄池两个敌人的据点，正如棋盘上东西两端的两个炮位，我们的队伍必须经过这两个据点的中心线，才能进而西去，它却正在我们五十里左右的侧后方威胁着我们。这两个据点之间，有一条直达的长约四十里的宽阔的堤埂，有充分的可能截断我们唯一的一条归路。而芜宣铁路的沿线，正如棋盘两岸的卒子线，每隔五里即有敌人的据点，并派兵守护着。官陡门距铁道最近处只有五里，距飞机场不到五里，距芜湖也未超出敌人的炮兵射程。河的西岸，街道南八里的永安桥、北十里的年陡门，都有数十敌人驻守，可以沿堤埂直趋街道。总之，敌人西南北三面各据点的增援部队，在半点钟以内，可以完全赶到。飞机的出动更不消两分钟，就可以在我们上空低飞袭击。官陡门的街道，建筑在河两岸的堤埂上，不到一百公尺长，是一线的砖瓦房屋，这里总共驻扎了三百余伪军。两岸之间，只有宽约一公尺的脆弱的板桥贯通。这可算是天险了，是敌人最安全的地方了。可是一个敌人认为最安全的地方，却正是我们出奇制胜的地方。

二、战斗的动员

敌情和地形侦察清楚之后，为了使当地民众从敌人铁蹄下解放出来，为了要震撼敌人的心脏，歼灭敌人一部分有生力量，更为了要坚持江南抗战，以和全国友军共同争取抗战胜利，作者忝负指挥之责，决心挺袭官陡门之敌，并亲自指挥这一战斗。一月十日左右，我们就在参战部队中进行动员，除政治上以敌人残暴、民众所受痛苦，我们坚持江南抗战与配合友军的意义，敌人的弱点以及我们胜利的把握等条件来鼓起战士的热情外，并从军事上加紧进行了几天的夜间战斗动作、白刃战、河川战和街市战的演练。指战员们的情绪异常热烈，都在互相地猜问着："究竟打什么地方啊？""打的是哪个哩？""只怕他们预先逃走了，那倒可惜……"每天战士们都自动地把枪擦七八次，机关枪班的战士更努力，差不多时刻都在准备着，不是学瞄准，就是学装退子弹，枪筒擦得亮锃锃、滑溜溜的，还嫌擦枪用的油太少了，把节省的零用钱去买两瓶生发油带着，免得打起仗来枪膛缺油，机关枪卡壳。爱说笑的副班长说："敌人排好队，只等我们的机关枪去点名，点得好的每人赏他吃几颗花生米……"逗得大家忍不住笑起来。

十八日早晨，天还未亮，大家闹着起床，伙夫同志也先起了床煮好了早饭。

大家吃得饱饱的，准备向目的地进发。有的同志为了轻装，情愿挨冻，将军毯也寄留下来。集合号还未吹完，队伍老早就站好了，等待着指挥员来讲话。当我走近队伍的时候，大家向我行着喜悦的注目礼。虽然北风那样狂暴地从湖边袭来，但大家为了要听讲话，暖耳的帽边都不愿意放下来，一队队的在霜雪盖住的草地上站着。当我开头喊一声"同志们"的时候，他们一齐立正，唰的一声，将那盖住枯草的霜雪划破了，叫他们稍息之后，又是唰的一声，好像在沙坪里动作似的。为保守秘密，我只简单地作了些鼓动，当时战士们都非常兴奋，只见如烟雾般的热气从每个人的嘴唇边滚出来。因时间关系我匆匆地结束讲话，这些话显得还不能够满足他们的向往。

前进号响了，队伍出发北进。虽然下着毛毛雨，但谁也不愿意撑伞，从银色的地面上，踏印了一条斑斓蜿蜒的步痕。谈笑声与脚步声杂错地交响着，前面的滑倒了，后面的不停步地喊"仰射，预备放"；后面的滑倒了，前面的就喊"再来一个"。路途虽然泞滑难走，可是大家并不觉得累，五十里路只有一次小休息就走到了。大家眉毛上都凝结了水银般的水珠。当天下午住宿下来，除少数工作人员外，谁都没有外出，继续擦枪、洗脚，开行军检讨会。为了保守秘密，第二天上午在原地停候了大半天，到了预定的时间，队伍偷偷地上了船，突然转向西开，渡到丹阳湖的西岸，那时已经午后九时了。大家翻过堤埂，改乘预备好了的几只装肥料的船，继续由水道西进，午夜十二时以后才到达了预定地点隐蔽集结，距攻击目的地还有七十余里。这里可以完全封锁消息，但是再上前去，封锁消息就不甚容易了，必须以一夜间赶到才行。

丹阳湖渡船

二十日天刚亮，大家就起了床，又在擦枪，装填子弹夹，整理草鞋带子、包袱以及所有东西。八时以后，各单位召开军人大会，除作政治鼓动外，并宣布战场纪律及注意事项，同时，班与班、连与连之间订了缴枪捉俘虏的竞赛条件。战士们都争先恐后地充分发表意见，经过两个钟点，还有些意见没说完。可是伙夫同志送中饭来了，于是由指导员做结论，结束了会议。

午饭以后，虽然值星排长逼着大家要睡好觉，但他们只是用被毯蒙着全身，头脑里想着即将到来的战斗，谁也不能放心地睡，只希望着快点天黑。午后一时，除值星排长外，排以上的干部到我的住处开会，我说明了应攻击的地点和消灭哪一个敌人，具体分配了各连的任务和动作的次序及注意事项。干部们都异常注意听，特别是范连辉同志带领的分队，他们的任务是由河的西街打到河的东街，必须以迅速的动作抢夺连通两岸的小板桥，这是很关键的行动，因此会上严格宣布：如果范连辉的分队没有夺得桥，就是河西街有很多枪，也应该让别连去缴，否则即或你缴到很多枪，也还要受处分的。最后鼓励大家要在二十分钟内完全解决战斗，并迅速集结准备撤退。随后分发了地图、命令、联络记号、战时对敌喊话口号和许多标语等，即行散会。

下午提早吃过晚饭，集合全体队伍时避开了老百姓。当我向全体指战员讲解作战任务的时候，他们情绪的热烈较十八日早晨开始出发时有过之而无不及，当宣布了要攻击的地点和敌人的时候，大家的鼻孔都胀大了，表示一种特别的愤怒，同时又显露出喜悦的骄傲。话讲完了，掌声和高兴的笑声响成一片。连排长忙于分配夜战用的干电池和准备渡河用的绳索、标记等。战士们有些在擦枪，有些在整理草鞋，还有些在准备手榴弹，闲谈混杂在笑声中，可以听出有人在说："打伪军好像吃豆腐、喝米汤一样，最怕他预先逃走了……"也有人提醒说："不能轻视这个伪军，他们是受过日本鬼子训练的，装备也好，地形又那样易守难攻，而且离敌人战略据点很近，鬼子容易来增援……"在大家正谈得起劲的时候，一声哨音打断了大家的话头，值星排长问："准备好了吗?"大家齐声答应："好了!"于是部队按规定次序出发。

三、战斗冲锋

一切都准备好了，时间已是二十日午后五时，部队出发，当地的人民，男的女的，老的少的，在村边群集着目送我们，直到队伍走完了，走远了，看不清楚了，才回转屋里去。天还没有黑，队伍中有些人边谈边走，天色慢慢黑了下来，从队伍里向前面望去，开始还可以看到全队，不久就只能看到一大串黑影，最后只看到自己前面一个人的背影了。于是队伍也就寂静下来，除了听到嚓嚓的脚步声和远处间或的犬吠声外，什么都听不到。天上没有星光，可是部队仍然走得很迅速，到八时半光景，已走了三十里左右的路程，正好到青山通黄池大道中的亭头镇。前卫在到达该地以前，就先派人去封锁了通往敌方的大道。大约停了十五分钟，担任后卫的部队停留下来，派出兵力，分向南北逼近敌人黄池、青山两据点，以掩护我军归路的安全，其余的部队仍然照原来的次序向目的地搜索前进。晚上十点钟到了大闸，在此必须渡河，可是河的东岸没有一只船，西岸有没有船又看不清楚，派人到处摸索，从水塘边抬来一只仅可装三个人的小船，划水的工具也没有。由于河对岸常有敌人的坐探，不好喊老百姓的门。怎么办呢？会游水的同志偷偷地找来了一只装了东西还可装十人左右的木船，船上只有一个老板。两只船要渡完整个部队，计算起来需要四个小时。但此去目的地还有三十余里，而且还要过渡，假如天亮了便不好攻击。于是先把河西岸的去路加强了警戒与封锁，又派出了预先选好的一批水手，加快木船渡河的速度。小船则用绳索连起来，两岸用人力牵拉。上下船也派人招呼，免得有人滑倒耽延时间。这样努力的结果，只两小时半以内，队伍统统渡过了河。

新四军奔袭日寇

队伍到齐后，我们急速地离开河岸向西赶路，速度异常快，比平常差不多要加速了三分之一。这时已是二十一日凌晨两点钟了，还有十七八里路倒不算什么，可是还要渡过一条河，又不知渡船是否被敌人封锁了。如果不渡河，则须再多绕十里路，并且须从靠近敌人据点头道桥两三里路的地方通过，假如被其发现，用电话通告了各处，那就不好办了。决心要快，还是绕十里路好，即使被头道桥敌人发觉也不要紧，走快点、冲猛些就是了。于是开始快步，又断断续续地跑步，只听得紧促的呼吸声与跑步声，我心里禁不住想着"地球转慢一点吧，不要过早天亮才好"。足足跑了二十里，虽是地上铺满了严寒的霜雪，天又刮着寒风，可是大家却跑出了一身汗来。到头道桥附近，用静肃的步伐安全地偷过，才觉得汗湿的衣服冰人。这样又费了半小时，才避免了被敌人发觉，折向正北急进，约四时光景，赶到了王石桥，距目的地三里了，这时我们才放下心来。

　　稍停了一会，按原先的任务区分，我率主力过桥，沿西岸北进，绕向西方，由芜湖方向的道路打过去。另一部则沿东岸北进，但需待西岸先开始攻击，不能使敌人发觉过早。最肃静地前进，主力只距敌人一里了，沿着堤埂的倾斜面前进，离敌据点只半里了，"停止！"大家蹲下来，肃静得连呼吸也小下来。突击队的干部带了几个尖兵摸上前去侦察，看清楚了两个敌哨兵，穿着大衣，戴着风帽，三层铁丝网不高，从这边摸过去，敌人看不清我们，好打！好打！……

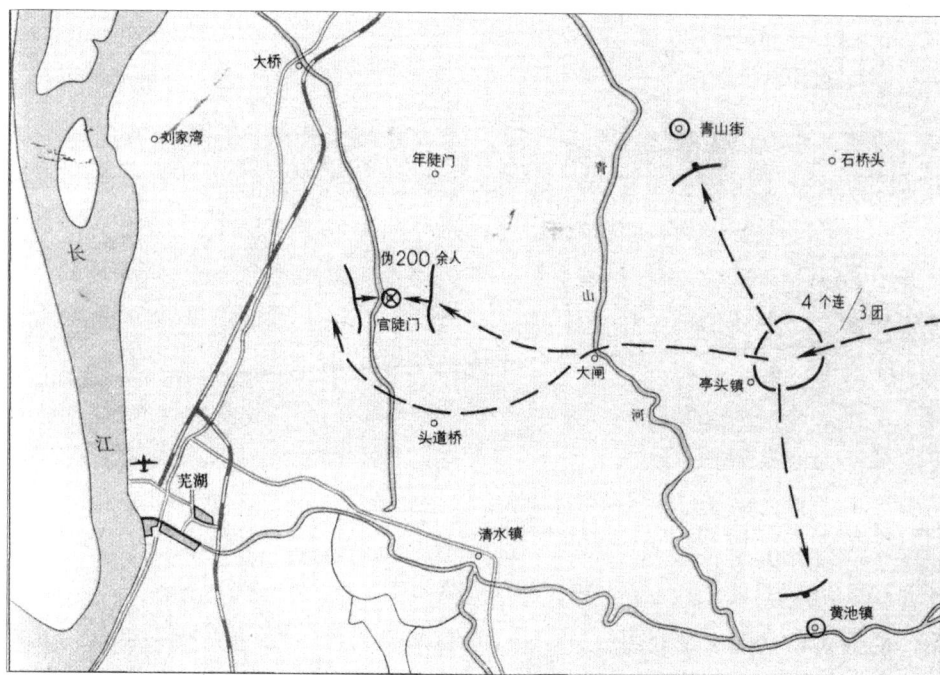

官陡门战斗要图

突击队进行最后侦察时，大家都肃静地贴着地面向前爬进；二梯队紧紧跟进。接近铁丝网近边的时候，距敌人不到三十公尺，正想拉开障碍时，警钟响了，对方恶狠狠地问："哪个？"紧接着就像爆竹店里失火一样，我们突击队的手机枪、花机关、轻机关、驳壳枪一齐开火，简直听不出每一响声的段落来，只有那猛烈的手榴弹爆炸的声音，才能清晰地分出个数来。子弹出枪口和手榴弹爆炸的火光照耀得通亮，冲锋号吹得使人更加有劲。这时东岸的机关枪也响了，这样不到一分钟就冲破了铁丝网，敌人两个哨兵被打倒躺在地上。离哨兵后面约十公尺的掩蔽部里的一排敌人，动作快的钻了出来，一到外面就中弹跌倒了，有的半个身子躺在洞里，半个身子躺在洞外，刚好塞住了洞口。动作慢的，就永远躺在掩蔽部里出不来了。掩蔽部里和街口边的敌人还未完全解决，街上已丢了不少的枪。但我第二梯队枪都不要，勇猛地冲进街中，转向河边，顺利地夺到木桥。接着冲过河东，就到了伪军司令部的门口，又是爆竹店失火一样的一阵密集枪声，夹杂着手榴弹的猛烈爆炸声，战士们冲进了伪军司令部。河东岸北进的一个连也冲破了铁丝网，夹击着敌人的侧背，东边街口又是爆竹店失火一样响了一阵。以后，枪声就渐渐稀疏下来。

四、战后的凯旋

从开始攻击起到解决战斗，大约经过八分钟光景，连清扫战场总共只耗去了二十分钟。东方已经发白，天快大亮了，街上只见到两种极端异样的情景：一种是横七竖八的敌尸和血肉模糊的呻吟着的敌人伤兵，满街杂乱的堆着军用品及用具；另一种情形，老百姓领着胜利的我军官兵，肃清残敌，并送茶烧水，忙个不了。东边牵一串、西边押一群的俘虏，在南边街口的地坪里集合清查人数。击毙和击伤的，在地洞里和地洞外，在街上到处都有。也有跳下水去的，那就无法统计了。单是活捉的就有五十七名，因为天还未亮，看不清楚，逃散了一部。缴步枪六七十支，短枪十多支，机关枪四挺，其余手榴弹、子弹、军用品，更不计其数。×连"坐了飞机"，缴获最多。我们由河西攻击的部队全无伤亡，攻击河东的部队伤卫生员、司号员各一名。消耗弹药，总不会亏本。队伍除警戒之外，其余都照指定地点集合。大家经过一晚的疲劳，脸色虽略显苍白，但是精力仍然很充沛，情绪更加高涨，愉快压倒了疲劳。肚里虽早就饿空了，可是那时也忘了。大家都在兴高采烈地谈着："这个伪军真是豆腐做的，真叫做豆腐军"，"可惜了，那个狗司令，在芜湖没有回来"，"铁丝网简直像蜘蛛网"，"哼，这样好的地形，四面都是水，只要有子弹，我们包守一个月"。

新四军抓获的俘虏

"站队，站队！准备走了！"值星排长呼唤起来，停止了大家的闲谈。"按规定的次序向×××东返，大家距离远一些，注意防空。"队伍走动快完了，"收哨，把信号烧起来！"这又是值星排长的号令。"嗯，芜湖方向的枪响了，大概是敌人援兵吧？"战士在发问着。"不要紧！他妈的，这样的地形，请他来吃子弹。"值星排长这样回答。随后警戒部队都跟上了，"嘀嘀嘀嘀，哒哒哒哒，哒嘀，哒嘀……"司号员发出防空号音，干部们督促着战士快点隐蔽，不一会，大家都分散隐蔽了。敌机嗡嗡嗡嗡地低空侦察，一圈二圈三圈，看不到我们一点的形迹，无精打采地飞走了。距官陡门五里了，"后卫加强警戒，各部隐蔽休息吃饭。"值星排长传达指挥员的号令。约莫一小时，大家都吃得饱饱的，继续东返，行军长径加长了很多，一方面是添了俘虏与挑夫，另一方面是为了防空，再一方面也是因为有些疲劳。可是沿途群众，欢天喜地地跑过来送茶水，追着看俘虏，群众的热情减少了大家的疲劳。十点钟左右，部队到了大闸渡河，比昨晚快多了，一边渡，一边走，上下船舱也不拥挤，午后二时，回到黄池、青山之间的亭头镇。街上的人民，异常兴奋，放鞭炮欢迎，庆祝胜利，并送来了一担担的稀粥。奇袭官陡门的战斗任务就这样胜利地完成了！

第四节　狸头桥粉碎"分进合击"

新四军第 2 支队神出鬼没地打击敌人，所到之处战无不胜，令伪军顽匪食不甘味睡不安寝，也使日军恐惧不安恼怒万分。而在这一时期，日本的中国派遣军深入华中、华南地区，战线过长，兵力不足，人力物力消耗巨大，日本国内因其"速战速决"的如意算盘破产和对外政策的分歧，已陷入困境；加上中国军民坚持抗战，严重阻滞其称霸东亚战略的推进，使其由一路进攻转为难以为继的被动局面。在这种情况下，日本侵略者被迫调整侵华方针：准备长期作战，明确其军事行动服务于政略谋略；为减少消耗而限制战争的规模和强度，在作战范围上，"如无重大必要不企图扩大占领地区"，"力戒扩大缺乏准备的战线"；在兵力上"为准备今后国际形势的转变，要在各方面减少驻屯兵力及兵力的消耗"；在作战形式上"进行小接触"，只是在"敌人集中兵力来攻击时，及时予以反击，消耗其战斗力"；最后，把军事打击的重心移向对付其后方的抗日游击战，实现对占领区的稳定统治。正是在"打击后方抗日武装"的指导思想下，苏皖边的日寇决定对第 2 支队根据地进行一次报复性的大扫荡，企图一举消灭第 2 支队司令部，拔掉这颗眼中钉肉中刺，以巩固其占领区，并一泄心头之恨。

1939 年 4 月 7 日，粟裕接到侦察报告：溧水之敌逐渐增加，计有步兵 3000余人，骑兵 200 余人，又从南京运来 40 余卡车弹药火炮军械；湾沚方面敌军有1000 余人，正向距狸头桥 50 余里的新丰前进；当涂、芜湖之敌约 400 人，增援至青山和狸头桥西北 60 里的黄池；已有一部分敌人进至狸头桥南部南漪湖边的咎家台，兵力不详；并有消息说，日军出动是为进攻高淳、东坝、下坝，再进攻广德、溧阳等县。但从这些调动部署来看，敌军剑指第 2 支队的可能性极大，那些消息很可能是敌军故布疑阵，用以迷惑新四军。8 日，粟裕又得到报告，新丰之敌分二路连夜向前推进，一路 300 余人向水阳，另一路 800 余人绕道南漪湖畔的马山埠前往蒋村；溧水之敌也出动 500 多人，向狸头桥北的中沛埠前进。根据这两天的情报综合分析，粟裕得出结论：敌军正在向狸头桥施行其拿手的"分进合击"战术，对司令部实施围剿。

新四军粉碎日军"围剿"

粟裕原先的设想是：在敌人分进未合之际，迅速率领部队迎战，集中兵力消灭或重创敌军一路，斩断其一爪，部队就有了进退的余地，其合击围剿的计划自然瓦解。但这次敌人的准备工作极其充分，情报侦察极为细致严密，各路日伪军的协同配合也非常好。他们利用夜色的掩护行军，还伪装成中国军队迷惑新四军侦察员和当地群众，以致新四军在 4 月 9 日派出去的侦察小组未能完成任务。对敌人的详细情况无从了解，不能盲目部署部队及贸然出击；否则，在重兵合围的情况下，别说消灭敌人，恐怕连自己都不能全师而退。敌坚则移，敌驻则扰，粟裕思谋再三后，下令张家村的司令部、红杨树的直属机关随第 4 团主力转移，避免无谓的牺牲；再变内线为外线，部队跳至外围，以游击战让敌人大吃苦头。粟裕又令第 3 团 5 连、第 4 团 6 连在狸头桥东北的九龙山（又名金山口）构筑阵地阻击敌军，掩护大部队向郎溪县东夏方向转移。4 月 10 日上午 9 时，阻击连队与大举扑向狸头桥的敌军交上了火。敌军重炮猛轰九龙山高地，机枪手雷密集如雨，九龙山一时竟成了火龙山。新四军战士依托阵地力抗数倍于己的强敌，奋战 5 个多小时，完成了预定的阻击任务后立即退出战斗，迅速转向日军侧后。

4 月 10 日下午 4 时以后，1300 余日军先后占领空无一人的狸头桥、红杨树。夜间，疲惫的日军正在酣睡之时，一支支新四军尖刀小队向其营地发起突袭，一阵手榴弹轰炸，一阵乱枪扫射，待敌军排出阵形出战时，却连一个人影

新四军阻击日军进攻

也找不到。黑夜中情况不明，敌人不敢追击，也无从追击；一夜下来，敌人被搅得困乏不堪，焦头烂额，再也不愿在此停留，第二天一早就分路往北退兵，狸头桥扫荡无功而返。

狸头桥战斗中，新四军随机应变迎击敌人，打得非常顽强英勇，彻底粉碎了敌人分进合击第 2 支队司令部的阴谋；在九龙山毙敌 40 余人，伤敌 30 多人，而新四军战士仅阵亡 10 人，伤 15 人。但新四军自身也暴露了一些重要问题，尤其是情报、侦察、参谋等方面的弱项，令粟裕印象深刻，他在战后的详报里做了深刻的反思，并努力加以改进。粟裕还联系起 3 月 18 日在新四军的参谋会议上，叶挺所作的《现代战争的性质特点与指挥》训词，叶挺说到新四军是多支老游击队集合而成的部队，指挥部门是狭隘的，没有强有力的参谋组织，谋划战斗由指挥员包办；运用旧的经验，是不能胜任现代战争任务的。抗日战争要求有现代的指挥组织，指挥部里面要有科学的组织形式，要有计划地指挥，要在客观实际的条件下进行指挥；没有参谋工作、没有现代指挥，在江南战场上无法与日寇争锋。可惜的是，叶挺的意见没有引起足够的重视。但粟裕对他的老领导叶挺高瞻远瞩的军事眼光由衷钦佩，他在学习中逐渐丰富着自己的军事思想，并坚定了建立正规军队的决心。正是在血与火的战争洗礼中，新四军的指战员们一步一步地走向成熟，成为华中敌后抗日武装的中流砥柱。

狸头桥战斗详报①

——3 团 5 连、4 团 6 连及直属部队对抗敌人分进合击

（1939 年 4 月 10 日）

一、情况

（一）一般情况

4 月 7 日情况：

1. 4 月 7 日得报，溧水之敌逐渐增加，现计有步兵 3000 余，骑兵 300 余，并由南京近日运来军械火炮弹药 40 余卡车。

2. 湾沚方面有敌人约千余名，向新丰前进中。

3. 当涂、芜湖之敌约 400，增至青山、黄池。

4. 据悉：敌企图进攻高淳、东坝、下坝，再企图进攻广德、溧阳等县云。

4 月 8 日情况：

1. 新丰之敌分二路在深夜浩荡前进，一路约 300 余人，向水阳前进；另一路约 800 余人，由马山埠绕到节村。

2. 溧水之敌 500 余，向上沛埠前进，有向狸头桥进攻模样。

（二）局部情况

4 月 7 日得报告：敌人已经至谷家台，兵力不详。

（三）政治情况

1. 敌人有较我优良的武器和装备，同时受了法西斯教育，因此处处表现其野蛮、凶残和顽强性，但是大多数士兵战斗情绪不十分高；另外一方面，敌人下级军官是经过严格军事的锻炼，颇有战术素养，能够掌握部队。

2. 我军干部经过长期的革命斗争，政治上很坚定，始终能为民族解放事业而斗争到底，而且游击战是我们的特长，有丰富的战斗经验。战士大多数是新参加的，军事技术较差，抗战情绪却很高，因为这些战士们，是亲身受过日本军阀压迫与残暴到了忍无可忍时自动来参加的，再加上坚强的政治教育，所以

---

① 此系狸头桥战斗结束后，粟裕当日向军部所作的战斗详报。

使他们在政治上发展更快。

3. 在被敌人铁蹄底下践踏的人民，其痛苦的惨状，实难形容，虽然敌人有时也用一些甜言蜜语，进行其欺骗，但收效是很少的，除了一些汉奸之外，广大的群众，都同情我们。

狸头桥南部的南漪湖

二、决心与部署

（一）战斗任务

粉碎敌人的分进合击计划，相机打击敌人。决心先行转移阵地，以避免无谓的损失，派少数兵力，实行佯动，掩护主力脱离敌人，以争取主动。

（二）决心的根据

1. 因为昨晚派遣至新河庄游击小组的1个排，没有完成侦察任务，因此对敌人的详细情况，就无从得知。

2. 因敌人已迫近我4团6连、3团5连，但对当时敌兵力和行动还不清楚，在此情况下，想把敌人消灭很少可能。

3. 敌人已有一路沿小山地前进，占领了阵地，在这种情况下转移阵地掩护撤退为宜。

（三）部队布置

1. 将主力向郎溪方面撤退。

2. 留一部分在九龙山占领阵地，与敌对峙，掩护退却。

三、政治工作

（一）战前动员

1. 在部队内的动员工作

（1）提高警觉性，反对太平观念。

（2）实行战斗准备，反对疏忽大意。

2. 在居民中的动员工作

（1）提高民族觉悟，防止敌伪混入。

（2）揭破日寇汉奸的阴谋和残暴，使其认识敌人的真相。

① 与敌对峙的部队提出"不动摇""没有命令不后退""与阵地共存亡"的口号。

② 撤走的部队提出"不掉队、不落伍、一个跟一个"和"要沉着不慌忙，不让丢一根草"的口号。

③ 对射击任务的部队提出"不耗费子弹，瞄准敌人，一枪打一个"的口号。

（二）战后工作

1. 解释撤退后不能发生个别失去信心的心理。

2. 解释撤退后可能发生个别失去转退为攻的精神。

3. 解释在这种条件下保存自己力量的意义，与敌一无所得的失败状况。

4. 进行了对民众的宣传和解释。

四、战斗经过

（一）战斗的实施

1. 上午 9 时与敌接触后，虽然敌占优势和渐迫近，我即实行退出战斗，命令 4 团 6 连、3 团 5 连占领九龙山一带阵地与敌对峙，掩护退却。

2. 当时是用穿插的办法，变内线为外线，先将我之主力向郎溪方面撤退。

（二）情况的发展

我占领九龙山之部队与敌对峙有 5 小时之久，在战斗激烈时，因任务已达，即安全退出；至下午 4 时，由慈溪进攻狸头桥之敌约 800 人，由马山埠进攻狸头桥之敌约 250 人，先后占领狸头桥，晚上与慈溪一路会合于红杨树宿营。当晚我派游击小组袭扰之，敌固守房屋射击，仓皇应战，游击小组任务完毕后即撤回。

新四军与日军战斗

（三）战斗结束

1. 占领狸头桥之敌，于翌晨向慈溪撤退，至慈溪以后，又派少数兵力，到高淳去联络，其余向水阳撤退。

2. 高淳之敌，亦于上午 10 时，向上沛埠、丹阳湖、黄池、芜湖撤退。

五、战斗结果

（一）影响

1. 敌人这次进攻狸头桥是为了要巩固占领地的统治和扫荡计划的实现，所以大举进攻游击区，尤其是江南，使敌人感到最可怕的是新四军，无疑的是更加不放松。但是这一次敌人进攻狸头桥，是费了九牛二虎之力，耗费了大的代价，其结果是出其意料的一无所得，徒劳往返。敌人一方面烧杀淫掳，无恶不作，狸头桥被敌杀害的民众两名，财物一扫而尽；另一方面，敌人这次在战术上采取的是分进合击。当然这次战斗，我们还未进行反合击的积极行动，但当敌迫近包围时，我们不仅没有被消灭，反而安然脱离，打破了敌人这次进攻的企图。正是由于我们能迅速机动地脱离敌人，使敌人也不得不承认新四军是不容易打得到的。

2. 正由于我们能迅速地脱离敌人，击破了敌人这次进攻的企图，使部队都能进一步认识敌人采取分进合击的战术，并不是一种可怕的战法，只要我们事先有准备，侦察严密，是可以变内线为外线，消灭敌人的一部，或给敌人杀伤；另一方面，由于安全撤退，保存了有生的力量。一般说来，这次战果，不但没有不良现象发生，而且更增强了胜利的信心，同时也警惕了自己。

3. 由于日寇的烧杀淫掳蛮行，民众认识了日寇一切的花言巧语，都是欺骗作用；这次对狸头桥的横行屠杀，进一步暴露了其真面目，反促成狸头桥的民众增强了同仇敌忾之心，提高了抗战的热情。

（二）得失

毙敌 40 余名，伤敌 30 余名；我仅伤 15 名，阵亡 10 名。

六、战后评述

（一）战斗中敌我之优劣

甲、敌人方面

1. 优点

（1）敌人对侦察工作非常注意，同时间谍网的布置，做得很周密，所以能够把我们的部队位置弄得很清楚；如这次战斗，敌人突然从方村半山穿插过来，直扑至我司令部前面；同时向固城前进之敌，只有 40 余人，能浩浩荡荡大摇大摆地前进，这也说明敌对固城方面的情况已侦察得很清楚。

（2）敌人对进攻时间的计算很确实，各路都能遵守时间到达目的地，因此各方面配合得很好，能按时协同动作。

（3）敌人能注意技术上的伪装来达到进攻的目的，伪装中国军队，迷惑群众，使群众不易发觉。此次敌人到马山埠时，群众还送茶送饭，并说"你们辛苦了"，直到后来杀了一个保长，才知道是日本鬼子。

（4）敌人夜间行动很诡秘，到达离我方七八里路的地方，我方还未发觉，其得以从咎家台包围过来。

（5）撤退动作迅速秘密，如敌这次撤退，到第二天我们才知道，同时也证明我们的侦察工作不够，不会与敌保持接触。

2. 缺点

（1）骄傲轻视我们，大胆地向固城前进（只有 40 余人）。

（2）敌人动作迟钝，攻击精神差。如这次接近狸头桥只有几里路，我主力已转移阵地，开始撤退，敌人先只是打炮打枪，然后再前进几百米，一直打到街上，才停止射击。

乙、我军方面

1. 优点

（1）作战坚决，掩护部队有与阵地共存亡之决心。

（2）4团6连很坚决机动，阻击敌人，使我主力安全撤退。

（3）动作很迅速隐蔽，能够秘密脱离敌人。

2. 弱点

（1）侦察的疏忽大意。如这次战斗前两天，就得到情报，敌人出动，而我方在此情况下，侦察很不积极，直至晚上才派出游击小组到敌附近去活动（侦察敌人行动，牵制和扰乱敌人）。但派至马山埠的一个小组，由于排长动摇致未达到目的，因此在翌晨，敌人开始分路进攻，而我还不明敌情，这是要不得的。

（2）太平观念浓厚。8日晚通知各部队准备战斗，可是到了次晨，还有个别单位，铺毯公文还没有整理，特别是司令部政治部的个别同志，缺乏警觉性。

（3）参谋工作不健全，不能及时搜集各方面材料，供给首长下决心。如8日18时接到敌人企图进攻狸头桥的情报，至24时才发出命令，因此有些住得较远的部队，到天明才接到命令。

（4）没有组织战斗，故还不能积极地布置打击敌之一路或给敌以大的杀伤。

（5）战前动员工作不能深入每一个战士，以致有个别的发生不良的现象。

（二）经验与教训

1. 没有精密周详的侦察工作，是不能决定正确的行动计划的，而正确的行动和决心主要的是依靠侦察工作。

新四军袭扰敌人

2. 没有健全的参谋工作，就不能使战斗组织严密起来，必须能及时供给情况于首长，才能使决心正确，否则不是失去时间，就会遭受损失。

3. 部队要做到警觉性的提高，战斗准备的充分，警戒的严密，侦察的周到，才能适合于游击战的基本要求。

4. 争取民众，组织民众，是打胜仗的前提，而部队的打胜仗是取得民众和开展敌后游击战争的主要条件。

（三）对今后教育的意见

在今天的战争，由于社会的进步和军事科学的发达，使得战争的组织与指导，以及战斗的组织与指挥，都有着新的改进，个人的司令时代已经是过去了，这种指挥方法，是落后的，是不能在今天民族革命战争里和战场上取得应有的胜利。因此有些认为参谋工作是"幕僚机关"或"武秘书"，这种观点与认识是错误的，应急不容缓的克服这种现象。

因此，如何健全参谋工作，如何提高参谋工作人员的素质及工作效能，是目前值得我们注意的问题。比如这次战斗，事先参谋人员就没有搜集各方面的情况供给首长；另一方面，接到情况以后，起草命令就费了四五个小时，不能及时发出命令，迟缓了作战部队的准备。这些弱点是应该立刻纠正过来的。

第五节　"龙仓间"战斗及保卫皖南

1939年9月，日寇王牌机动野战军第11军军长冈村宁次率领10多万陆军、陆军航空兵团及海军精锐，气势汹汹地扑向长沙，第一次长沙保卫战打响。湖南是中国著名的粮仓，是国民政府粮食、兵员及工业资源的供给基地；而在武汉、南昌失陷后，湖南省会长沙就成为中国战略大后方——大西南的最后屏障，战略地位特别重要。国军总结了抗战以来会战失败的经验教训，采取新的策略应对长沙会战：以部分部队坚守正面阵地，予敌以一定的杀伤，主力则转移到敌军的侧翼，继之以伏击、侧击、尾击等各种手段，逐次消耗敌军兵力，待敌军进入预定的决战区域，再集中使用优势兵力开展围歼。同时破坏一切可资日军利用的道路，包括铁路、公路、桥梁、航道甚至乡间小路，使日军机械化部队和重炮兵行动困难、后勤运输乏力。新四军各部也在大力破坏敌军的交通，破坏其长江、内湖、河道的补给线，以策应正面抗日战场。

因江南方面的兵力不敷调遣，日伪军只能固守原来据点，新四军第 2 支队谋划破坏敌军南京一带的交通运输线，并趁机打击据点的敌军。第 2 支队第 4 团当先发起了"龙仓间"战斗。第 4 团团长卢胜于 1938 年 5 月奉调新四军参谋处工作，陶勇接任团长；10 月卢胜重回第 4 团，改任政治委员。第 4 团侦察员探知宁沪铁路的情况，在江宁县龙潭和句容县仓头之间，火车通过时间是 4 时半（上海到南京）一次，5 时半（南京到上海）一次，一直到 19 时半仍通车，班次不一定。龙潭、山口村、仓头都有由日军和绥靖队组成的警戒部队守护铁路，一部遇袭，其他敌军必来增援。9 月 30 日晚，第 4 团 3 个连队越过宁杭国道，进入龙潭仓头之间的位置。他们的目的是：炸毁宁沪铁路上的火车，歼灭山口村的日军警戒分队，并打击由龙潭前来增援之敌。具体部署为：侦察连埋伏在山口村与正盘山下，歼击由山口村出来警戒的敌人，在炸毁火车时前去缴获物资；特务连、警卫连担任左翼，打击龙潭增援之敌，并预先在山口村左侧一铁桥的铁轨下埋设地雷，于火车通过时引爆；又令地方武装巫恒通的"句东北民众抗敌自卫团"担任仓头、下蜀方面的警戒。

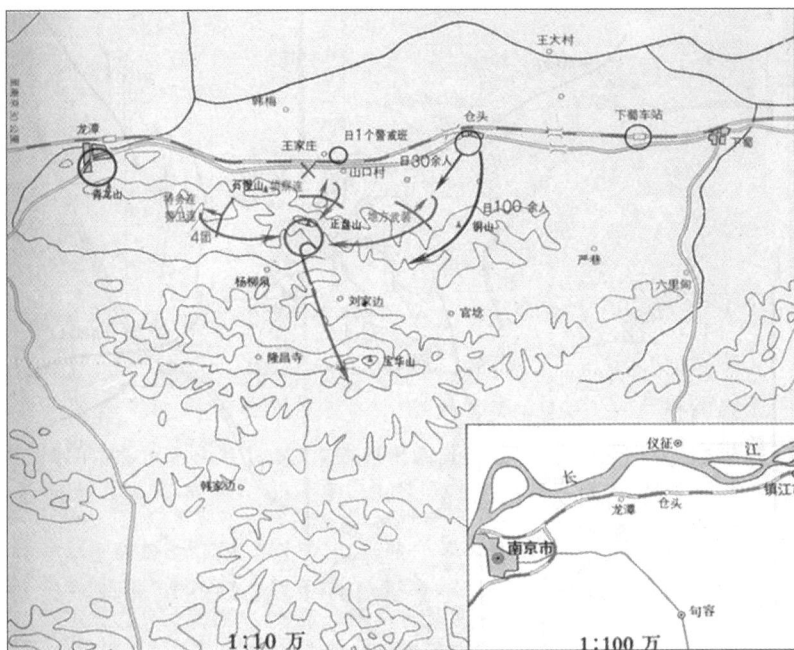

龙仓间战斗要图（1939 年 10 月 4 日）

10 月 3 日夜，第 4 团各连队悄然进入攻击地区，按预定计划稳妥做好各项准备，随即埋伏起来。4 日 5 时许，日军一个 7 人小队从山口村出来警戒，进入火力圈后侦察连一通扫射，当场打死 6 人，1 人钻进水沟逃走。过了 20 分钟，仓头敌军护路队共 130 余人，携着机关枪、小钢炮，突破警戒线，分三路从侧后包抄新四军，新四军退到正盘山一高山头布置阵地，一面抗击，一面等待火车通过。5 时半后，南京方向果然开来了一列火车，转眼驶到铁桥处，隐蔽在附近的新四军战士启动地雷，轰隆隆一阵巨响，日寇的军用火车瞬间翻车脱轨：火车头和 2 节车厢被炸毁，4 节车厢被炸翻，炸死车内日军约 50 人，伤日军约 70 人，车内所载粮食物资都倾入水沟内；宁沪铁路因此 3 天未通车。第 4 团见战斗目的已实现，便随机撤离战场。此战新四军 8 人负伤。

被炸毁的日军火车

这一年 3 月至 6 月，战功赫赫的第 2 支队第 3 团奉令分批调回皖南，归新四军军部直接领导，担负守卫军部的重任。这时抗日战争已进入相持阶段，日本不断调整侵华方略，近卫内阁曾连续发表三次"对华声明"，企图诱降国民政府，其阴谋没有得逞。但国民政府的二号人物汪精卫却于 5 月 31 日叛逃至上海，与日本陆相板垣征四郎"谈判"，日本筹划扶植成立傀儡政权，分化中国的抗日大局，进而灭亡中国。1940 年 3 月 30 日，汪伪政权在南京粉墨登场。日军本着"军事行动服务于政略谋略"的原则，为"绥靖京畿"、巩固扩大"京芜"及江南占领区，保障沿江交通安全，在 4 月间抽调芜湖、铜陵、贵池等地 1 万多兵力，另配有机械化部队、炮队、骑兵，在空军的掩护下，向"南繁青泾"地区进犯，企图一举扫荡皖南，灭掉新四军军部。新四军军部命令各部坚决阻击敌军，御敌于军部之外。日军第 15 师团一部 6000 多人自荻港、峨桥进攻繁昌，被第 3 支队第 5 团截击，日军数次猛扑，反复冲杀，都被新四军击退。21 日，湾沚日军 5000 余步兵、机械兵、炮兵及 300 骑兵进犯宣城西河镇，次日分兵，一路入侵戴家汇、童村桥、何家湾，企图控制南陵、繁昌至青阳的交通，包围何家湾以北繁昌以南三条冲一带的新四军各部；另一路经黄墓渡、南陵县城、三里店，企图迂回青阳，与荻港日军呼应，以优势兵力消灭新四军外围部队，再直捣云岭新四军军部。

第 2 支队第 3 团紧急开赴何家湾，利用丘山崇岭高地阻击敌人，配合友军作战。黄火星团长令直属部队在何家湾以北、涧滩杨以南高地伏击绿岭方向进犯之敌；1 营 1 连在苏家冲以西丘岭策应主力，阻击敌人前进，2、3 连进入何家湾西北山地，以增援团直属部队；2 营扼守苏家冲西北高地，阻击童村街方向进犯之敌；3 营运动到铜陵凤凰山一线，以袭击、迟滞、警戒铜陵、顺安方向的日军。4 月 26 日上午战斗开始，日军向第 3 团阵地轮番实施炮击、骑兵冲锋，都被新四军狠狠打退。下午 4 时许，日军出动飞机向新四军阵地疯狂轰炸和扫射，新四军顽强坚守着阵地，并伺机反击敌军。经过 14 个小时的大战，日军死伤近 400 人（其中军官 9 人），见何家湾阵地岿然不动，又害怕夜间被袭，只得收缩队伍于午夜后向南陵丫山、大通方向退兵。第 3 团取得何家湾战斗的胜利。

第 1 支队第 1 团在傅秋涛团长率领下阻击三里店之敌，1 营 4 连在南陵至青阳公路北侧高地设伏袭击日军；2 营 5 连、6 连在父子岭阻击日军。2 营营长齐赞辉带领 5 连占领父子岭茶山制高点，6 连埋伏在父子岭右侧担任侧面警戒和待机增援任务。26 日上午 9 时，日军先头部队与 4 连交战。日军在飞机重炮的配合下，以骑兵、步兵共 1300 人包围了 4 连，4 连在打退日军数次进攻后，在连长李元的带领下杀出一条血路成功突围。与此同时，父子岭战

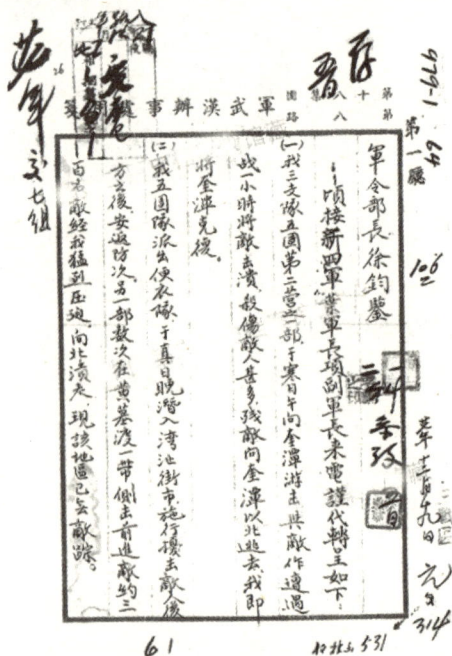

第 3 支队第 5 团战斗电报

斗也打响了。日军4架飞机对2营进行低空扫射，又用重炮轰炸，再组织突击队向茶山顶攻击。2营面对10倍于己的重火力日军，毫无惧色，沉着迎战。他们连续战斗7个小时，打退敌人5次进攻后，才分散向父子岭丛林撤退，灵活地从敌人包围的空隙中突出重围。日军伤亡317人，在失去攻击目标后向青阳方向退军。该路日军的一部途中被国军一个团截击，遭到重创，也缓解了新四军的压力。

日寇军机轰炸新四军

新四军第1、2、3支队所属的部队，在繁昌、何家湾、父子岭血战日军。他们作为一个作战体系，紧密协同配合，相互声援呼应，有力地牵制了日军进攻皖南的兵力，有效地打击了其嚣张的气焰，最终使得日军第一次皖南大扫荡计划成为泡影。

但日军贼心不死，又征调宁沪线及江北驻军增援皖南，于10月初卷土重来。1940年10月2日，日军第15、16师团各一部8000余人、骑兵近千人、伪军3000余人，组成步、骑、炮、空联合兵种，由号称"常胜将军"的日军悍将三木石太郎指挥，再度分三路进犯皖南，其目的仍是围剿新四军军部驻地云岭，占领繁昌、南陵、泾县、青阳等地，同时抢劫老百姓秋后收获的粮食。6日，第二路日军5000余步兵、800余骑兵携"三八"野炮、"九二"步兵炮20多门，沿戴会桥攻击三里店，企图直接扑向云岭。由于国军第52师驻南陵峨岭的一部弃守防区，日军快速长驱直入。

因云岭处于四面临敌的境况，新四军军部战斗部队分散布防在中村、茂林等地，军部驻地只有不到 600 人，而整个皖南地区新四军部队总数也仅有 7000 余人；现在强敌压境，敌众我寡，情况十分危急。叶挺、项英、周子昆、袁国平等军领导当即召开军事会议，认真分析敌我态势，细致研究作战部署。叶挺军长提议：鉴于日军大队人马沿公路推进，我军应在日军来犯的必经之地设下纵深阵地，以层层堵截、伺机反击的积极防御战法，消耗、拖垮并战胜来犯之强敌。中共中央东南分局、中央军委新四军分委员会、新四军军部领导层这次没有分歧，大家达成共识，由叶挺全权指挥云岭保卫战，这是叶挺担任新四军军长亲自指挥的唯一一场战斗。

叶挺、项英、周子昆、袁国平

叶挺下达紧急命令部署参战部队，以第 3 支队一部在南陵至青阳公路沿路阻击、袭扰、疲惫敌人，挫其锐气，第 6 团 3 营赶赴云岭会战；以第 1 支队第 1 团、第 2 支队第 3 团迅速进至云岭东北的三里店、汀潭一线，占据有利地形抢修工事，伺机反击。叶挺亲率军部直属连队和教导总队一部，赶赴三里店增援第 1 团。军部机关人员由项英、袁国平、周子昆等人率领向汤村转移，医院、兵站、仓库、修械所、印刷厂等单位及辎重物资向章家渡一带转移。同时军部发出《为日本强盗进攻皖南告同胞书》，告诉群众：新四军"决不离开你们，誓和你们同生死共患难，为保卫你们的家乡、祖国的土地而坚决战斗到最后一人！"号召群众"军民之间有密切团结，协同抗战，军队在前线作战，民众在后面配合行动，互相协同，同心一致地攻打敌人，才能阻止敌人的前进，保卫我们的家乡……"新四军广泛动员和组织群众，挖出铲除敌人的密探奸细，成立担架队、向导队、运输队、破路队协助军队，在敌人进攻路线上不留米粮柴火，武装配合作战。

兵力单薄的新四军誓死保卫皖南

日军攻打军部，必须经过汀潭，而攻打汀潭，则要经过三里店；汀潭距离云岭 30 里，三里店距离汀潭 40 里。10 月 6 日，第 1 团在三里店外围与日军激战一夜，日军凭借优势兵力火力，轮番进攻新四军；叶挺和傅秋涛指挥部队且战且退，一面在退路上布设地雷阵杀伤敌人，一面据险节节抵抗。10 月 7 日，三里店被日军攻占，从这里日军可南犯云岭，东取泾县。叶挺预料日军会继续向汀潭进犯，果然日军绕道北贡里，插向汀潭附近的徐村桥。徐村桥北侧是一片开阔地，南侧就是通往汀潭、云岭村的一条傍山险道。正当日军先头部队越过桥面进入狭道，后续部队拥挤在桥上和被阻于桥北之时，新四军预设下的伏兵突然猛烈开火，日军无处藏身，只得转身逃跑。夜间日军进入小岭坑，原想就地宿营，但由于新四军和百姓实行了"坚壁空舍"，敌人只好空着肚子继续行军。日军走上一条羊肠小道时，两旁山头上枪声齐鸣，手榴弹纷飞，被打得人仰马翻，企图突围。这时，新四军的火力封锁住了谷口，打退了日军的多次冲锋。日军又饿又冷，伏在山沟里固守待援。第二天黎明，日机来救援被困部队，日军这才狼狈地逃出险境。

同样，进攻泾县田坊、草鞋店、左坑的日军也遭到新四军的沉重打击。日军猛烈地进攻新四军阵地，新四军殊死抗击，有的阵地双方几度易手，还多次进行白刃搏斗，战斗异常残酷。此时，后方百姓纷纷赶来支援，他们帮助新四军运送弹药物资，抬担架救伤员，坚定了新四军击退敌人进攻的决心，新四军战士顽强地击退了敌人一波波的凶狠攻击。

云岭保卫战

10月8日凌晨，叶挺指挥从中村、茂林赶来的后续部队，主动出击在汀潭一带的日军。叶挺命令部队"打掉敌人气焰，磨掉敌人棱角"。新四军充分发挥天时地利人和的优势，机动灵活地突袭痛击敌人，然后又迅速撤离；如此不断地攻袭，令日军反击无从着力，痛苦不堪，只能放弃攻击云岭，把目标改为攻击泾县。当日，日军主力退出汀潭战场，在飞机大炮的助战下，一面抵抗新四军的追兵，一面纵火焚烧沿途民居，向东强渡青弋江后进军泾县县城。叶挺原打算与驻守泾县的国军第52师师部合作，在青弋江边夹击日军，但该部已和县城各级机关撤出，居民也大部转移，日军占领了泾县县城，叶挺的打算落空。叶挺率新四军追击到城外，趁敌人立足未稳之机，令傅秋涛、张铚秀等率第1、3团部队攻城，令第1团3营和特务营穿插到赤滩阻击日军；同时紧急联络附近的友军，前来围攻泾县的敌人。新四军经过苦战攻入城内，日军自北门逃窜，夜晚分别在幕山、画眉岭、官塘口等地宿营。当夜，驻宁国县、太平县、青阳县、南陵县的国军第40师、108师、新7师、144师、52师等部分队伍奉调驰援，先后到达泾县布防，形成了包围圈。10月9日晨，日军沿泾县至宣城的公路退却，遭到国军的强力阻击；转至琴溪向赤滩方向退却，也是前遭堵截，后有追兵。日军一面顽抗，一面溃逃，多次组织力量强行突破包围圈，均被重创击溃，渐渐陷入进退不得，行将覆没之势。10月10日，日军36架飞机飞临阵地，集中向中国军队狂轰滥炸，泾县日军这才趁机由赤滩新店渡过青弋江逃走。

云岭保卫战前后历时 7 天，大小战斗 10 多次，新四军在叶挺军长的率领下，浴血奋战，以少胜多，完成了保卫军部的任务。在敌人退兵时，新四军又积极追击，并联合友军展开围攻，歼灭日伪军近 3000 人，收复了泾县县城，力克南陵县城，成功地粉碎了敌人对皖南的扫荡，取得了良好的战绩。蒋介石再次通电嘉奖："欣闻该军抗击敌寇，光复泾县，战绩卓著，殊堪嘉尚"。

新四军光复泾县

第四章　新四军"深耕"宣州

第一节　军民鱼水情

自从南京沦陷、国军溃退后，一些散兵游勇组成了多支游击队。他们有的在坚持抗日，有的是结队自保；也有的却仗着手中的武器欺负百姓、奸淫掳掠、作恶多端，如朱永祥、陈德功、余四海等匪部，百姓不堪受其骚扰蹂躏，称之为"游吃队"，见到他们就要"跑反"。鉴于这种现状，新四军开赴皖南后特别强调军纪和群众纪律，群众是看事实的，只有严明执纪，"不让老百姓吃一点亏"，才能得到他们的信任，才能建起良好的军民关系，才能让他们真心帮助军队。

新四军全体指战员遵行"三大纪律、八项注意"的规定，一路秋毫无犯；同时践行共产党"为人民服务"的宗旨，全心全意帮助群众、爱护群众，与群众打成一片，并做到始终如一。经过长期的努力，终于使群众由惊疑惧怕转为欢迎拥护，军民之间建立了鱼水之情。群众间流传着一首歌谣："吃菜要吃白菜心，当兵要当新四军，军民合作一条心，打杀日本鬼子兵。"这正是这种军民情谊的写照。

粟裕率新四军抗日先遣支队东进时，专门编了一首宣传歌。战士们一路唱着"遇了新四军，亲如一家人"奔赴战场，这情景使百姓们印象非常深刻。

1938年6月2日凌晨，陈毅率部到达东门渡，预备借宿的房屋不够，大家虽然又累又饿，但都自觉严守军纪，很多战士就坐在屋檐下、街道旁休息。这

天正好是端午节，天明后群众得知这
是打"鬼子"的新四军，纷纷拿出粽
子、捧出雄黄酒慰劳新四军。陈毅见
到这些节日食品，才恍然大悟地笑着
说："始知今日是端阳！"他一边津津
有味地吃粽子，一边和房东、居民们
拉家常，欢声笑语，其乐融融。9月，
新四军第 2 支队进驻宣城，他们深深

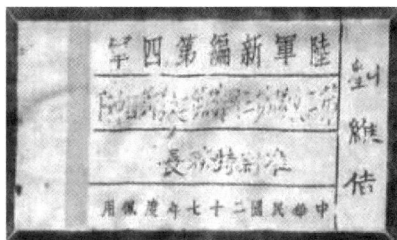

新四军第 2 支队臂章

扎根于群众之中，与群众融洽如家人邻居，堪称军民关系的典范。

　　新四军第 2 支队成立之初就发出布告："本军奉命抗敌，志在保国卫民，士
兵历受训练，纪律素称严明，沿途秋毫无犯，买卖更见公平……军民联成一体，
相敬相爱相亲。"在实际行动中，全体指战员都严格按照这个要求去做。行军
时，夜晚进村不扰民，就地休息直到天亮；驻扎时，安排时间同驻地村民谈心，
宣传新四军的抗日宗旨，宣传新四军的纪律，帮村民担水扫地、抢收庄稼、修
路架桥、照顾孤寡老人，为群众解决实际困难。

　　1938 年夏，宣城北乡部分地区遭受水灾。当时第 2 支队司令部驻扎在慈溪
村，许多灾民在慈溪周围的山边搭盖的小草棚居住，卫生条件差，群众生病的
很多，他们就到第 2 支队的军医处就医。当时军医处药品紧缺，部队设法筹集

新四军野战医院

钱款，由军医处主任罗化成、军需处主任芦德、军医张毅、警卫员涂才林等人到高淳县城购买药品，帮助灾民治病。政治部民运科长彭冲等人驻上冯村村民沈玉贤家，一次沈玉贤生病，脚部溃烂行走不便，彭冲查明病情，便从军医处带药来给沈玉贤内服外敷，有时还送些营养品，直到他痊愈。

1939 年 6 月，军医处驻井头章村。一天午后，东北方向突然传来了轰隆隆的巨响，大家都意识到这是敌机在轰炸，赶忙准备好担架、药品、手术器械；一会儿司令部通信员来传达命令，叫军医处立即到固城镇抢救被炸难民。军医处立即派出一支 10 余人的救护队，以急行军速度走了 10 多里，遇到许多受伤的百姓，有的头部、眼睛被炸坏，有的手脚被炸断，惨不忍睹。救护队对轻伤者就地治疗，重伤的紧急处理后抬回军医处医治，炊事房还为难民准备好饭菜。政治部派人来慰问难民，支队首长也亲自来看望。难民和家属都激动得流下眼泪，口口声声说：“新四军好，新四军好！”经过精心治疗，伤愈的难民陆续回了家，他们和附近村民们送来许多布鞋和鸡蛋，慰问新四军，感谢新四军。

这年秋末，第 2 支队司令部移驻蒋山张家村。一天张鼎丞和村里百姓闲走聊天，正赶上张氏族人在祠堂祭祖。听说新四军“不作兴这一套”，张家人看到张鼎丞来了，一时有点不知所措。张鼎丞却亲切地举手向老乡们打招呼说：“你们姓张，我也姓张，咱们 500 年前是一家子。”说着就向张氏祖先牌位拱手作揖，一下子就消除了和老乡们的隔阂。不久，上冯村要召开几千人群众大会，想请一个“够分量”的人讲话。群众组织试着联系第 2 支队，届时张鼎丞亲自来了，他和群众进行了两个多小时的谈话，宣传共产党和新四军的抗日主张、讲解当前抗日形势、传达抗战必胜的信念。入冬时，张鼎丞、粟裕的房东张克玉妻子生产，尽管经济条件很差，两位首长还是各送了一块银圆作为贺礼；这两块银圆张氏夫妇无论在多么困难的情况下，都不舍得拿出来用，后来传给他的儿女，他的儿女也一直珍藏。

由于新四军处处关心群众，从不与群众产生冲突，但群众通过一个“法办”大骡子的故事，还是感受到部队首长执行群众纪律的严肃认真。1938 年 11 月，在第 2 支队司令部下属机关驻地红杨树村，发生了一起骡子咬伤小孩的事件，张鼎丞得知后忙问：“被咬伤的小孩叫什么名字，多大，咬在什么地方，伤势怎么样？”原来一个 9 岁的调皮小男孩名叫来刁，偷偷溜到新四军骡马棚里逗骡子玩，不想一头骡子脾气很暴躁，猛回头在他右肩上咬了一口，军医正在给他医诊。这头骡子以前还咬伤过一个战士。张鼎丞察看了来刁的伤势，叮嘱军医要尽快治好小孩子的伤，然后向围观的群众大声宣布：“把这匹骡子就地正法!"他又分开人群走到"犯法"的骡子身边,严肃而又惋惜地说:"大骡子,大骡子,以前你跟随我们南征北战,立下了不少功劳,可你今天违反了群众纪律,伤害了人民,再大的功劳也不行,我们不得不法办你!"一位老大伯求情说,它是牲畜,不懂人事,饶了它吧!运输队战士也报告,部队运输任务重,宰了骡子以后行军怎么办?张鼎丞果断地说:"运输任务另想办法,它伤人犯罪,必须执行军纪!"大骡子终于"正法"了。经过医治,来刁的伤口痊愈,部队又付给小孩4块银圆、2套衣料,作为疗养费。

"骡子事件"之后,张鼎丞语重心长地告诫部队说,这不是小题大做,而是防微杜渐,军纪是铁律,每个人都要时刻警醒。那个被咬伤的小孩大名叫王先明,一直住在红杨树村,后来他常现身说法,向人们传播这个生动的新四军爱民、严纪的故事。

群众自发慰问新四军

这样的军队自然深受群众的爱戴。张鼎丞曾总结说,是新四军"真正秋毫无犯的严明的纪律给予了群众以很大的影响,如果没有这一点,纵使你口头上说得怎样好,群众也是不会相信你的"。新四军和宣城人民的关系,张鼎丞在1939年6月的一篇题为《新四军在抗战烽火中成长着》的文章里作了细致详尽的表述:

（我们）激起了群众对我们自愿的各种帮助，如守卫放哨，帮助我们抬伤兵、收容伤兵及收拾战场，帮助我们侦察消息，经常送给我们慰问品等等。有一次我们的一个指挥员被打死了，全乡几千的民众自动给他举行了公葬，而且还有许多流泪的；有一次一个农民被日寇强迫带路去打新四军，他借口到屋里取东西，秘密地告诉了他的老婆后才去带路，等到达目的地时新四军早已离开了，因为他的老婆请了旁人，飞快地跑来报告我们了。这类的例子实在举不胜举。不仅这样，而且还有许多父送子、妻送夫或兄弟父子同来加入新四军的。如果我们问他们为什么一定要参加新四军来？则他们都异口同声地回答道："因为新四军好啊！"我们再说："别的军队也抗日啊。"则他们就要举出许多实例来证明新四军好，不管我们怎样说，他们的答复总是："还是你们好啊！"

第二节　推进民众运动

群众工作一向是共产党的强项，这个传统自然被新四军所继承。敌后开展抗日游击战，绝对离不开群众的支持，对这一点，新四军政治部主任袁国平说得很清楚："民众运动与游击战争是不能分离的，没有民众运动的开展和深入，游击战争的胜利与坚持，是不可能的。"

由此，新四军从军部到连队，层层都建立了民运组织：军政治部设立民运部，支队政治部设立民运科，第2支队民运科长为彭冲；团部设立民运股，营和连设民运委员，由教导员和指导员负责。新四军每到一地，均派出民运工作组，他们的任务很明确：动员群众协助新四军作战，如发动群众帮助军队运输、带路、打探情报、构筑工事、破坏敌军交通线；武装群众配合新四军抗战，如扰乱敌人、坚壁清野、封锁消息，打击敌探、汉奸、散兵；团结和扶持地方武装开展抗日游击活动，牵制、迷惑、分散、围困敌人，使敌人疲于奔命；动员群众"锄奸"，打击和摧毁伪组织；团结一切可以团结的力量，使敌人彻底孤立等。

新四军开展民运工作的第一个"法宝"是宣传，其内容全是围绕抗战：揭露日寇暴行，揭破敌人欺骗和挑拨的阴谋，揭发汉奸的丑行，提高群众的政治觉悟，使他们保持清醒的头脑，激发起反汉奸、反投降的热情；传播中国军队英勇杀敌、取得胜利的捷报，掀起群众的抗日激情；解释抗战领袖历次告同胞书及政府法令文告，巩固群众对抗日政府的拥护之情；宣讲持久战的意义、可能发生的困难与胜利的条件，打破妥协、苟安的幻想，指出群众组织和群众武装的重要性，坚定群众抗战到底的决心等。

新四军开展教育、发动群众工作

至于宣传形式，可以说是丰富多彩，种类齐全。有文字宣传：传单标语、政策大纲、编印小册子、军队报刊等，供部队防区及周边的群众阅读；这些文字材料通俗易懂，生动活泼，群众易于接受。有口头宣传：宣传队到处演讲、召开军民大会，举行进步士绅及知名人士茶话会、单位及家庭访问，发动每个战士向身边的群众谈话等，不厌其烦，收到潜移默化的效果。有演出宣传：剧团表演歌剧话剧、歌咏队演唱革命歌曲、编唱爱国救亡的山歌民曲等，这种形式在缺乏文娱活动的群众中特别受欢迎，每有演出几乎万人空巷，影响极大。有绘画宣传：绘制各种漫画彩画连环画、出版画报等，不识字的群众也一目了然，效果明显。

第二个"法宝"是采取统一战线和民主协商原则，发展民众组织：按照安徽省"总动委会"颁布的组织大纲，协助地方政府和党部成立县、区、乡级"动委会"；按照安徽省颁布的各界抗敌协会组织大纲，协同各级政府及动委会成立各类抗敌协会，开展抗敌活动；帮助群众开办夜校、消费合作社、信用合作社；鼓励群众发展生产，帮助救济难民，调解阶级纠纷；在沦陷区维持会、自治会等伪政权瓦解后，恢复地方政府，重整保甲制度，支持抗日人员行使职权等。这项工作，可以使新四军全面介入基层权力运转。

新四军的宣传画

此外，新四军还大量武装群众，开展广泛的抗日游击战争。对已存在的地方武装，根据其性质区别对待：对抗日的游击队、自卫队、帮会组织，则引导他们积极抗日；对土匪豪强武装、动摇中的武装，则加以争取，增强其抗日信念，建立其纪律原则，逐渐使其发生质变；同时，帮助地方武装进行军事、政治训练，提升其战斗力，加强各武装之间的团结，与当地百姓建立较好的关系，集中所有的力量共同抗敌。对没有组织的抗日群众，新四军帮助他们建立组织，明确宗旨和纪律，开展训练，使他们成为可靠、坚强的抗日队伍，配合新四军英勇杀敌。

1938 年 6 月，叶飞率新四军第 3 支队第 6 团进驻金宝圩，团部设在井湾高家祠堂，后移驻水阳东北约 3 里的垛上。叶飞立即派出民运股长顾鸿（又名顾节鼎）做水阳的民运工作，在水阳镇南部的金南乡召开群众大会，第 3 支队政治部主任胡荣和叶飞分别作了讲话，号召各阶层人士团结起来共同抗日。为加强对地方工作的领导，第 6 团还成立了地方工作委员会，叶飞任书记，顾鸿等人为委员。8 月，第 6 团政治处又抽调施恒、陈昂、李军等组成民运工作组，派往金宝圩，以水阳为中心开展民运工作。8 月下旬，工作组改属第 2 支队领导。

10月1日，第6团离开水阳开往苏南，防务由第2支队第4团接替；3天后，第4团也奉命开赴江宁、句容、溧水等地。但金宝圩的民运工作仍照常运转，并成立了"农抗会"，上坝的由沈明义负责，下坝的由刘有文负责，会员共5000多人；随后惠民、乾兴、中心村、凤联、塘埠、西塘村、天字坝、散埠等地相继成立农抗会；11月，水阳区农民代表大会召开，区农抗会正式成立，赵世发为负责人之一。1939年4月，水阳民运工作组人员离开了金宝圩。为此张鼎丞专门向水阳地方干部了解情况，又从第2支队派出民运工作人员继续推进工作，使金宝圩群众抗日活动开展得轰轰烈烈。

新四军第2支队司令部驻大官圩、宣北一带期间，军部政治部副主任、民运部部长邓子恢、副军长项英先后于1938年秋和年底来水阳、狸头桥视察工作。邓子恢在水阳附近召集大官圩、金宝圩、狸头桥等地共产党员和抗日骨干分子开会，要求大家积极发动农民开展减租减息、动员青年积极分子参加抗日武装。他指示民运工作组的同志，调查要从三个方面入手：一是了解当地的社会各阶层经济收入和政治态度；二是调查当地反动封建迷信道会和帮派团体，以利在适当的时机打击那些危害民众生活和生存的帮派体系；三是调查地主、富农、放高利贷者和不法商人剥削民众的情况。调查的目的和要求是：掌握广大民众目前最迫切需要新四军帮助和解决的问题，为今后部队驻防区制定政策打下基础；在工作中要力争做到不扰民、不害民、不摆官架子，同当地民众同

邓子恢作民运工作讲话

吃同住，帮助农民劳动等。

项英指出：做好民运工作是为了抗战，为了可以战胜敌人、消灭敌人。战争对军队本身来说，没有民众，军队不能开展行动，不能生长，要打败战；尤其是在中日战争条件对比中方呈弱势的情况之下，我们的武器比敌人差得多，新四军比一般抗战军队武器还要差，我们拿这样劣势的武器，来对抗优势的敌人，取得胜利主要靠民众的力量和帮助。如果没有民众，那么我们就不能取得优劣悬殊情况下的胜利。项英强调，要加强我们的宣传工作和民众运动①。

根据新四军首长的指示，第2支队进一步加大民运工作力度。民运工作组人员白天用唱歌、演戏、贴标语和召开群众大会等形式，揭露日军在宣城所犯下的罪行，宣传共产党、新四军的抗日政策和抗日主张，宣传抗日统一战线的意义，坚定民众抗战必胜的决心；晚上则深入群众家庭作调查研究，开展谈心谈话，发动群众组织起来，投身抗日活动。支队机关各部门，各营、连等部队，在做好本职工作之时，还积极在驻地一带开展民众运动。

1938年秋，彭冲在慈溪上冯村帮助百姓成立农抗会，会员数百人，冯尚根为主任；罗化成、张毅组织了鸡笼山、慈溪、红杨树等地的农抗会；接着狸头桥一带的金牛乡、东觉乡、南漪湖周边等农抗会纷纷建起。到12月初，宣北地区的农抗会组织向东发展到郎溪境内，向西发展到裘公渡河西，向南发展到庙埠，向北发展到高淳境内，参加农抗会的农民达数万人。各农抗会领导农民开展抗敌活动，实行减租减息；仅金宝圩一地在1938年秋减租减息就达数十万斤稻谷，农民爱国拥军热情更高，更加支持新四军。

第2支队在活动区域内，还把民运和抗日民族统一战线工作相结合，建立了教育界救国会、商界救国会、工人救国会、青年救国会等"统战"团体。对妇女儿童工作也非常重视，组建"妇抗会""儿童团"等专门组织，号召解放妇女，鼓励妇女儿童参加群众活动。新四军提出："革命，是妇女解放的唯一手段与道路；革命，才能摧毁与解脱几千年来纠缠在妇女身上的层层锁链，任何革命运动，都有利于妇女的解放。革命愈彻底，妇女解放亦愈彻底，因此，妇女要参加一切革命的斗争。"儿童是革命的种子和希望，新四军不遗余力地教育引导他们，培养他们的革命理念，很多儿童后来唱着新四军教他们的《大刀进行曲》《军民合作歌》《抗日游击队进行曲》《全民抗战

① 项英在1939年元旦大会上的报告《新四军抗战一年来的经验与教训》。

歌》走上了革命的道路。

在新四军第 2 支队的努力下，宣北地区的抗日形势大为改观，广大群众的政治觉悟提高，抗日信心增强，他们积极投身到抗日洪流中，成为新四军可依靠的坚强力量。新四军密切关注这些群众，从中发现并培养积极分子，秘密发展共产党员、帮助建立地方基层党组织。

新四军对少年儿童的抗日教育活动

1938 年秋，新四军先后在查定圩、雁翅、陡门、陈家祠堂、东门渡、桃园村等地发展了一批共产党员，建立了查定圩、雁翅陡门两个党支部，支部书记分别为金泽东、陈玉喜。支部的主要任务是，宣传发动有志青年参加新四军、购买枪支弹药充实部队。随后，金宝圩下坝、水阳、陇上、散埠及狸头桥、井头村、高淳、郎溪等第 2 支队活动区都陆续建立了共产党的支部组织。同时，新四军还将积极分子和新党员送往军部或第 2 支队政治部党员训练班学习，加强党性教育，提高政治素质。到 1939 年 6 月，宣北的金宝圩、狸头桥等地已有共产党员 200 余人，党支部 25 个。

1939 年 4 月，中共宣（城）郎（溪）高（淳）县委在井头村成立，张一平任书记，周峰任宣传部长，侯光、潘恒梓为委员，负责宣北及高淳、郎溪部分地区的工作，归属新四军第 2 支队政治部领导。7 月，中共苏皖特委在狸桥成立，"宣郎高"县委组织关系移交给"特委"。8 月，"宣郎高"县委改为狸桥中心区委，10 月仍改为"宣郎高"县委，书记先后由周峰、侯光等人担任；宣北地区共产党的基层组织逐步健全，各项工作得到进一步的推进。

第三节 发展抗日民族统一战线

新四军每到一个地方，都注重宣传共产党的抗日民族统一战线政策，团结一切可以团结的力量共同抗日。根据中共中央《关于新四军行动方针的指示》要求："在大胆地向外发展与积极的抗战行动中，来扩大与巩固统一战线，争取更多的同情者在自己的周围，同时扩大与巩固自己的力量。"新四军第1、2、3支队驻防宣城和苏皖边期间，在取得一系列游击战胜利的同时，也较好地开展了社会各阶层的抗日统战工作。

新四军对新形势下敌后抗战中的统战工作，有不同于内战时期的新的见解和观点。抗日战争爆发后，中日之间的民族矛盾成为主要矛盾，日本侵略者是中华民族的共同敌人，残暴的侵略行为使其根本没有社会基础，因而比内战中的阶级敌人还要孤立。而新四军到了江南平原、水网地带，虽然暂时比在山地开展游击战的难度大，但内在潜力比山区是有过之而无不及；江南地区人口众多，物产丰富，能给新四军更多的人力物力支援，只要把抗日民族统一战线工作做好做实，获得社会各界的支持，那么新四军不但能生存下去，而且能发展壮大，同样也能建立较大的根据地。

政策和力量是做好统战工作的根本。共产党的统战政策旗帜鲜明，深入人心；新四军的宣传工作非常到位，不仅有结合民运工作的发放宣传单、张贴标语、绘制图画、群众集会、文艺演出等传统手段，还有结合帮助群众生产、抗灾救灾、医疗救助等新的方式，另外军部的《抗敌报》《抗敌》杂志和第2支队的《火线报》等，都是统战工作的有效工具。新四军英勇善战、坚定团结，又模范遵守纪律、爱护百姓，这种影响、教育的作用非常重要，能使群众正确地认识共产党、认识新四军、看到新四军的抗战力量和决心，对共产党、新四军产生向心力。这些都有利于新四军开展统战工作。

结合宣城的社会实情，新四军的统战工作首先在开明士绅中找对象，通过他们去扩大统战成果，这样能更快收效。很多士绅、商人、地主吃过日伪军的亏，心中有一股怨气，去做他们的工作往往较容易成功。对开展统战工作的方式和细节，新四军总结出不少新经验，对象不同，方式不同，要有适当分寸；有时需要部队负责人亲自出面，同他们接触周旋，给予他们充分的关心、信任

新四军主编的《抗敌报》和《抗敌》杂志

和尊重；有时领导同志就不能出面，以免被别有用心者利用，增加他欺骗群众的资本。

1938年8月，在新四军第3、第2支队所属部队的先后参与和协助下，宣城第一个合法的抗日民族统一战线组织——"水阳镇抗日民众动员委员会"在水阳镇袁家祠堂成立，委员由工农商学界17人组成，主任由开明绅士、国民党宣城县第六区署原区党部书记张云门担任，副主任由新四军第2支队民运组长施恒和国民政府宣城县第六区署区长周倬担任（后第2支队政治部主任王集成和民运工作负责人陈立平也担任过副主任）；"动委会"设总务、组织、宣传、勤务、情报5个部门，委任了部长负责开展工作。新四军通过这个具有地方政权性质的委员会，进一步向社会各界广泛宣传抗日主张，对地方上层人士和其他各界人士进行统战工作，取得了明显的成效。不少在当地有一定影响的有志之士，如金宝圩总管庙的老知识分子唐莘侯、国民政府宣城县第九联保主任张轸等，后来都做了很多有益抗日救国的事情。

新四军还注意协调处理好国军系统、国民政府基层官员、地方武装的统战工作。新四军积极主动配合国军正面抗战，赢得了多数昔日"对手"的敬意；对那些冥顽不化的少数派，新四军在坚持基本原则前提下，以抗战大局为重，尽量化解矛盾摩擦，得到了社会各界人士的理解。新四军与地方组织、官员、知名人士总体较为融洽，为自身的活动争取到了空间。当时苏皖一带有很多小股武装，其成分不一，有群众抗日组织，有国军溃兵，有豪强卫队，有帮会土匪等，新四军均区别对待，在抗日的大原则下做好统战工作。

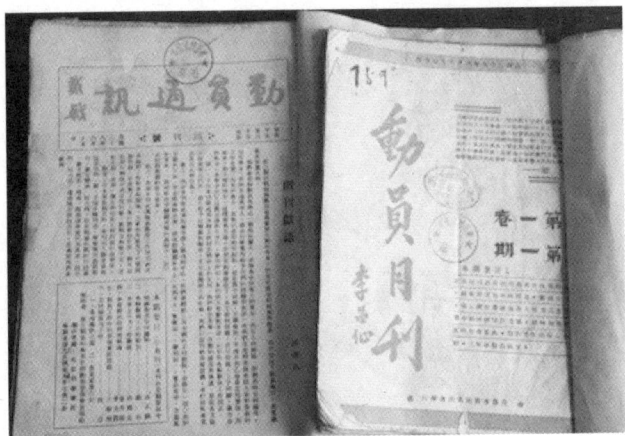

新四军主编的《动员月刊》杂志

陈毅频繁来往于宣城北乡、苏皖边，他多次在狸头桥召开会议、作工作报告，介绍他在泾县茂林及敌后的统战工作经验。陈毅曾亲自走访国民政府高淳县县长和乡绅，与句容县第三区区长樊玉琳建立了联系，做泰兴县教育局长巫恒通的思想工作，和茅山地区民族资本家纪振纲交朋友，都取得了很大的效果。

1939年春节，张鼎丞亲自登门拜访国民政府区长张克家，通过与他交朋友进行"统战"，争取他为抗日出力。1939年9月下旬，国民党在当涂县恢复了组织，第2支队很快与他们加强了联系，双方约定交换军事情报、共同组织当涂县的抗日动员委员会、共同修理军械和医护伤病员等，进行了领导人互访，达成了合作抗日协议。第2支队司令部驻慈溪村时，附近有个侨乐村，居民大都是从日本、法国、英国归来的侨民，侨务主任为国民党委派的邓协池老先生。张鼎丞等领导亲自到附近的侨乐村做归国华侨的工作，和他们交朋友；又登门拜访邓老先生，宣传抗日救国方针；每次村里搭台演戏或召开军民联欢会时，总是热情地邀请邓协池上台讲话，这种尊重和信赖使邓协池很受感动，他也深感新四军抗日救国的决心，积极拥护共产党、新四军的抗日主张，并送自己的儿子邓国庠参加了新四军，在当地产生了很好的效应。

侨乐村

第3支队驻防青弋江时，谭震林和新四军政治部副主任邓子恢等曾与国民政府铜陵、南陵、繁昌3县县长、国民党特派员、区联保主任、县区动委会负责人、青工队长和自卫队长等130余人座谈，阐明了共产党抗日统战主张，表达了新四军抗战到底的决心，深深打动了与会者。繁昌县长张孟陶说："我在沦陷一半的繁昌主政，主要是依靠新四军的支持和帮助。"他表示，"要精诚团结，坚持抗战，动员民众配合新四军作战。"果然在繁昌保卫战中，这位县长带领县政府的干部上火线慰劳新四军，组织群众送水做饭，照料新四军伤兵。

第2支队防区周围有巫恒通、樊玉琳、孔庆哲等地方实力派武装，张鼎丞、粟裕经常与他们接触，做了大量的统战工作。巫恒通的自卫武装接受了新四军的领导，1939年成立的新3团，就是在自卫武装的基础上组建的。后巫恒通与兄巫全仁、弟巫恒达，皆在抗战中以身殉国；新四军在祭悼巫恒通的挽联上称其"民族英雄，万古流芳"，并在1942年的《新四军抗战阵亡将校题名录》中给予他高度评价。对不愿改编的地方武装，只要坚持抗日，不危害百姓，新四军愿意为其提供帮助；但对那些勾结日伪、阻碍抗战、残害群众的土匪武装，经教育无效的，则予以坚决打击，非此不能更好地发动群众，非此不足以平民愤，非此不足以严惩汉奸卖国贼。国军溃军军官朱永祥率众1000余人，自称"苏皖游击司令"，名为抗日救国，实则扰民诈财，不亚于寇匪，群众恨之入骨，称之为"小日本"。后来朱永祥竟与日伪沆瀣一气，互相勾结袭击新四军。1938年7月6日，新四军第1、第2支队各一部在当地民众武装的配合下，将朱匪部一举消灭，活捉匪首，解送第三战区司令长官部法办，百姓拍手称快。

新四军新3团团长巫恒通

　　支持新四军青年队做地方青年的统战工作，是新四军的一个特色。他们把地方青年组织起来，协助解决困难，进行抗战教育，开展武装训练，巩固年轻

新四军动员民众参军

人对新四军的拥护，建立起与地方青年组织的密切联系；还注意发现青年中的积极分子，努力培养他们成为群众的领袖。对此，粟裕说："新四军就与群众之

间搭起了桥梁，架起了一条线。"

　　青年统战工作做好了，扩军工作自然就好办了，有的动员青壮年参军，有的组建抗日游击队。又因为新四军不断打胜仗，敌人轻易不敢挑衅，在一定程度上也保障了百姓利益；新四军威信日高，群众参军的热情也日益高涨。在金宝圩、狸头桥等地，大批青年踊跃参加新四军。1938 年冬，第 2 支队的军医张毅，一个人就在狸头桥周围乡村动员了 200 余名青年参军。1938 年冬至 1939 年春，共产党地方党组织界溪、沈村、金牌、汤村、白果树等秘密交通站动员了 200 余名青年到狸头桥参军。1938 年 8 月，新四军第 6 团民运股股长顾鸿在金宝圩组建了 3 支队特务大队，队伍有 100 多人。

　　1938 年 10 月，第 2 支队派一个班战士到大官圩，以他们为骨干组建了第 2 支队特务大队，有 300 余人，一部分队员是原"大刀会"成员，朱昌鲁任大队长，后编入主力部队特务营，在宣城、当涂、芜湖一带活动。这种方式张鼎丞总结为："把主力部队一部下放在地方，以主力部队为骨干去发展新部队，然后把地方部队上升为主力部队。"1939 年年初，马鞍山的刘一鸿率农民武装自卫队到狸头桥附近的张家村进行整训，随后改编入第 2 支队特务营。到 1939 年 4 月，新四军第 2 支队已发展到 6000 多人（不含到江北发展的第 4 团 1 营）。

　　新四军还通过国内外的记者和考察团，宣传本军抗战事迹，开展统战工作。张鼎丞曾向外国记者介绍新四军的各项工作。1939 年秋，国际友人史沫特莱来到宣城，目睹了屡遭日本强盗摧毁的宣城"噩梦"般的惨状，她记录下自己的所见所闻，全向世界发出了正义的声音。史沫特莱曾在新四军卫生部长沈其震的陪同下考察第 2 支队司令部，粟裕热情接待，在条件简陋的情况下，还特意召开了欢迎晚会，让史沫特莱很受感动。史沫特莱先后到狸头桥、水阳以及侨乐村等地访问抗日军民，慰问伤员，历时一个多星期。沈其震向她介绍说，新四军组建时间不长，医药和医务人员都很缺乏。史沫特莱向后方医院捐赠了一笔稿费，并建议沈其震去上海，她写信给上海的英国朋友鲍威尔、卡尔、克拉克女士等人，请他们尽力帮助前去上海购买医药器材的沈其震。史沫特莱还给新四军战士和伤病员作报告，向他们介绍世界反法西斯战争的形势，讲授"全民抗战与健康"的卫生教育课。史沫特莱对新四军的干部教育和文化工作也有所助益，她多次给教导队学员作报告，介绍她在八路军中的见闻；观看文化队的演出，发表中肯的意见，帮助文化队学员提高编剧的思想性和艺术性，提高演员的表演水平等。

史沫特莱在皖南

1939 年中，上海一位记者对粟裕进行了"跟踪采访"，并于 1940 元旦在《申报》上发表了一篇文章《粟裕将军会见记》，署名"任重"。任重在文章的开头就说："在江南游击区里流行着一支歌曲，其中有两句是'司令将军亲自上火线，弟兄们赶快冲上去'；我想这一定是指粟司令。"又说，"在日军重兵包围之中，在江南最艰苦的游击区里能与这位后方民众所称颂的游击司令会面，实在是十分幸运的事情。"任重称赞粟裕"率领先遣支队挺入京镇沦陷区"，取得韦岗处女战、官陡门之战的胜利，而且"不断地向日人进攻，一直进攻到南京、镇江的外围日人的据点里"，"简直要使外来侵略者发抖"。任重说，他与粟司令经常秉烛长谈，听粟司令从军事、政治、经济三方面分析江南游击区错综复杂的抗战形势；他高度评价年轻的传奇将领粟裕，对江南大局有敏锐的观察，对政治有深刻的认识，军事上深知战略战术，而且深知敌我在政治、经济以及社会上的实际情况。他根据"实际的观察与考察"，得出了一个结论："粟司令不是一个平凡的军人"，他不但"运筹帷幄之中"，而且"决胜千里之外"。

新四军创造性地贯彻执行抗日民族统一战线政策，正确地处理联合与斗争的关系，大力发展进步势力，争取中间势力，孤立顽固势力，团结一切可以团结的力量，并争取海外华侨和国际友人的同情和援助，使新四军的美誉度影响力不断提升，得到了社会更广泛的支持，也使新四军在宣城扎牢了根基。

第四节　创建第 2 支队教导队

新四军第 2 支队的老班底是打了 3 年山地游击战的红军游击队，实战经验较为丰富，但文化水平普遍不高，现代军事素养更是严重缺乏。负责军事的副司令员粟裕对部队情况当然了如指掌，他在率领游击队从浙南开赴皖南集中时即敏锐指出："现在需要大量的知识青年充实部队新的血液。"到第 2 支队组建集结，作为一支建制军队，更显得人少、枪少、特别是干部骨干少，有的连队只有连长 1 个人主持全面工作，直接制约了部队作战能力的增强。为尽快改变这种现状，挺进江南后，根据中共中央和毛泽东的建军思想，第 2 支队在活动的地区一边打仗，一边建军，充分利用江南的有利条件，大量吸收知识分子特别是知识青年充实到抗日队伍中来，使第 2 支队的骨干力量得到了增强。

第 2 支队的建军扩军也不是一帆风顺的，一方面有敌顽分子在外部设置重重障碍，另一方面新四军内部也存在不同的认识。其中新四军实际最高领导人项英的意见尤为重要，在当时几乎是具有决定性作用；而项英所持的却是"精兵主义"和"关门建军"的军队发展思想，所以新四军早期发展速度远远不及八路军，这是一个重要原因。

新四军新战士队列训练

1938 年年底，项英到宣北第 2 支队视察工作，张鼎丞向项英汇报了第 2 支队的典型新 6 连的扩军成绩和经验，但项英并未认可，还表示出这样扩军不利于统一战线工作的担心。但张鼎丞没有放弃自己的主张，他对新 6 连的干部们说：毛泽东讲过，一切服从统一战线的提法是不对的，我们要在统一战线中坚持独立自主的原则，不能自己束缚自己的手脚。你们回去后，要向全连同志讲清楚，我们新四军人数的发展，不是多了，而是非常不够；发展的速度不是快了，而是跟不上抗战形势的需要，今后我们还要坚定不移地继续发展壮大队伍。在随后不久召开的第 2 支队党员代表大会上，张鼎丞就发展武装和扩大根据地问题作了专题讲话，进一步阐明了他的思想。第 2 支队遵照他的指示，很快又发展了许多新战士。

军队发展了，指战员的教育训练自是必不可少。第 2 支队初到江南敌后时，处在一种特殊环境中，教育训练部队主要采取以战教战的方法，在战争中学习战争，打一仗马上就总结经验教训，以实战经验和要求来教育干部、训练部队。支队司令部移驻狸头桥后，专门组建了一个训练队对部队进行轮训，每次不过抽调一到两个连，训练时间也不过两到三个月，地方发展的共产党员及武装人员也来参加学习。1938 年冬，金宝圩的党员沈明义、王宏钧、张源才和狸头桥的党员兰照华等先后到训练队学习，结业后回原地工作。训练队集训学习内容为：以射击、投弹、刺杀等军事技术为主，辅以队列和战术训练，总结战斗经验，还安排一定的时间进行政治、文化学习，以提高学员的军事素质和政治素质。可是，这种轮训只能算是临时应急的办法，根本无法满足部队的实际需要。

新四军战士射击训练

随着部队的不断壮大，教育培训问题愈发突出。粟裕考虑，知识分子出身的干部文化功底虽然好，新参军的青年不少也有一定的文化基础，但他们都缺少战斗经验；并且新老战士都不具备现代战争方面的知识。而新四军面对的敌人恰恰就是装备精良、训练有素、战术先进的日军。对于新四军这样一支战斗部队应该怎样加紧教育训练、干部队伍应该怎样加强教育培养，才能使他们与日军抗衡并最终战胜敌人，粟裕用了相当的精力，深入进行了认真的探索和有益的实践，这项工作成为他在这一时期军事活动的重要组成部分。

粟裕认为，以先进的军事思想教育培养干部，教育训练部队增强现代战争意识，加强指战员对现代战争知识的学习，是当务之急；再从发展的角度看，新四军东进北上后，队伍更壮大，需要更多的军政干部骨干；以后军队更要实行正规化建设，因此必须进行专业、系统、现代化的培训。目前的首要任务，是组建一个专门的教导队，解决急需的干部、骨干培训问题，待条件具备时再创办新型的专门培训机构。

新四军第 2 支队教导队

粟裕具有战略远见的想法得到张鼎丞的大力支持，第 2 支队紧锣密鼓地筹备起教导队。1939 年 3 月，新四军教导总队根据军部的命令，组织 10 个人到前线部队参观学习，以充实教学实践内容。参观团来到第 2 支队，粟裕亲自向他们介绍情况，留心考察参观团人员。参观团结束活动返回军部前，粟裕为他们举办了座谈会，让大家交流心得体会。粟裕说，我们这里要办一个教导队，需要有办教导队经验的专门人才，我已给军部周子昆副参谋长打电报，建议你们留下一位同志。粟裕留心的那位同志是教导总队 7 队队长杜屏，经第 2 支队的提议，军部决定派杜屏到第 2 支队工作。

1939 年 5 月，第 2 支队教导队在狸头桥成立。杜屏任队长；司令部还精心选拔了指导员、文书、文化教员、军事干事、政治干事等干部充实教导队。教导队以延安"抗大"教育精神为总的教育方针，以军部教导总队教育目标为总的教育原则，以"团结、紧张、严肃、活泼"为队训，以"为民族解放事业随时准备牺牲自己"为宗旨，集中以军训形式，培训支队机关干部以及部队军、政、文化、技术干部；再将这些受到严格训练的学员，分配到合适的岗位，让他们人尽其才，带动更多的人加强部队和根据地各方面的建设，从整体上提高部队的军事和文化水平。教导队初步建立了规章制度，很快就展开了培训工作。

粟裕对教导队的建设倾注了很大的心血，他对教导队的训练，几乎是事必躬亲，提出明确的要求，还每星期听取一次汇报，并组织检查，亲自督促、示范、讲解、授课。教导队第一期学员 90 多人，以班、排级干部为主，少数为连级干部，都是各部队精心挑选出来的，训练时间半年左右。粟裕亲自审定学员名单，他提出"三个不要"的要求：体弱多病的不要，在部队表现不好的不要，没有培养前途的不要；同时，严格把关，不合格的坚决退回。粟裕还认真审定教学计划，教学内容中军事训练课占 70%，政治教育课占 30%。军事训练主要有游击战术、射击、投弹、刺杀，还有班、排、连、营 4 级攻防战术；政治课主要是抗日民族统一战线、群众工作、政治常识及个人教育等。

新四军战士刺杀训练

粟裕还通过言传身教，对机关干部、学员们进行培养教育。在每一个清晨，天刚蒙蒙亮，起床的哨音刚响，机关人员、学员匆匆跑到训练场，粟裕已经着装整齐地在等候大家。发现操练和指挥上出了问题，粟裕不声不响地走来，耐心指出，亲自示范，一一纠正。粟裕从不大声斥责别人，即使批评也是声调平和，脸色并不严峻，有时好像还带着一点笑意；但他那深邃的目光、一丝不苟的态度里有一种力量，使学员们觉得非认真不可、非学会不可、非致用不可。

粟裕对教导队似乎有一种"偏爱"，后来他奉命离开狸头桥去溧阳组建新四军江南指挥部时，没有带别的部队，只带走了教导队。粟裕还亲手扩大了教导队，成立江南指挥部教导大队，杜屏任大队长，温华贵任教导员，下设3个中队，承继和发展了第2支队教导队的宗旨目标。原第2支队教导队的学员并未因教导队的变动而影响教学，仍然按计划完成了规定的学业后毕业。新四军第2支队教导队（江南指挥部教导大队）为军队和地方培养了一批优秀人才，他们在后来的革命事业中发挥了重要的作用。

第五节　"东进北上"线上的第四兵站

1938年春，新四军军属分兵站在岩寺成立，属于新四军的后勤机构。军属分兵站对内由军部垂直领导，对外称为"第三战区兵站统监部陆军新编第四军军属分兵站"，军部委任的主要干部还需向第三战区兵站统监部申报，经费亦由第三战区统一调拨。1938年8月，新四军军部进驻云岭，军属分兵站设在泾县章家渡镇，后来的习惯叫法为"章家渡兵站""总兵站"。兵站的主要工作是运输军需物资和接送过往人员，又承担了往来通讯、传递情报、与地方共产党组织联系等职责；有时还有重大任务，由中共中央东南分局和新四军军部联合布置、直接指挥，地位颇为重要。有关交通运输等工作可以公开进行，但兵站的内部工作以及与共产党组织的联系等则属于秘密活动。

总兵站的事务十分繁忙，第三战区、全国各地、海外华人华侨以及国际组织和国际友人支援新四军的物资，都从这里转运。仅1938年，总兵站就将600余人和大量军需物资送至目的地。总兵站站长先后为张元寿、叶进明、忻元锡，符确坚任政委。总兵站机关工作人员各时期人数不等，最多时约60人，下设军实、粮秣、行政、运输大队等。总兵站下辖6个分兵站（不含江北新四军兵站），主要沟通东、北两条线路，东线联系第 1、第 2 支队，北线联系第 3、4 支队；分兵站又称"派出所"，分兵站站长又称"所长"。

新四军章家渡总兵站

　　新四军内部官兵平等，部队改编前指战员都没有"饷银"。部队建制集结后，才开始发放月津贴：军首长 5 元、支队首长 4.5 元，逐级递减，战士 2.5 元，相差无几，吃穿都差不多，生活方面官兵难分；只有"专门人才"和知识分子才享受"特殊照顾"，比军首长津贴高出很多。自古以来，这种情况只有共产党的军队才有。陈毅率部挺进江南时，装备很差，给养困难，每天只能吃两顿饭，有时一天 1 角 2 分钱的伙食费也供应不上，不得已向商会或附近士绅借款。有一次粟裕带领部队在一个村庄宿营，一个老人一定要看看部队首长，粟裕正在吃午饭，老人看见粟裕同大家吃一样的饭菜，穿一样的军装，不禁感慨地说，历来当官的都是吃好的、穿好的、骑在别人头上作威作福，你们这样的官真没见过，将来天下一定是你们的！粟裕对老人非常尊敬，请老人给部队提意见，指出不足，大胆批评，帮助部队改正缺点和错误。新四军指战员的生活虽然极为艰苦，但没有人染指兵站财物，确保了兵站工作的正常运转。

　　根据中共中央关于新四军"东进北上"的指示，东南分局和新四军军部命令张元寿先行自铜陵、繁昌一带渡江，任务是侦察行军路线和筹集船只，与第 3 支队及江北新四军联络。张元寿离开章家渡后，叶进明接任总兵站站长，但

130

因未报第三战区兵站统监部，该部不予承认。总兵站坚持独立自主的方针，仍然努力开展工作。为方便进入苏南，畅通与第1、第2支队（新四军江南指挥部）之间的交通转运，新四军又派出一部分武装力量，建起一条泾县、宣城、郎溪、溧阳的兵站路线。1939年，军部在泾县马头镇、郎溪毕桥、溧阳竹箦桥分别设立了兵站；因1938年在岩寺、太平设立的分兵站称第一、第二兵站，新设兵站便称第三、第四、第五兵站。

　　因情况的特殊性，第四兵站是一座在郎溪毕桥、飞鲤桥和宣城夏家渡、孙家埠之间流动的兵站。常驻地是毕桥黄村，主要负责运输军用物资、护送往来各方的指战员、保护交通线和通信联络等。成立之初，胡久春任站长，黄永安任指导员，文书为陈洁，副官有杜斌、朱文斌、罗万昌等人。兵站有1个连的武装，辖3个排，1个排负责与军部联系，1个排担任警卫。

　　1939年年底，第四兵站迁至郎溪飞鲤桥的齐村。1940年4月，新四军江南指挥部调派王公道任站长。不久，因兵站受到国民党情报站的监

第四兵站曾设在孙家埠

视，不便与共产党地下组织联系，兵站于5月7日又迁回毕桥黄村。随后，兵站接到陈毅、粟裕的指示：新四军江南指挥部全体指战员已挥师北上，第四兵站要留在国统区内，机动灵活地坚持独立斗争；在万不得已的情况下，兵站可向南挺进到天目山区，或者向水阳地区金宝圩新四军游击根据地转移……6月，溧阳的第五兵站遭到顽军袭击，局势开始恶化。根据上级的要求，第四兵站决定转移到金宝圩游击区。6月8日晚，兵站全体人员分乘3艘大船渡过南漪湖，到达狸桥镇井头村；第三天，兵站突然遭到顽军1个营兵力的袭击，兵站武装人员奋起还击；幸而在金宝圩活动的第2支队侦察连及时赶来增援，这才打退了顽军的进攻。兵站两名工作人员在战斗中牺牲。第四兵站随即转移到中共"宣当芜"中心县委所在地金宝圩，将人员整编为独立连。不久，兵站又移至孙家埠，后因顽军一再捣乱，最后撤回泾县章家渡总兵站。

1940年12月，新四军设在太平县的第二兵站站长刘开福率二十余人来到宣城，在夏家渡的翟家复兴油坊恢复了第四兵站，准备接待军部"东进北上"人员和运输重要物资。在当地群众的帮助下，新第四兵站的人员勘察了转移路线，并在孙家埠附近的水阳江上建起了一座浮桥，以便转移人员通过。12月初，军部非战斗人员近2000人分批向苏南转移，路线由泾县马头镇进入宣城境内，沿高桥、杨柳铺、岗子头（金坝）、绿锦铺、桑树敦、花园村、夏家渡、双河边、河北村、八里棚子、码渡口（在此过浮桥）、孙家埠、七道桥、洪林桥，到郎溪毕桥、梅渚，再东进苏南。12月10日，新四军军部军需处长宋裕和、军法处长汤光恢和教导总队训练处副处长薛暮桥又率后勤部、卫生部和教导总队干部1000余人至宣城，先后宿在杨柳铺、夏家渡，13日经孙家埠、洪林桥、十字铺向苏南转移。12月中旬末，叶进明率部分人员也通过同样路线转移苏南。新四军人员在宣城境内，每到一处都散发抗日传单，赠送《抗敌》杂志，沿途百姓对他们热情提供帮助；夏家渡、孙家埠及其周边村庄的1300余名青壮年，还协助第四兵站将重要物资运往苏南。12月22日前后，新四军的非战斗人员已全部顺利转移过境，重要物资亦运输完毕。随后，第四兵站从宣城撤至溧阳水西村。

第四兵站夏家渡要道阮公桥

第四兵站作为一条"补给线"，在新四军军部向苏南部队转运军需物资、输送工作人员等方面发挥了重要作用，也为共产党组织的联络提供了方便和保护。特别是在"皖南事变"前，由于繁昌、无为一带江面被日军封锁，北线渡江已不可能；重新设在夏家渡的第四兵站，及时配合转移了大批非战斗人员、军部后勤保障单位的物资和设施，为后来新四军重建军部保存了一部分的有生力量，为新四军恢复元气和快速发展做出了一定的贡献。

第六节　江南指挥部和新第 2 支队成立

1939 年 5 月，新四军第 2 支队司令员张鼎丞被选为中共七大代表，将赴延安参加七大的筹备工作。新四军军部为应对江南敌后抗战的新形势，决定集中力量加强军队的领导，便以张鼎丞赴延安为由，将第 1、第 2 支队重组，统一由陈毅、粟裕指挥。8 月 20 日，项英向中共中央、中央军委报告，并电示陈毅、粟裕：成立江南指挥部，统一领导第 1、第 2 支队。新四军争取国民政府第三战区批准，增设新四军江南指挥部建制。9 月，粟裕离开宣北地区前往苏南，不久，第 2 支队机关也从宣城迁往苏南。1939 年 11 月 7 日，新四军第 1、第 2 支队领导机关合并，在溧阳水西村李氏宗祠正式成立江南指挥部。陈毅任指挥，粟裕任副指挥，罗忠毅任参谋长，刘炎任政治部主任，钟期光任副主任；下辖第 1、第 2 支队的第 2、4 团（第 1、3 团先期已奉军部命令调出），新编第 3、5、6 团，挺进纵队第 1、2、3、4 团及苏南地方武装，共 1.4 万余人。同时成立

陈毅在江南指挥部成立大会上讲话

中共江南指挥部分委员会，书记为陈毅，委员为刘炎、粟裕、钟期光。

11月，根据中共中央关于新四军"向南巩固、向东作战、向北发展"的战略方针，江南指挥部令第4团组成新四军苏皖支队，北渡长江，进至扬州、仪征、六合、天长等地，策应皖中的新四军第4、第5支队东进。1940年1月，新四军挺进纵队第3团在团长梅嘉生、参谋长张震东的率领下，与苏皖支队合编，陶勇任司令员，卢胜任政治委员兼政治部主任，梅嘉生任副司令员，张震东任参谋长，仍称苏皖支队；7月，苏皖支队改编为新四军苏北指挥部第3纵队。同年2月，罗忠毅奉命与廖海涛、黄火星、周桂生等人在原第2支队机关与第3团的基础上，在江苏安中里村组建起新的第2支队，罗忠毅任司令员，黄火星任政治委员，廖海涛任副司令员，继续在苏南一带发展。

新四军筹建江南指挥部伊始，日军的扫荡就接踵而至。盘踞丹阳、珥陵、金坛、宝埝的日军第15师团池田联队集中1000余兵力，采取分进合击战术，不间断地侵犯丹阳延陵地区；新四军以游击战与之周旋，并伺机歼敌。11月8日，镇江宝埝一部日军自延陵返回九里据点时，丹阳独立支队林胜国副支队长率地方武装阻击，日军抢占了贺甲村东侧城河山抵抗。贺甲村位于延陵西北10里处，据九里据点仅4里。新四军新6团团长段焕竞率1、3营驰援丹阳独立支队，在日军背后发起攻击，日军溃败，向贺甲村退却，凭借建筑物及有利地形据守待援。中午，宝埝增援日军与贺甲村残兵敌会合，共200多人，组织强大火力反扑，还施放了毒气弹；20多名新四军指战员中毒而死，战斗形成了对峙。

新四军攻打祠堂

得知贺甲村发生战斗的消息,新四军第2团团长王必成也率1、3营赶来增援。日军在贺甲村将机枪、掷弹筒等重火力沿村环形配置,全力构筑散兵坑,并在贺甲村东南角的祠堂里开凿枪眼,一旦村庄被攻陷就退到祠堂。新四军反复冲杀,一时无法突破日军防线。傍晚,风雨交加,新四军点燃湿稻草堆,以浓烟为掩护冲进村内;日军火力优势无法施展,便与新四军进行巷战、白刃战,逐渐退缩到祠堂里。9日凌晨4时,新四军向日军发起攻击,双方激战至9时,日军死伤大半,仍负隅顽抗。最后,新四军用集束手榴弹把祠堂炸坍,残余日军拼命向北逃窜,被新四军追歼消灭。这次战斗,新四军先后攻克日军大小据点30余处,击毙日军中队长武村大尉以下170余人,俘虏3人。这是新四军江南指挥部成立后打的第一个胜仗,受到延安总部和新四军军部的通电表扬,上海等地报纸称之为"延陵大捷"。

新四军江南指挥部恢复了东路抗日游击区,扩大新四军在苏南地区的活动范围,创造了敌后抗日的有利条件。又继续巩固宣北地区抗日根据地,1940年上半年,指挥部派特务营营长杨洪才率侦察连到金宝圩,配合地方共产党组织开展抗日活动。指挥部还发起过救援地方政府的战斗。1940年5月31日,日军精锐部队吉田中队150余人,经湖熟镇攻击江宁县国民政府,新四军新第2支队副司令员廖海涛指挥第4团3营和特务连前往救援。6月1日,新四军先以一部佯攻牵制敌人,另以主力在赤山窦家边村设伏,赤山东边是赤山湖,敌军在湖堤上遭到新四军前后夹击。经过7小时战斗,新四军毙伤日军中队长吉田以下130余人,俘虏2人,缴获步枪60余支、九二步兵炮2门。3日,日军1000余人在坦克的掩护下,对赤山湖以南地区进行报复扫荡。廖海涛把部队转移到密林中与敌周旋,日军以步兵包围密林,而后派骑兵冲入林中。廖海涛指挥部队瞄准敌人,进来一个打一个,日军骑兵被打得人仰马翻,死伤40余人,不得不退出密林。入夜,新四军利用两部分敌人的接合处,兵分两路神不知鬼不觉地摸出包围圈;而日军和伪军彼此误以为对方是新四军,互相打了半夜。战后,江南指挥部嘉奖了参战部队。廖海涛也作诗纪事:"坚持江南抗敌军,日寇惊呼胆寒心。赤山之战缴敌炮,茅山烽火震南京。"

1940年5月,中共中央《关于放手发展抗日力量,抵抗反共顽固派的进攻》的指示传达到新四军,江南指挥部一面抓紧发展部队、扩大活动空间,一面有理有节地瓦解顽军的摩擦挑衅。7月,为争取将大江南北的抗日根据地连成一片,也是避免在江南一带与国军发生大规模的冲突,中共中央命令陈毅、粟裕率江南指挥部主力部队离开水西,经扬中县北渡长江,到达江都县吴家桥地区，与新四军挺进纵队、苏皖支队会合，改称新四军苏北指挥部。江南指挥部从成立到北上只有短短7个多月的时间，但在敌后抗日斗争中仍然做出了很大贡献。

新四军江南指挥部司令部李氏宗祠

根据新四军军部和江南指挥部的安排，罗忠毅留守江南，新第2支队继续在茅山开展抗日游击战争，对外仍以江南指挥部的名义活动。新第2支队指挥新3、4团和苏皖边各县的地方武装，共3000余人；后又组建了独立第1、2团，队伍在斗争中不断地壮大。

1941年1月"皖南事变"后，新第2支队改编为新四军第6师第16旅；至此，新四军第2支队完成了历史使命，番号正式撤销。第2支队和第1支队一起创立的苏皖边、苏南根据地，联合成为以茅山为中心的一个大抗日根据地，整个地域处在长江下游的宁、沪、杭三角地带，北靠长江，东南连接太湖，可直达淞沪，西南丘陵绵延，包括皖东南宣城、当涂、郎溪等地，并与浙江北部接壤，防区内人口稠密，物产丰富，是兵员、物资的重要筹集地，战略地位非常突出，在新四军抗战中发挥了巨大的作用。汪精卫集团在南京建立伪政权后，更把茅山根据地视为心腹之患；因此，汪伪政权勾结日军多次对茅山地区进行扫荡。1941年11月28日，日军3000余人、伪军800余人，在骑兵、炮兵、坦克的配合下，突然袭击第16旅旅部和中共苏皖区委机关驻地溧阳县塘马村。新四军第6师参谋长兼第16旅旅长罗忠毅、政委廖海涛为掩护机关转移，亲自率部与日军激战，罗忠毅和廖海涛等270余名指战员在血战中壮烈牺牲。

　　新四军第2支队司令部进驻宣城1年有余，他们浴血抗战，打击日伪，坚定了宣城人民抗战必胜的信心。他们关心群众，保卫群众利益，得到了宣城人民的支持和拥戴。他们播下抗日、救国、革命、解放的火种，培训抗日民众，帮助宣城建立共产党组织和群众武装力量，为宣城人民坚持长期抗日斗争以及后来的解放事业，打下了坚实基础。新四军及第2支队在宣城，为宣城建立了彪炳史册的巨大功勋。

第五章　新四军与宣州的党组织

第一节　东南分局和"特别委员会"

新四军挺进宣城后，全力组织和武装群众开展抗日游击战争，他们一边正面抗敌，推进民众运动；一边广泛开辟敌后抗日根据地，深耕宣城。自 1938 年春起，他们在宣传、发动群众组建抗日团体的基础上，暗地里秘密发展共产党员，建立共产党的地方组织，先后在宣东、宣南、宣北等地建立了多个党支部。同时为了更好地领导这些党支部开展工作，壮大党的力量，他们又随着形势的发展不断调整，在宣城及宣城周边地区，前前后后建立过多个县、区级以上的党组织。这些党组织存在时间有长有短，但不论时间多短，都在各自的存在时间内充分发挥了共产党的领导核心作用，为宣城乃至整个皖南抗日战争的胜利直至最终解放担负起了继往开来的重任。

一、中共中央东南分局（东南局）

中共中央东南局是抗日战争时期中共中央在东南地区的派出机构，其前身是中共中央东南分局。

1937 年 12 月，中共中央政治局会议决定撤销中共苏区（江西）中央分局，成立中共中央长江局，同时成立中共中央东南分局，东南分局受中共中央和长江局的双重领导，作为领导新四军及东南各省游击区党的工作的中央派出机构；此外，成立了中共中央军事委员会新四军分会，以项英、陈毅、张鼎丞、曾山、黄道为委员，项英任军分会书记，陈毅任军分会副书记。

1938 年 1 月，中共中央东南分局在南昌市东书院街明德屯 4 号正式秘密成立。东南分局委员为：项英、曾山、陈毅、黄道、方方（未到职）、涂振农（后离开），项英为书记，曾山为副书记；分局各部门负责人分别是：秘书长郭潜（后为温仰春），组织部长曾山（兼），宣传部长黄道（兼），统战部长涂振农（兼），妇女部长李坚真，青年部长陈丕显。为了便于开展工作，东南分局对外称新四军驻赣办事处，由黄道任办事处主任。当月，项英主持召开了中共中央东南分局成立大会，传达党中央对东南地区党的工作和红军游击队集中编组的指示，同时确定将"传达党中央的新政策，广泛建立抗日民族统一战线，迅速集中部队开赴抗日前线"作为分局的首要任务。

会后，东南分局及时向东南地区和红军游击地区派出专员，建立恢复党组织、传达党中央关于建立抗日民族统一战线的指示，动员广大游击队员下山改编；从而确保了在较短的时间内，完成了将南方八省红军游击队进行集中和改编的艰巨任务，为新四军的建军和开赴抗日前线做出了重要的贡献。

南昌中共中央东南分局旧址

1938 年 11 月，东南分局自南昌迁往皖南泾县。同月，中共六届六中全会决定撤销中共中央长江局，将原中共中央东南分局改为中共中央东南局，领导长江以南的东南地区的党的工作；其组成人员及所属组织不变（1939 年 3、4 月间正式执行）。1939 年 3 月，东南分局在皖南泾县丁家山村正式改为东南局，仍以项英为书记、曾山为副书记，1940年春增补饶漱石为副书记；各部门负责人分别是：秘书长温仰春，组织部长曾山（兼），宣传部长和统战部长黄道（兼），妇女部长李坚真，青年部长陈丕显，文委书记冯雪峰（未到职）。东南局设有总务科、招待所和警卫班，办公场所的陈设非常简单朴素，桌子歪歪斜斜，吃住条件也很差；从曾山起，大家都是每日五分钱菜金，领导没有特殊化，也不懂什么叫特殊化，甚至没有"特殊化"这个词，同志们吃的、穿的、用的都一样。东南局对外挂着民运部民运科的牌子。

东南局领导新四军的工作，并辖中共浙江省委、江西省委、福建省委、皖南特委、苏南特委、苏皖特委及上海地下党组织（主要负责人为刘晓、潘汉年）。东南局所辖各地方党组织均可独立自主地开展工作，不一定完全靠上级的指示。"特委"是"特别委员会"的简称。中国共产党的组织章程中没有"特委"这一设置，但从党的"一大"到"五大"，却存在着大量的"特别委员会"，后期逐渐减少。特委有的是临时设置，所以加上"特别"；因为"特别"，所以多数是负有特殊的使命，如组织革命暴动、在特殊和复杂的形势下开展工作等。

东南局与各个省、区的主要联系方式是通过"政治交通"联系。交通员只知道与省委接头处，不带文件，东南局的指示完全凭脑子记忆，口头传达，简明扼要。第二种方式是利用新四军兵站到上饶、桂林，工作人员带了文件，通

泾县云岭乡丁家山村中共中央东南局旧址

过秘密路线输送，这些都由秘书长负责。这一套方式从1938年、1939年一直使用到皖南事变，即使在事变中，政治交通也很沉着，没有出任何问题。第三种方式是用电台与解放区联系，如与福建省委、闽西特委联系就是这样。

1938年到1940年年底，东南局存在的近3年时间中，广大共产党员和干部做了很多可歌可泣的艰难工作，成绩斐然：首先是在极端困难的条件下，把中共中央、毛泽东的抗日方针向广大群众宣传，使群众明白，共产党是为民族、为广大人民服务的，并通过每个党员为党的事业艰苦奋斗的实际行动，让民众看到共产党是真正为人民服务的，是为人民的利益而奋斗的，为党树立了很高的威信。其次是发动群众，支援抗日，在东南地区，不论是上海、杭州等大中城市，还是广大农村，党组织输送了大批干部到前方，发动了不少青年到抗日服务团、抗日宣传队等；有的同志暴露了身份，送到了东南局，东南局又把他们送到前方，成千上万的人支援前线，支援抗战，想尽了一切办法去开展工作。再次是培养干部，这是东南局所做的最重要贡献。东南局培养干部的地方在泾县白果树村最后一幢房子里，办法是办训练班，每期100人左右，共办了5到6期，每期3至4个月；干部由浙江、福建、上海等地送来，培训后，没有暴露身份的就送回去继续战斗，已暴露的送到解放区去。

1940年12月，中共中央决定将东南局合并到中原局。1941年1月，东南局机关在皖南事变中遭受重大损失，东南局工作被迫停止。同年2月20日，中共中央决定在上海重建东南局，负责东南敌占区和国民党统治区的工作。3月20日，中共中央取消重建东南局的决定，改派饶漱石、曾山参加中原局。4月，东南局与中原局合并成立华中局。至此，东南局正式结束工作。

二、中共皖南"特委"

中共皖南"特委"是中共中央东南分局（东南局）的直属机构组织，1938年4月在歙县潜口村成立；8月，其组织机构随新四军军部移驻泾县。皖南特委原书记是李步新，后中央调东南局的邓振询任书记，李步新任副书记兼组织部长，欧阳惠林任秘书长，胡明任宣传部长。特委机关先后设云岭附近的章村、肖家和白果村，与东南局所在地丁家山并不太远。皖南特委的任务是负责皖南地区党组织工作，下属主要机构有徽州、绩溪、休宁、太平、旌德、泾县、南陵、青阳、宣城、芜湖、繁昌、铜陵等县委，共有党员人数11245人（1939年统计），党员的总数变化不大，但不确定的人数很大。仅泾县地区就建立了9个区委、15个中心支部、350个支部，有党员1353名。党员的成分比较复杂，大多数是贫民，也有一些商人、地主和富农，同时也有一些党员接受过初步的训练。

皖南特委书记李步新（右二）和陈毅、曾山、谭震林

特委内部分组织、宣传、妇女、青年、军事、民运等部门，各部门一般只设 2 至 3 人，大都相互交替兼职。特委书记设秘书 1 人，一般特委机关内部只有 8 到 9 人，余下人均为杂务和勤务人员。下属的中心县委机关人员更少，只设书记 1 人，组织、宣传工作都由书记兼职。

1940 年 2 月，中共中央东南局调邓振询到苏南，任苏皖区党委书记，谭启龙任皖南特委书记；当年 7 月，谭启龙又调苏北任中共苏皖特委书记，李步新再任皖南特委书记。

1940 年 10 月，国民党发出"皓电"，掀起第二次反共高潮。中共中央审时度势，决定新四军军部和皖南部队北移。为此，东南局决定中共皖南特委人员随军部转移，特委机构撤销。11 月，特委连续召开了两次皖南地区各县县委会议，会上要求各县委抓紧动员暴露的共

皖南特委组织机构序列表
（一九三八年五月——九四一年一月）

特委书记	李步新
组织部部长	李步新（兼）
宣传部部长	黄耀南
民运河部长	江靖宇（后为林凡）
青年部部长	贺诚（后为宋光、黄知真）
妇女部部长	林菲（后为李桂英）
泾县县委书记	林方（一九四〇年改为泾太县委书记方向明）
铜陵县委书记	张德烈
繁昌县委书记	罗白桦（后为罗锋）
南芜宣县委书记	方休（后为王敬之）
宣城县委书记	孙宗溶
青阳县委书记	方向明（后为苏拓夫、沈鹰）
广德县委书记	周嘉琳
太平县委书记	
旌德县委书记	
徽州中心县委书记	黄知真

皖南特委组织机构序列表

142

产党员撤退或参军，不愿随军部转移的，要寻找各种关系做好隐蔽工作，不能被动；处在一般工作岗位的共产党员，在必要的情况下，可以跟在一般群众后面，以农抗会的名义自首，保全自己。

随着中共皖南特委的撤销，项英、曾山、李步新等人经研究决定，为了保障皖南战略支点在军部北移后，不能失去和放弃的要求，决定成立"中共皖南秘密特委"，以利于今后开展共产党领导下的游击战争。当时中共皖南秘密特委书记由黄耀南担任，副书记为胡明，委员有张伟烈、胡明、孙宗溶、崔思权；下设"铜（陵）繁（昌）芜（湖）""泾（县）旌（德）太（平）""南（陵）芜（湖）宣（城）"和徽州等4个中心县委，分别任命4人为4个县的中心县委书记，具体负责皖南地方共产党的工作。

三、中共苏皖"特委"

1938年5月，新四军先遣支队和第1、第2支队奉命由皖南东进敌后，进入苏皖边区和苏南地区开展抗日斗争。而当时的苏皖边区（主要是安徽的芜湖、当涂、宣城、郎溪4个县部分地区）和苏南地区（即江苏的高淳、溧水、溧阳、句容、江宁等县）几乎没有共产党的组织，第2支队到来后，一边开展武装斗争，一边发动群众建立群众组织，同时秘密发展党员，组建共产党的地方组织。到1939年年初，新四军先后在所活动地区组建起中共"当芜"工委、"阳溧高"县委、"宣郎高"县委等3个县级党组织。

1939年春，新四军按照"东进北上"的战略方针，部队主力继续东进。中共中央东南局根据这一情况和中央六中全会确定的"党的主要工作放在战区和敌后"的方针，决定在苏皖交界地区成立中共苏皖特委，统一领导第2支队活动范围内的共产党组织。

1939年4月下旬，东南局派王一凡、陈辛等人到第2支队游击区巡视，了解各地党组织的发展情况，为建立苏皖特委做准备。随后，东南局又派谭启龙、张思齐、凌菲（女）等到苏皖边区开展工作。同年7月，中共苏皖特委在新四军第2支队司令部驻地附近的狸头桥成立（一说是1939年5月在郎溪陈头桥成立）。特委委员为谭启龙、李华楷、陈立平、王一凡、凌菲、彭冲，原皖南特委书记谭启龙调任苏皖特委书记，李华楷任组织部长，陈立平任宣传部长，王一凡任青年部长，凌菲任妇女部长。中共苏皖特委成立不久，即在狸头桥召开党代表大会，所属县级以上的党组织代表与会，会议研究了党的发展和组织建设工作。会后，特委立即在所辖范围内进一步建立健全党的各级组织机构，1939

年7月至9月，先后将所属3个县工委改为县委；9月，在金宝圩成立中共"宣当芜"中心县委。从而在特委领导的地区，自上而下形成了统一的组织系统，加强了共产党对这一地区的领导。特委还帮助各地基层党组织进一步加强对群众组织的领导，使原有的群众组织能更快地发展，促进了新四军的扩军工作。

刘亨云、谭启龙、张文碧

与此同时，中共苏皖特委大力帮助各县建立抗日自卫队或游击队。1939年7月，当芜县委建立当芜游击队，初时约30人，后开赴至金宝圩，改为宣当芜中心县委警卫连，很快发展到100余人；1939年9月和冬季，江当溧县委先后建立新1连、新2连，计170余人；江当溧县委在成立的同时建立了抗日自卫大队，100余人。这些武装，在当地共产党组织的领导下，广泛开展抗日游击战。

中共苏皖特委机关先后驻扎在狸头桥莲花塘附近的三家嘴、傅家村等地，同年10月迁至溧阳社渚。特委属东南局直接领导；特委成立后，原由新四军第2支队政治部领导的地方共产党组织归属特委领导，包括1个中心县委、6个县（工）委和1个直属支部，具体名单为：

中共宣（城）当（涂）芜（湖）中心县委

1939年9月成立，书记许道珍。中心县委以金宝圩为中心，在宣城、当涂、芜湖、郎溪、高淳边区活动，下辖2个县委和4个直属区委。

中共当（涂）芜（湖）工委（后改为县委）

1938年成立，书记彭冲，后为李茂恕。县委辖4个区委，主要在当涂大官圩活动。

中共广（德）郎（溪）县工委

1938年8月成立中共广德县委，1939年7月改为广郎县工委，并划归中共苏皖特委领导（原属皖南特委领导），书记周嘉琳（周志坚），副书记陈登科。工委辖1个区委和2个总支部，主要在广德和郎溪部分地区活动。

中共（溧）阳溧（水）高（淳）县委

1939年3月成立中共溧（水）高（淳）县工委，7月改为溧高县委，8月改为阳溧高县委，书记曹明梁，副书记李代胜。县委辖3个区委，在高淳、溧水部分地区活动。

中共江（宁）当（涂）溧（水）县委

1939年7月成立中共江当溧县工委，8月改为江当溧县委，书记陈辛，副书记高颂章。县委在江宁、溧水、当涂的部分地区活动。

中共江（宁）溧（水）句（容）县委

1939年7月成立中共江溧句县工委，9月改为江溧句县委，书记姜杰。县委在秦淮河以东的江宁、溧水、句容3县毗邻地区活动。

中共郎溪进出口货税处支部

1939年4月，国民政府皖南行署在郎溪梅渚镇设立进出口货税处，中共中央东南局通过关系将担任行署视察员的中共党员石云阶派往货税处任处长，原屯溪货税处的中共党员宋天波等7人也一同被派到郎溪。7月成立党支部，主要在郎溪的梅渚活动，负责苏皖间的交通。

狸头桥

1939 年 11 月，新四军第 1、第 2 支队奉命合并成立新四军江南指挥部，统一领导苏南部队和地方人民抗日武装。为加强党的领导，适应敌后斗争形势的需要，1939 年 12 月 9 日，中共苏皖区委在江苏金坛成立，谭启龙任书记，领导苏南和苏皖边区地方党的工作，同时撤销苏皖特委，其下属组织分别划归苏皖区党委、江当溧句中心县委和广郎中心县委领导。

中共苏皖特委从 1939 年 7 月成立到 12 月撤销，总共存在半年的时间；半年中，苏皖特委对苏皖边区的党组织建设和发展起到了有力的促进作用。特委机关在宣城狸桥镇金云村傅家村民组的旧址，至今还可觅见。

第二节　"宣当芜"和"南芜宣"中心县委

一、中共"宣当芜"中心县委

"宣当芜"地区，主要指的是安徽宣城、当涂、芜湖、郎溪 4 县和江苏高淳的交界地区，以宣城金宝圩和当涂大官圩为中心，这里紧靠长江，邻近南京，战略地位显要。尤其金宝圩是三国时期东吴大将丁奉开垦的备战粮仓，河田交叉，犹如"水龙阵"环环相扣。日本侵华战争爆发后，宣城、当涂、芜湖、高淳等县于 1937 年年底相继沦陷，金宝圩更是成为抗战期间的敌后要地。为了更好地发动群众，带领群众进行抗日斗争，1938 年夏，新四军第 3 支队 6 团和第 2 支队先后到这一带开辟抗日战场，并建立共产党的组织。到 1939 年 8 月，共建立了 2 个县级和 4 个区级党组织，分别是：

中共"当（涂）芜（湖）"县委

1938 年 8 月建立，书记彭冲，先后在县委工作的有张开荆、黄庆余、朱昌鲁、徐德建、邵时安、李茂恕等；李茂恕于 1939 年春接彭冲任书记，1940 年 4 月调中心县委工作，由费纯廉接任。当芜县委初为第 2 支队领导，1939 年 7 月由苏皖特委领导，同年 9 月划归宣当芜中心县委领导。县委共在大官圩内建立了东南（庄家福负责）、东北（徐才、陈传华负责）、西南（黄承铭、贾玉银、吴明谭负责）、西北（徐德建、费纯廉、吕肇思负责）4 个区工委，区工委下面还建有十余个党支部。

彭冲、江渭清、钟国楚（前排从左至右）

中共"宣（城）郎（溪）高（淳）"县委

1939年2月，新四军第2支队成立南漪湖民运工作组，到南漪湖以北的水阳、狸头桥及高淳、郎溪部分地区开展工作，发动群众，组织农抗会，秘密发展党员，建立党支部；并于1939年4月在井头村成立中共宣郎高县委，张一平任书记，周峰任宣传部长，侯光、恒梓为委员，领导水阳以东至狸头桥一带以及高淳、郎溪部分地区的工作。同年8月，宣郎高县委改为狸桥中心区委，10月仍改为宣郎高县委；书记先后由周峰、侯光等人担任。在县委领导下，党的基层组织和各项工作有了进一步的发展。至1939年冬，县委下辖狸桥区委和狸桥、井头村、红杨树、慈溪、岘西、桃家冲6个党支部。宣郎高县委先后隶属新四军第2支队政治部、中共苏皖特委、中共宣当芜中心县委领导。

四个区级中共党组织

四个区级中共党组织分别是：1939年秋在宣城北乡相继成立的上坝（书记沈光明）、下坝（书记下钟浩，后为王宏钧，1940年5月由刘碧波接任）、新丰（书记黄海清）、横岗桥（书记艾立富）等四个区委。

这些共产党的组织建成后，因形势发展和斗争的需要，中共苏皖特委决定于1939年9月成立中共"宣当芜"中心县委，县委机关驻宣城金宝圩内的老坝头，许道珍任书记，鲍涌泉任组织部长，陈涛任民运部长。中心县委领导原直属苏皖特委的当芜、宣郎高两个县委，以及宣城上坝、下坝、新丰、横岗桥四个区委。及至 1940 年 3 月，新四军江南指挥部和中共苏皖区党委召开联席会议，决定将所属地区划为四个游击区，其中宣城、当涂、芜湖、郎溪、高淳相接壤的边缘地带划为独立游击区，属中共宣当芜中心县委领导。为加强独立游击区的领导力量，苏皖区党委调李华楷任宣当芜中心县委书记，许道珍任组织部长，李茂恕、周峰和王国银分别任统战、青年和妇女部长。同年 4 月，新四军江南指挥部又派第 2 支队特务营营长杨洪才率侦察连到金宝圩，配合中心县委活动；6 月，因苏皖区党委联系困难，中心县委划归东南局直接领导。

宣城旧景

中共宣当芜中心县委成立后，改编和筹建了两支地方武装：一支是将成立于 1939 年 7 月的"当芜游击小队"调到金宝圩，改为宣当芜中心县委警卫连，后又于 1940 年 3 月扩编为"宣当芜游击大队"，发展到百余人；另一支是"防匪团"。两支地方武装配合主力部队，打击下乡的日军和专门制造摩擦的国民党顽军；同时组织宣传发动群众，进一步巩固和发展独立游击区。此外，还领导建立了金宝圩农抗会、青抗会、妇抗会等群众组织，开展轰轰烈烈的抗日活动。

不过，因国民党顽固派与日伪暗相勾结，不断制造摩擦，1940 年 9 月，"金宝圩事件"发生，中共宣当芜中心县委于 10 月被撤销，其所属党组织因失去领导而停止活动，从建立到解散共存在 1 年多时间。

二、中共"南芜宣"中心县委

1938 年 7 月，新四军第 3 支队在谭震林的率领下，进驻南（陵）芜（湖）宣（城）边区，点燃了"南芜宣"地区的抗日烈火。为了开辟战区，新四军政治部战地服务团、第 3 支队政治部和中共皖南特委，先后派出干部，深入村庄、集镇、民宅，宣传抗日救亡政策，建立共产党的地方组织，使南芜宣地区党组织迅速建立和发展起来。

1939 年 1 月，中共皖南特委根据党组织发展情况，决定成立中共"南芜宣"县委，隶属皖南特委领导。县委书记由金文萍担任，青年部长由罗克担任，组织部长由凤石山担任；管辖南陵蒲桥、弋江、奚滩、金阁、马园、奎潭，芜湖的埭南、十连，以及宣城的西河等地。县委下辖四个区委：蒲桥区，区委书记为周升太；奚滩区，区委书记为王文英；金阁区，区委书记为朱石田；奎湖区，区委书记为强以增。

宣城东溪惠济桥，建于明代，抗战中被炸断

皖南事变后，国民党军第 52、144 师和伪芜湖绥靖队，互相"配合"，先后向南芜宣地区进行疯狂的"清剿"。各地共产党组织有的遭到破坏，有的与上级组织失去联系被迫停止活动，共产党在该地区的活动进入极其困难的时期。皖南特委根据形势，决定成立中共"南芜宣"中心县委。1941 年 3 月下旬，孙宗溶经中共宣城县委到南陵奚家滩的毛儿洲上，于 4 月正式建立南芜宣中心县委，书记由孙宗溶担任，沈鹰为副书记兼组织部长，中心县委下辖南芜宣、宣城、泾南三个县委。

中共南芜宣中心县委机关先设在南陵奚家滩，后转移到敌后，主要在埭南、十连圩一带坚持活动。

1942 年 3 月，南芜宣县委书记沈鹰调皖南特委工作，金厚初接任书记，江汉任组织部长。7 月，中共南芜宣中心县委书记孙宗溶调皖南特委工作，南芜宣中心县委撤销。8 月，南芜宣县委改名为中共芜湖县委，仍归皖南特委领导。

10月，中共皖南特委决定，中共南芜宣县委向繁昌保大圩及芜湖麻浦圩发展抗日活动区域，计划和县委驻地埭南圩及十连圩连成一片，遂将南芜宣县委改名为中共"繁（昌）芜（湖）"工委，金厚初任工委书记，隶属皖南特委领导，工委机关迁至保大圩。金厚初、江汉坚持以埭南、十连圩为中心，积极向方村、陶辛、易太、善瑞、白马等地活动，依靠滕良福、宦守根、强良迪、张延长、陶大本等共产党员为骨干，进行党组织发展工作。他们先后建立了三个党支部：白马山西苏村党支部，书记陶大枝；陶辛党支部，书记江隆诗；善瑞圩章婆渡党支部，书记曹根木。12月，工委书记金厚初赴无为开会，途经繁昌三山镇时被伪军逮捕，工委随之撤销。1943年1月，金厚初被释放。皖南特委随即恢复南芜宣县委，仍由金厚初任书记，江汉任组织部长。同年下半年，陶大本与俞相士秘密接上了党组织关系，经上级同意，在沈村成立了中共竹丝区委（或为竹丝港中心党支部），委员由张延长、陶大本、俞相士3人担任；在埭南圩成立了中共埭南区委（或为埭南中心党支部），委员由滕良福、宦守根、滕良发3人担任。

第三节　中共宣城特别支部和"泾旌宁宣"县委

一、中共宣城"特别"支部

孙家埠位于宣城东部，日寇侵占宣城前是国民党宣城县政府第二区，辖永宁镇（今孙埠街道）、佳山乡（原建国乡一带）、桂峰乡（今孙埠镇所辖行政村）、洪南乡（今洪林镇所辖公路以南行政村）、洪北乡（今洪林镇所辖公路以北行政村）、亲睦乡（今向阳镇部分行政村）、黄渡乡、水东乡。这里是芜湖至屯溪、宣城到浙江的交通要道；更是驻泾县云岭的新四军军部到苏南的必经之地，打通这条要道具有十分重要的战略意义。

1939年4月，中共皖南特委派遣柯恺非（化名罗白桦）、孙宗溶（化名孔凡园）到仍为国民政府辖区的孙家埠开辟抗日工作。柯恺非、孙宗溶到孙家埠后，通过江干臣、郭国祥（时任第二区"动委会"副主任，动委会主任虽由国民党区长兼任，但实际上由郭国祥负责）的关系，得到第二区动委会干事的公开身份。不久，特委又派洪琪（女）来到孙家埠，住在水巷何立真家，以五显庙小学教员的公开身份开展活动。3 人在孙家埠成立了党支部，因为斗争形势的复杂性和特殊性，所以称为中共宣城"特别支部"，罗白桦任书记兼组织委员，孙宗溶任宣传委员，洪琪分工妇女工作。

特别支部秘密地开展工作，在领导开展各种抗日救国活动的同时，注意发现积极分子，建立共产党的组织。郭国祥虽是地主家庭出身，但在上海读大学时，受进步思想影响，参加过一些革命活动；在他的影响下，三星牛行的秦守忠、匡孟珍夫妇，桂峰乡乡长何立真，大绅士陈光普的儿子陈子镇等人都积极支持共产党的工作。自 1939 年 7 月起，特别支部先后吸收江干臣（原为中共党员，后与组织失去联系）、陈子镇、何立真、秦守忠（孙家埠三星牛行老板）等人加入中国共产党。在动委会公开身份的掩护下，罗白桦、孙宗溶多次召集千人以上的群众大会，发表演说，还采取贴墙报、演戏等多种形式，宣传中国共产党的抗日救国主张和新四军的抗日斗争。经过宣传发动，孙家埠街道和各个乡很快成立青抗会、商抗会、农抗会、妇抗会等群众抗日团体，有的乡还建立了抗日自卫队武装，抗日救国活动在孙家埠和周边乡村轰轰烈烈地开展。

孙家埠"三星牛行"旧址，曾为宣城地下党组织交通站

1939 年 10 月，洪琪被调回特委，不久，特委派胡家睦、张英（女）两人一同来孙家埠。张英以阮村小学教员的身份工作，胡家睦则住进杨雯舒家。两人来后，特别支部扩建为中共宣城县工委，罗白桦任书记，孙宗溶任组织、宣传部长，张英负责妇女工作，胡家睦负责青年工作。因郭国祥家住孙家埠街道，当时的县委便设在他家楼上，得到郭国祥夫妇的掩护；而三星牛行却成为县工

委的交通站。宣城县工委成立后，继续利用动委会的名义开展抗日工作，不断壮大各种群众抗日团体，桂峰、佳山、亲睦等乡有80%的农民参加了农抗会，会员达数千人。在壮大各种群众抗日团体的同时，县工委还进一步发展党的组织，在各抗日团体中先后吸收近200人入党，并建立桂峰、佳山、江家场等10多个党支部。此外，工委还积极开展国民党区、乡自卫队的工作，给士兵上课，宣传抗日道理和革命思想。县工委还利用胡家睦在皖南中学读书时与国民党孙家埠区长李瑛的关系，让胡以流亡学生的身份打进区政府，当文书搞情报。经过几个月的工作，孙家埠一带的抗日运动得到了深入广泛的发展。

1940年1月，中共宣城县工委改为中共宣城县委，孙宗溶任书记，何其雄任组织部长，江干臣任统战部长，陈子琪任宣传部长。根据皖南特委的指示，宣城县委当时的主要任务是：巩固党的组织，利用合法形式进一步开展群众斗争，严防国民党顽固派的破坏活动，更好地开展抗日斗争。同年3月，宣城县委建立桂峰（何其雄任书记）、亲睦（雷经民任书记、李春甫任副书记）、佳山（黄治华任书记）三个区委，辖水巷、五显庙、嵇村、滩上、桂峰、佳山等30多个党支部，至1940年夏，党员发展到300多人。

皖南事变后，中共宣城县委在白色恐怖中坚持斗争，保护和巩固党的组织，建立武装和政权，领导群众进行了一系列的艰苦战斗。

二、中共"泾旌宁宣"县委

中共"泾旌宁宣"县委成立较晚，但依然是根据斗争的需要，在新四军协助成立的地方党组织基础上建立的。"苏皖会师"后，革命形势迅猛发展。1947年9月，中共皖南地委召开扩大会议，全面讨论贯彻"三八指示"，并作出《关于今后方针任务的决议》。会议决定，将原泾（县）旌（德）宁（国）宣（城）地区和蔡村坝地区党组织合并，成立中共"泾旌宁宣"县委，王文石任书记，吕辉任副书记，张帆、强日增为委员。县委机关驻地在板桥开明人士黄钟秀的黄家大屋。县委成立后，紧接着举行了第一次扩大会议，贯彻地委关于开展皖南游击战争的战略方针，即：放手发动群众，高度集中主力，普遍发展地方武装，广泛开展游击战争，扩大游击根据地。会议决定组建主力连，加强农会力量，发动群众，开展抗丁、抗粮和抗税的"三抗"斗争，建立基层政权；同时，对即将到来的敌人清剿作出了反击部署。到1947年10月，县委正式成立由80多人组成的主力连和两支武工队，并广泛建立了民兵组织。

1948年3月，根据孙宗溶的建议，为了把"泾旌宁宣"山区和沿江的"南繁芜"地区统一组成一个大的地区，皖南地委决定撤销"泾旌宁宣"县委，成立中共"芜宁"工委。后来，由于"泾旌宁宣"地区与"南繁芜"地区隔着宣城、南陵两块平原，不便于联系工作，工委成立不到 1 个月，随着主要领导人孙宗溶的调离，"芜宁"工委已成虚设；原"泾旌宁宣"县委被撤销后，其领导成员实际仍以县委的名义开展工作。

"泾旌宁宣"根据地板桥

1948 年 10 月，原中共"泾旌宁宣"县委在宣、宁交界的蒋家山（现属宁国青龙乡）召开扩大会议，宣布皖南地委的决定，撤销芜宁工委，恢复泾旌宁宣县委，县委书记仍为王文石，张帆、强日增为县委委员，并仍直属皖南地委领导。会议总结了一年多来尤其是"反清剿"斗争以来的工作，肯定了县委始终坚守老区、开辟宁东新区的成绩；指出了近期武装工作的不足，放松了在原有地区的恢复和坚持工作。会议还传达了地委指示：一是目前形势下工作的总方针是，建立广泛的统一战线，发展进步势力，争取中间势力，孤立和打击最反动的敌人，朋友越多越好，敌人越少越好，开展群众性游击战争，巩固和发展根据地；二是开辟平原地区及芜、宁城镇的交通线工作，创造比较巩固和隐蔽的游击根据地及外围的点线基地，为人民军队渡江提供前哨阵地；三是在 3个月内要恢复全部工作地区，恢复与群众的联系，巩固和发展党的组织、群众组织和武装力量。

11 月上旬，中共"泾旌宁宣"县委再次在蒋家山召开会议，这是一次带有整风性质的会议，进一步总结反清剿斗争的经验教训，并对一些干部中存在的错误倾向进行批评和帮助，对县委主力连在吕辉牺牲后近 8 个月没有打过仗进行了检讨。会议开了 1 个星期，参加会议的有县委书记王文石和县委委员张帆，还有孙朝庭、张克标、喻家顺、汪振发、黄义成、穆大成、闵耀良、王龙飞、梁金华等游击队、各工委和武工队的负责人。为了迎接即将到来的胜利，会议决定今后一段时间的工作方针是：积极向外围发展，开辟新区，扩大武装力量，迎接大军渡江。这次会议，对纠正错误倾向、统一思想认识具有重要意义。

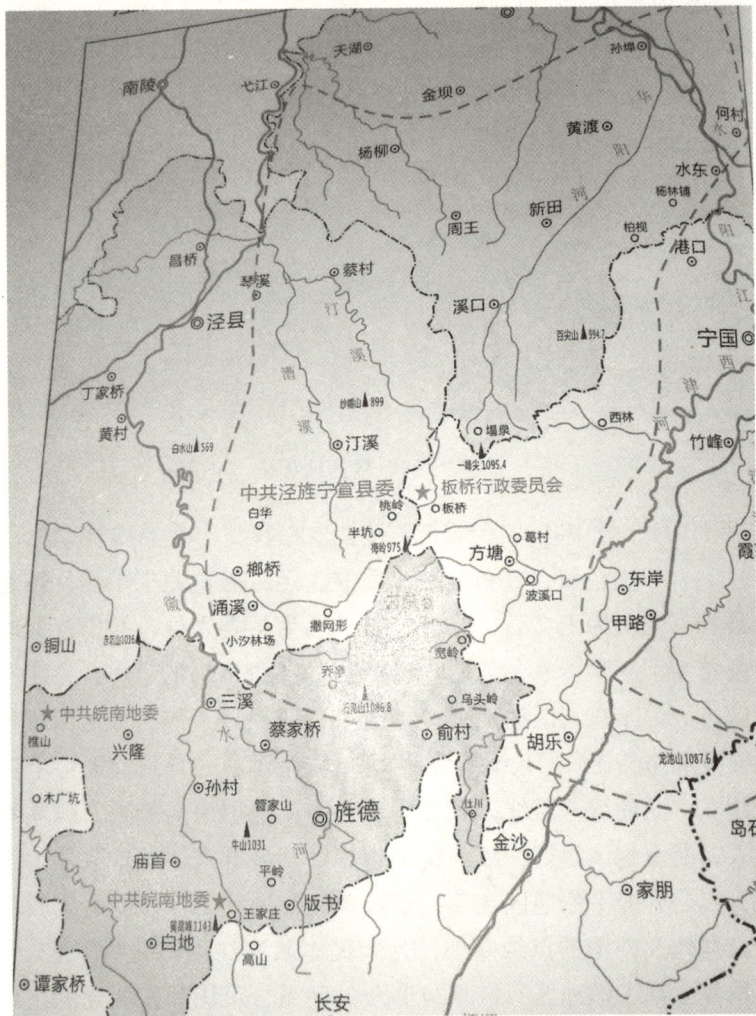

中共泾旌宁宣县委活动区域图

　　县委 11 月会议还决定对下辖的党组织进行调整，保留蔡村坝、宣宁工委，撤销涌溪、东葛工委，增设胡乐工委；在宁国上袁村（青龙乡境内）成立"宣宁办事处"，作为县委的对外工作机构，目的是扩大游击队的政治影响，便于征粮征税，发布行政公告，办事处主任由"宣宁"工委书记张帆兼任，未设内部工作机构。张帆吸取过去经验教训，利用宣宁办事处的名义积极地开展了一些统战工作。党组织及游击队恢复和开辟了岛石坞、胡乐、坎头、上坦、汪溪、黄渡、溪口、溪头、晏公、赤滩等 10 个乡的工作。

第六章　新四军与宣州反共势力的较量

第一节　孙家埠的"反共摩擦"

武汉失守以后，日军改变了对国民政府以军事打击为主的方针，逐渐将其主要兵力移向敌后解放区战场；国民党顽固派也逐渐将其政策的重点转移到"反共"反人民方面。1939 年 1 月 21 日至 30 日，国民党五届五中全会在重庆举行，会议的主要议题是"整理党务"和研究"如何与共产党作积极斗争"。蒋介石在会上作了《唤醒党魂发扬党德与巩固党基》和《整理党务之要点》的演讲。会议根据蒋介石的演讲确定了"防共、限共、溶共"的方针，陆续制定了《限制异党活动方法》《异党问题处理方法》《处理异党实施方案》等一系列反共文件。这次会议的召开，是抗战时期国民党将其政策重点由对外抗日转移到对内反共，开始推行消极抗日、积极反共的反动政策标志，是国民党自抗战以来在政治上的大倒退，严重地危害着在抗日民族统一战线旗帜下进行的抗日战争。之后，国民党五届六中全会则进一步确定了以军事反共为主、政治反共为辅的方针。在这种背景下，国民党顽固派掀起第一次反共高潮，在全国各地不断制造反共摩擦事件，袭击和杀害中国共产党领导的抗日军民。在宣城，由国民党顽固派制造的反共事件不断发生，宣城团结抗战的局面出现了严重危机。

1939 年秋，宣城地区各县国民政府在接到反共文件《防止异党活动办法》后，开始搜捕共产党，制造白色恐怖。

而在宣东的孙家埠，因为共产党的秘密领导，群众抗日活动开展得轰轰烈烈，引起了国民党有关方面的注意。1939 年 10 月中旬，国民政府第三战区派人到孙家埠，宣称"检查"动委会的抗日工作。罗白桦、孙宗溶把动委会下属各乡农抗会会员集中起来，接受"检阅"。庞大的场面，近 2000 人的游行队伍，浩浩荡荡，有的手持刀、矛，有的扛着梭镖、鸟枪，雄壮的气势，把第三战区派来检阅的人给吓跑了。这次集会游行，暴露了共产党领导的抗日武装力量，使得国民党顽固派们觉察出孙家埠共产党的存在和巨大的影响，由此推断孙家埠动委会定是共产党领导，引起了他们的震惊和恐慌。

为了防止孙家埠的"赤化"，国民党顽固派立即着手对动委会进行"清理"。1939 年 11 月，第三战区调第 108 师 1 个营进驻孙家埠，接着解散第二区动委会，开始公开限制群众的抗日集会等活动。他们派出便衣特务，跟踪监视被怀疑是共产党员的人。孙家埠的局势日趋紧张，罗白桦、孙宗溶的公开活动已经极度不便。1939 年 12 月的一天，胡家睦在区政府看到一份第三战区的密令，密令上列明要搜捕的 5 个人名字，正是中共皖南特委派到孙家埠开辟工作的罗白桦、孙宗溶等人。这说明国民党对中共宣城县工委的领导已经有所察觉，并且要下毒手。在此情况下，县工委立刻开始研究对策，并决定由罗白桦到泾县向皖南特委汇报工作。

针对这一变化，皖南特委立即采取相应的措施，将罗白桦、胡家睦、张英等人陆续调离孙家埠。又因为孙宗溶曾在宣城读过书，孙家埠一带有很多同学，人事关系较为熟悉，便于利用这些关系作掩护，还能隐蔽开展地下活动，因此，

孙家埠江家场江干臣旧居

特委决定让他一个人留下来，继续在孙家埠坚持工作。

罗白桦等人调走后，县工委书记便由孙宗溶担任，江干臣、陈子镇、何其雄等人任委员。皖南特委指示：密切关注国民党的动态，改变策略，转入农村发展组织，隐蔽进行斗争。于是，孙宗溶转移到距离孙家埠8公里的嵇村，以教书为掩护，继续开辟根据地。到1940年下半年，国民党对共产党和群众的抗日活动防范更加严密，形势更为紧张。为防止出现不必要的牺牲，根据皖南特委的指示，中共宣城县委（1940年1月宣城县工委改为宣城县委）将已经暴露身份的共产党员和被国民党认为政治倾向较"赤化"的青年积极分子分批调离孙家埠，送到泾县新四军军部教导处学习；先后调离的就有雷经民、李春甫、杨霁舒、江州、江兴、陈瑛、余华等人，最后一批调往新四军军部的党员是江干臣、陈子镇、秦守忠等人。自此，共产党组织的活动更加隐蔽。

到皖南事变的前夕，国民党特务在孙家埠一带制造的白色恐怖更为严重，他们到处搜捕中共地下党员，向共产党员和抗日群众举起了屠刀。1940年11月的一天早上，第108师配合国民党特务在孙家埠杀害3人。其中一个是共产党员，即桂峰乡乡长何立真；一个叫王作梅，是地方绅士，因被怀疑与共产党组织有"关系"而遭杀害；另有一个叫何鸣皋，特务们认为他和共产党组织有联系而遭误杀。3人被杀以后，为防止遭受敌人更多的破坏，孙宗溶立刻采取紧急措施，作了进一步的部署：通知政治面貌外露的共产党员及时疏散隐蔽，党组织的活动更加隐蔽，从而使孙家埠一带共产党员及党组织得到了较好的保全。面对恶劣的形势，11月下旬和12月，中共皖南特委先后派向阳、彭海涛来宣城工作；并于12月下旬，将孙宗溶调回特委，彭海涛接任县委书记、向阳和江汉任县委委员，坚持领导孙家埠一带的斗争。

第二节　金宝圩事件

在宣城北乡，国民党顽固派的反共行动也在紧锣密鼓地进行，1940年9月制造了血腥的"金宝圩事件"，更是让整个宣城处于白色恐怖之下，阴云笼罩。

金宝圩位于宣城北乡，距县城约90里，是苏皖2省4县（宣城、当涂、芜湖、高淳）的交汇处；既是新四军军部通往苏南敌后的交通要道，也是苏南敌后抗日根据地的战略要地。

河网密布的水乡金宝圩

　　1938 年 6 月，新四军派人到这里开展抗日工作，不久建立了共产党组织。1939 年秋，在宣、当、芜边缘地带建立了宣当芜中心县委，隶属于苏皖特委领导。特委撤销后由苏皖区党委领导。中心县委机关设在金宝圩。1940 年 3 月，宣城、当涂、芜湖、郎溪、高淳几个县的边缘地带划为独立游击区，属中心县委领导。独立游击区不仅有农抗会、青抗会、妇抗会等群众抗日组织，而且还有三支共产党领导的重要抗日武装。一支是新四军第 2 支队特务营营长杨洪才率领的一个连；一支是"新四军宣当芜游击大队"，大队长缪德胜，副大队长庄景余，指导员周峰；另一支为"金北乡防匪团"，团长王宏均（后唐佑伟为团长、王宏均为副团长）。整个独立游击区的抗日工作开展得有声有色。

　　1940 年，正当共产党领导下的独立抗日工作欣欣向荣的时候，蒋介石集团却变本加厉地进行反共活动。国民党顽固派顾祝同、冷欣等加紧了对新四军的限制，摩擦事件不断发生。

　　当时，金宝圩的水阳以及周边的湾沚、九连山、庙埠、乌溪、黄池和马家桥均为日伪占领区，据点林立；同时沿宣城—郎溪一线布防的国军第 108 师、第 52 师经常对共产党地方抗日武装进行摩擦和骚扰；此外，大官圩还有当涂县常备队鲁振五的 1 个分队和丁志涛的 3 个分队，金宝圩也有当涂县常备队杨益培的 1 个分队和金北乡的乡中队，国民党的江苏保安团和宣城常备队也常到独立游击区骚扰。整个独立游击区处在敌、伪、顽、匪的包围之中，抗日活动受到这4股反动势力的牵制，环境十分险恶。

在白色恐怖笼罩之下，独立游击区的抗日斗争变得十分艰难。早在1939年冬，当涂常备队就在金宝圩袭击了中共宣当芜中心县委警卫连；次年6月11日，顽军又在狸头桥井头村袭击新四军第四兵站，兵站两名战士牺牲。到了1940年4、5月间，游击大队长缪德胜自行离队；6月间，宣当芜中心县委和苏皖区党委又失去联系；7月，配合中心县委活动的新四军第2支队杨洪才所率侦察连又奉命前去了苏南。一时之间，局面变得微妙起来。

1940年7月7日，中共宣当芜中心县委以服务团的名义在金宝圩相家湾召开纪念抗战3周年大会，会后不久，由于国民党顽固派的反共摩擦日益加剧，中心县委领导的独立游击区的处境越来越困难。于是，中心县委书记李华楷和当芜县委副书记金厚初遂去中共中央东南局汇报请示工作，中心县委的工作暂时由组织部长许道珍负责，游击大队则由周峰指挥。在此情景之下，国民党顽固派见有机可乘，便指使和纠集多支反共武装，向独立游击区共产党领导的地方武装开始发动一系列围攻。

9月10日，国民党金北乡副乡长兼乡中队长唐伟亚带40余人枪，当涂县常备队中队长鲁振五带30余人枪，突然窜到金宝圩，在国军第108师一部的配合

金宝圩

下，突袭金宝圩下坝的九字埠、中埠和程埠，杀害了金北乡防匪团团长唐佑伟和农抗会负责人葛秉志、副团长徐良金、唐人双等人。9月12日，防匪团为替烈士报仇，在海字埠与张村埠交界处，同第108师所部交火，打死1名哨兵，防匪团一名姓丁的班长牺牲。随后，防匪团撤至章蹲埠，与宣当芜游击大队汇合，共计200余人。9月14日，第108师1个营纠合鲁振五、唐伟亚两股反动武装近500人，在老坝头附近包围了游击大队和防匪团。经过激战，游击大队和防匪团突出包围，撤至金宝圩大坝，并于次日运动到顽军背后发起进攻。游击大队在副大队长庄景余的率领下，奋起反击，初战告捷，缴获鲁振五部轻机枪1挺，长枪5支，俘虏2人，击毙数人。打退敌人进攻后，游击大队用缴获的机枪继续阻击敌人，直到天黑前因机枪发生故障才转移到当涂县咸定圩。

许道珍在咸定圩召开干部会议，他命令庄景余带领部队转移到大官圩，并写了一张字条，要庄景余把部队交给当芜县委。许道珍本人雇了一条船，带上通讯员、文书和正在发疟疾的周峰，从水上向大官圩转移。临分手时，约好了在大官圩会合的地点。许道珍还给王宏均200元钱作为部队经费，并口头宣布成立宣当芜3县工作团，由庄景余、王宏均2人负责。由于情况临时发生变化，许道珍和周峰在预定地点没有找到部队，就再回金宝圩，在地下党的帮助下辗转脱险，最后到了郎、广交界的第四兵站。

9月16日早晨，第108师顽军佩戴"抗日"臂章冒充新四军，骗取老百姓的信任，找到中心县委联络站发起袭击，站长兰招华壮烈牺牲。和联络站相隔一段距离的中心县委机关立即撤退，宣传部长许道琛（又名彭海涛）、秘书刘冰、通讯员小王等突围转移，避免了更大的损失。

9月17日，庄景余、王宏均率领游击大队和防匪团经乌溪向大官圩转移，途中，在大官圩棋盘村遭到鲁振五部的包围。交战中，游击大队和防匪团两支队伍损失很大，突围时，游击大队和防匪团被打散。王宏均带领30余人向金宝圩方向突围，途经咸定圩又遭顽军袭击，最后只有王宏均等6人回到金宝圩；庄景余则艰苦地带着另一部，于19日到达中共当芜县委所在地梅家庄，将部队和许道珍写给当芜县委的信件交给县委，他本人因病请假离队。

中共当芜县委随即决定，将所属的当芜游击小组和宣当芜游击大队合并，共70余人，由当芜行政办事处贾济民任大队长，当芜县委书记侯光兼任指导员。22日，游击大队转移到大官圩板埂于村，因连日下雨，部队准备在此休整数日，再向青山转移。转移途中，为了牵制敌人，减轻对金宝圩的中心县委的压力，他们抓了一个反动士绅谷耀新作人质；谷耀新却乘看守不备，唆使国民

党的保长张文刚向敌人密报游
击大队的行踪。24日中午，国
军第108师一部、当涂常备队
及地方土匪和鲁振五部共240
余人，突然包围了游击大队。
由于板埂圩三面环水，唯一的
道路和仅有的几条船已被敌人
火力封锁，在泗水突围中，中
共当芜县委书记侯光、办事处
主任贾济民、县委组织部长唐
永源、文化教员范士然和战士
鲁宏源等11人英勇牺牲，部分
干部、战士被俘后宁死不屈，

金宝圩梓潼阁

也惨遭杀害。至此，独立游击区共产党领导的地方抗日武装基本被打散，国民
党顽固派酿成的反动的金宝圩事件，成为皖南事变的前奏。

金宝圩事件发生后，10月，李华楷、金厚初带着30余名干部从东南局返
回，他们到了孙家埠才知道这一消息。大家一起来到第四兵站，李华楷听取了
许道珍、周峰的汇报后，又派金厚初去泾县新四军军部请示。项英听取汇报后，
决定中心县委人员撤回东南局，被迫放弃了经营了1年多的这块独立游击区。
自此，独立游击区一片白色恐怖，共产党组织和抗日群众团体遭受严重破坏，
苏皖地区也失去了一块重要的战略要地。

第三节　新四军主力告别皖南

1940年10月19日，蒋介石发出"皓电"，指使何应钦、白崇禧以国民政
府军事委员会正、副参谋总长名义，致电八路军朱德、彭德怀和新四军叶挺、
项英，强令在黄河以南的八路军、新四军于1个月内开赴黄河以北，掀起了第
二次反共高潮。

11月9日，朱德、彭德怀、叶挺、项英复电何应钦、白崇禧，据理驳斥国
民党的无理要求。而蒋介石对此不予理睬，仍按原定计划密令第三战区顾祝同、

上官云相，将江南新四军立即"解决"。中共中央在揭露蒋介石阴谋的同时，为顾全大局，仍答应将皖南新四军部队开赴长江以北，并连电东南局和新四军分会书记项英，乘国民党军尚未部署就绪，迅速率部北移，防止遭到突然袭击。

新四军追悼在"皖南事变"中牺牲的烈士

　　1941 年 1 月 4 日，皖南新四军军部直属部队等 9 千余人，在叶挺、项英率领下开始北移。1 月 6 日，当部队到达皖南泾县茂林地区时，遭到国民党顽军 7 个师约 8 万人的突然袭击。新四军英勇抗击，激战 7 昼夜，终因众寡悬殊，弹尽粮绝，除傅秋涛率 2000 余人分散突围外，少数被俘，大部壮烈牺牲。军长叶挺与对方谈判被扣，政治部主任袁国平牺牲，副军长项英、参谋长周子昆在突围中被叛徒杀害。这就是震惊中外的"皖南事变"。

　　事变发生后，1 月 17 日，蒋介石发布命令，宣布新四军为"叛军"，取消新四军番号，下令进攻新四军江北部队，并声称要将叶挺军长交军法审判。中共中央对此进行了坚决的回击，命令重建新四军军部，任命陈毅为代理军长，刘少奇为政治委员。不久，新四军新军部在苏北盐城正式成立①。随后，新四军扩编为 9 万余人。同时，毛泽东以中央军委发言人的名义发表谈话，揭露蒋介石发动皖南事变的真相。在一片反对声中，国民党蒋介石集团更陷于孤立。1941 年 3 月，蒋介石被迫"保证"决不再有"剿共"的军事行动。至此，国民党发动的第二次反共高潮被彻底击退。4 月初，新四军军部派人送来指示，要

---

　　① 1941 年 1 月 20 日，中共中央军委决定以华中新四军八路军总指挥部为基础重建新四军军部，1 月 25 日新四军军部成立。

求皖南山区必须发动游击战争，坚决以武装斗争回击敌顽。

1941年1月4日，新四军为离开皖南进军敌后，在政治部主办的《抗敌报》"告别号"上发表《告皖南同胞书》，然后开始北移。全文如下：

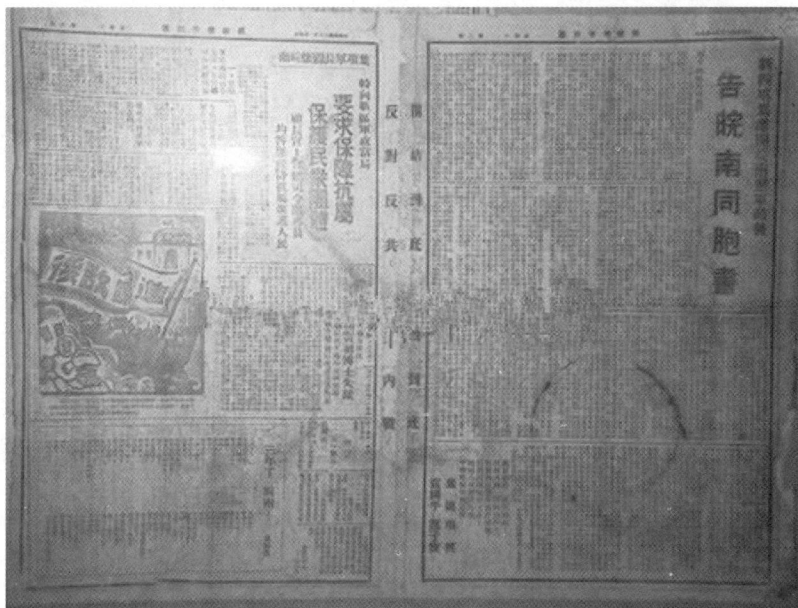

《抗敌报》刊载《告皖南同胞书》

亲爱的皖南同胞们：

三年来，我们为民族的解放，祖国的生存，奉命坚持皖南的抗战；三年和你们共患难，同生死，喋鲜血，抛头颅，抗强敌，保山河，而我们也在你们的爱护支助之下壮大起来了。但是今天我们又奉命要进军敌后了，我们将与三年来相依为命的皖南八百万同胞分别了，在这临别的时候，瞻前顾后，万感丛集，不能不为我皖南父老兄弟姐妹剀切陈言：

三年余来，伟大的抗日战争，在全国一致团结对外的奋斗，我们已越打越接近胜利的时境，敌人也越来越猖獗，同时也越来越不能支持。而正在此时，我们遭受的艰难困苦，也加倍地增多了，我国抗战已临到了空前困难与空前投降危险前面了！因着帝国主义战争的扩大持久，战争的火焰，已一天天地向远东蔓延了，帝国主义双方，都在准备一个远东厮杀局面，日德意和美英两帝国主义阵营正剧烈地对中国进行争夺，双方都愿把中国拉去当帝国主义的战争工具。德意为了要日寇全力在太平洋上去对付英美，正在尽力劝服中国向日寇投降，日寇为要从中国拔出三年深陷的泥脚，以便去参加掠夺太平洋利益的战争，也正在企图以些少的让步，诱引中国的投降屈服；而国内投降派阴谋家，更是无耻地为敌内应，肆无忌惮地进行着投降活动！这一切魑魅魍魉的伎俩，其唯一目的就是企图使中国停止抗战而投降，他们的手段，就是破坏中国的内部团结，挑动中国的内战，就是利用国共历来未会完善的调整机系，利用一部分当权者的反共成见，企图挑拨起反共内战，就是使中国内部自相残杀，使统一的中国重新变成四分五裂的惨痛局面。结果，就是中国非投降不可！这样，便造成了今天的弥漫全国的反共高潮，便造成了使我国抗战逼临空前投降危险的前面了！

新四军战士聆听首长讲话

我们新四军，本着中共中央的团结抗战的政策，三年来，一贯不移地朝着民族解放的道路勇往迈进。我们深知，中国只有团结抗战才有生路；我们深知，反共不只是国共两党的的问题，而是关系着中国民族生死存亡的关键，而是投降派最为毒辣的手段。三年之中，抗战的内外局势已经变化，外而帝国主义的劝降时起，内而投降妥协反共潮流频发；然而，我们谨慎小心，不会以国家为儿戏，以民族为草芥，为了求团结，为了求抗战，我们极尽忍让之能事，而只要有益于团结我们就在万般艰难困苦的环境中苦楚奋斗，受尽了人间所未有的苦痛！我们孤军远悬在敌人心脏中的敌后沦陷区，前有敌伪的残酷战争，后有阴谋家的不断毒害。我们军饷远不如任何军队，我们弹药无济，衣食无着，伤病无医；我们在风雪中受饥寒，在万死中作苦战！但是，我们仍然不懈不息地坚持着保国卫土的战斗，我们未尝有怨言，未尝辱国命，未尝背民情。我们深切知道，祖国正处在即古未有的危难之中，全国同胞都陷在水深火热之中。我们是黄帝的子孙，我们是中华的国民，我们不能超然于苦难而求安乐。我们坚决相信，只有从万死的奋斗里才能争取到民族的永生，所以任凭万方苦艰围困着我们，我们依然忍受，依然奋战不息。三年之中，我们打了二千二百有余次的胜仗，歼灭了二万余敌人，俘虏敌伪三千多人。我们作战的地区，纵横江淮河汉广袤之地，东起申江，西迄武汉，北沿徐海，南及吴越。我们不断收复失地，拯救了广大被敌人蹂躏的同胞。这些，我们虽然不敢自言有功，毋亦可告无罪，而怨毒之来则无日时，三年未至，祸害频临！远的有平江惨案，竹沟围袭，黄梅血洗，近的有苏南惨案，皖东进攻，苏北逼剿，本军人员遇受不测者数千，共产党员之被杀戮者数百。其所用方法，或用大军屠杀徒手伤员，或生擒剥皮活埋处死，或断肢斩足凌迟以绝，或暗敌伪向我夹攻。种种惨状，非人所忍！说是同胞，视若仇雠，然而，我们为了顾全大局，都一次又一次地惨痛地忍受下来；我们深切知道，大敌当前，国难方殷，万不可内部互相阅墙之争；我们所祈求的是团结是抗战，我们所戒惧的是分裂是投降，所以不惜以极度的忍让来委曲求全，来痛负这些创伤。我们以为，凡真正的爱国的同胞，爱国的军队，爱国的党派，在今天都应该忧于国之将亡，都应该要有勇于公战怯于私斗的精神，都应该要有退让为国的良知。

新四军战士（叶挺　摄）

今天，当着投降危险反共内战正紧迫眉睫的严重关头，我们依然信守我党团结抗战的政策，不变不易。我们以全力反对分裂内战、反对投降，反对祸国殃民的投降卖国贼，誓与永不两立！同时，我们也永远伸开双手欢迎着，一切抗战的友人，只要有益于团结，有益于抗战，我们依然愿意忍让以谋国，委屈以求全。我们今天的离开皖南进军敌后，直白地说，也是我们一本忍让为国的行动。

三年来，我们坚持着皖南的抗战，我们打了无数次胜仗，保卫了皖南广大领土，保卫了皖南数百万的同胞。皖南的山河，是我们所熟悉的；那一草一木，都曾经为我们的鲜血所洒染着；那一丘一壑，都曾经写下了我们歼敌立功的史绩！我们与皖南的同胞三年中患难与共，生死同之，我们的兵员，多数都是皖南父老所教养出来的优秀子弟，我们和皖南如同家人，血肉相关。我们爱恋皖南，有如爱恋母亲；我们不忍远离皖南，有如不忍远离母亲。皖南同胞爱护我们，有如爱护兄弟；皖南同胞之不愿我们远行，其温情也是我们所深知的。但是，为了粉碎敌寇的阴谋，为了粉碎投降阴谋家的内战挑拨，为了更一次表示我们对抗战政府爱戴的真诚，为了冀望求得内部的加紧团结坚持抗战，我们愿意豪爽地接受抗战政府的命令，我们愿意连我们仅有的一线后方交通线也放弃，我们愿意远离皖南挺进敌后去作更艰苦的斗争，我们愿意领导全中国人民，一致枪口向外，共同坚持抗日到底！

新四军战士携带工具帮助群众生产

我们离开皖南进军敌后，是一种积极的行动，而不是消极的转移。我们深切知道，皖南是全国的一部分，皖南人民是全国人民的一部分，皖南抗战是全国抗战一部分。全国的形势决定着皖南的形势，如果全国的形势继续恶劣，皖南的形势也不能好转；如果全国团结抗战不能继续，皖南也会成为自相残杀的战场。反之，如果全国形势能够好转，皖南同样可以好转；如果全国能继续团结抗战，皖南也同样可以和衷共济。我们今天的离开皖南，正是以局部服从全局，以小的服从大的，正是希望因着我们离开皖南以图求得全国局势的好转，以图争取全国能够继续坚持团结抗战，以图争取全国能够制止一触即发的内战，以图求得全国人民不再受内战的惨祸，以图争取中华民族不致在内战中复己！我们是中华民族的军队，全民族的利益就是我们的利益；我们是人民的军队，人民的利益就是我们的利益。今日中华民族所祈求的是独立生存，是不被灭亡；今日全国人民所祈求的是能做自由幸福的独立国民，不做亡国奴！我们离开皖南所祈求的，也正是希望中华民族不灭亡，中国人民不做亡国奴！我们的要求仅仅是：立即停止足以亡国的全国反共内战的军事布置；我们要求仅仅是：全国团结到底，抗战到底；我们要求仅仅是：改善政治，取消一党专政。我们正是为了这样崇高的愿望，才忍让地离开皖南，进军敌后。三年来，我们忍让为国的事实，已昭彰陈明在全国人民之前，今天我们再一次大大地忍让，其真诚当乃为国人所共鉴。我们深自告慰，这样是可以无负于国家，无罪于人民！然而，我们的行动，绝没有一丝一毫消极移兵的意见，我们更不是任何威胁所能

抗战宣传标语（叶挺 摄）

屈服的。三年抗战史实历历在人耳目，我们以窳败的装备，贫困的物资条件，不断和机械化精锐的强寇进行扭战搏斗！我们曾是一次又一次的胜利，曾是一次又一次的歼灭顽敌，曾是一次又一次的光复国土，曾是一次又一次地在战斗中壮大起来，使我们的队伍成为今天驰骋大江南北的十余万战无不胜的铁军！这一切证明了生长自人民且为人民所拥护的军队，是无战不胜、无坚不摧、无攻不克的铁军，证明了我们永远不是任何暴力所征服的，也证明了我们不仅不是畏缩的懦夫，而且是有足够的力量为排除任何暴力的胁逼，我们之所以怯于对内，不是我们胆力不足以敌人，而是我们认为这样会亡国，而是因为我们认为内部自残虽胜不武，而是因为我们认为一切抗战友军，都是民族的有生力量，国家的可贵干城，我们的希望是全国的抗战力量团结起来，一致对外不要自残对消，我们的忍让是为国家，断不是为任何暴力所屈服！

中国共产党的岗位是在国防最前线，我们新四军是中国共产党领导下的军队，我们岗位同样是在国防最前线！三年来，我们主力一直是在敌后和敌寇进行艰难的战斗，这种任务是我们天然的责任，那里有的是南京，是上海，是武汉，是徐州，是敌寇占领区的心脏，我们的敌后进军就是要更广泛地到敌人的心脏去开展大规模的游击战争，一直到完全光复国土，把敌人扫除驱逐出鸭绿江边不止。

云岭新四军军部叶挺桥

亲爱的皖南同胞们：为了坚持团结抗战，为了粉碎敌寇和投降派挑拨内战的无聊阴谋，为了尽力避免亡国惨祸，我们不得不毅然决然离开三年久守屡战的皖南，我们不得不怅惘地离开你们，回顾三年以来，我们战守斯土，能够获得如许伟大的战绩，完全是由于你们的拥护和支助。在三年之中，你们给予我们以无量数的帮助，你们在物质上支持我们，这将是我们永远不能忘怀的感念，我们将永远地在艰难的战斗中来怀念着你们的隆情厚意。

别了，亲爱的皖南同胞，而今而后，我们虽然远离了你们，但我们将永远和你们站在各自的岗位为着一个共同的目标而战斗！我们将永远和你们为了坚持团结，坚持抗战，为了反对内战，反对投降而奋斗，英勇的皖南同胞，愿我们永远像过去三年间那样亲密地携手，为祖国的独立自由幸福战斗吧！

别了，亲爱的皖南同胞，而今而后，我们将以更英勇的战斗，更伟大的胜利来报答你们三年来给予我们的帮助与爱护，来回答你们对我们所期许的无限殷望。别了，亲爱的皖南同胞，此次我军向敌后进军，主要的战场仍在安徽江苏的两省，不要听反共分子的造谣说什么开到华北蒙古去，所以我们在敌后的胜利一定能够很大地牵制敌人向皖南的进犯，密切配合着你们在皖南的抗战，同时我们在敌后的胜利与壮大，也将随时给你们一切解放事业以声援，我们希望有一天在伟大的胜利中赶走日本强盗，再与亲爱的皖南同胞愉快地见面。

新四军和皖南群众（叶挺　摄）

别了，亲爱的皖南同胞，我们走后，对皖南地方秩序的维持，爱国人民的保护，军人家属的优待，我们曾经向政府、向友军恳切地建议过，我们相信，政府和友军一定能够本着三民主义的精神、团结御侮的国策与皖南同胞相始终的。语云：人之好善，谁不叩我？除了少数败类之外，政府贤明当局与友军爱国官兵一定不会辜负你们的！别了，亲爱的皖南同胞！一切人民的解放事业，只有依靠人民自己的努力，以后新生的皖南，就会靠皖南人民自己的坚固团结，大家发挥守望相助、精诚团结的精神。众不欺寡，强不凌弱，私不忘公，富不欺贫，一本孙总理天下为公精神，爱护同胞，爱护桑梓。不让是非之徒挑拨内战，不让阴险之流寻仇报恨，记着，皖南是你们自己的皖南，得失治乱全在我们皖南同胞的自己努力。

别了，亲爱的皖南同胞，本军此次敌后的伟大进军，你们不能不与参加本军的父亲、叔伯、兄弟、丈夫、朋友和子侄暂时告别！这是你们的光荣，也是我们的光荣；这是你们的痛苦，也是我们的痛苦。但是为了肩负起光荣的救国救民的大事业，我们应该忍受这暂时痛苦，争取将来民族的大解放，大的光荣，至于在本军中一切，请你们不要担心，我们当永远保持官兵平等的精神，视你们的兄弟为自己的兄弟，视你们的子侄为自己的子侄，我们不仅负责好好地爱护他们，而且要好好地教养他们，我们务使八千皖南子弟一个个成为国家栋梁、民族的英雄，这是我们的天然职责，也是对你们的唯一的安慰。别了，亲爱的

叶挺军长和新四军指战员

皖南同胞！只要我们团结，我们坚决地抗战，祖国的前途永远是光明的，中华民族一定要解放的！请走出村庄，走出城镇，来欢送你们的儿子、哥哥、弟弟、父亲，还有你们的丈夫，到敌后去为祖国而英勇战斗！去为中华民族千秋万世建立不朽的事业吧！别了，亲爱的皖南同胞！祝福你们为国珍重，家家安宁，让我们在临别的片刻高呼：

团结到底抗战到底！

反对内战反对投降！

打倒日本帝国主义！

打倒亲日投降派卖国贼！

皖南人民解放万岁！

中华民族解放万岁！

叶　挺　项　英　袁国平　邓子恢

1941 年 1 月 4 日

第四节　"泾旌宁宣"的反"清剿"斗争

皖南事变后，吕辉领导的游击队不断发展壮大，引起国民党顽固派的惊惧。自 1944 年 9 月开始，他们先后多次调动兵力对泾（县）旌（德）宁（国）宣（城）游击根据地进行大规模的近乎疯狂的"清剿"。根据地军民在吕辉等人的领导下，依靠苏浙军区的积极支援，开展了一场场极为艰苦的反"清剿"斗争。

1944 年 9 月，国民党第 52 师和地方武装约 2 个团的兵力对宣城南部山区溪口塌泉、章家湾进行了"清剿"。吕辉率游击队和敌人周旋 1 个多月，在群众配合下，利用塌泉附件的天然地势，打死打伤敌人 20 多名。

自此开始，国民党顽军对吕辉部的"清剿"行动不断，前前后后持续 6 个多月；游击队进行反"清剿"，大小战斗共 26 次。在反"清剿"战斗中，游击队更是由原来的 13 人发展到 29 人。1945 年春，第 52 师一部，安徽省保安团两个大队和宣城邻县的自卫队共 3000 多人，向宣城、宁国边界的板桥一带发起"围剿"。吕辉率队机智地跳出重围，配合新四军皖南支队袁观林参谋率领的 1 个排 30 多人，击败了扼守阁下（高峰）的宣城警保第二中队二分队，缴枪 2 支，毙敌分队长以下 3 人，把敌人赶回了溪口镇，巩固了塌泉、章家湾一带的游击基地。6 月，游击队乘胜攻打了青龙山乡公所，智擒敌班长，缴枪 12 支，电话机 1 部；7 月，国民党的行动队在白果树打死中共地下党员桂柏林，并将塌泉庙、高峰庙、唐山头庙等古庙尽数烧毁；9月，游击队袭击驻上河村国民党顽军何德余部，缴枪 10 支。

桂柏林烈士证书

1947 年 10 月至 1948 年 3 月，国军的第 46 师、第 63 师、新编第 13 旅等在国民党地方武装的配合下，再次对"泾旌宁宣"游击根据地进行了长达 5 个月的"清剿"。

1947 年 10 月，国民党宁国县自卫队、行动队配合国军第 63 师一部开始向板桥进攻。顽军在板桥周围烧毁房屋和移民并村，后因力量不足和共产党游击队武装的袭扰，最终未能进入游击根据地中心区板桥。11 月，宣城县第二联防区主任方诗吟，带领周王保安中队和县警保二、四中队各 2 个分队以及区常备队 1 个分队，在第 63 师和安徽省保安团的配合下，"围剿"宣、宁、泾边区，先后 5 次向溪口的汤村、白果树和大小麦坑"进剿"，并采取移民并村和"三光"的方法，将大小麦坑和严周坪等地变为无人区。面对敌人的进攻，宣南武工队和民兵机动灵活，积极寻找战机打击敌人。

12 月上旬，国民党的宁国县自卫队 1 个中队进犯板桥，游击队主动撤出，跳到外围寻机打击来敌，只留下部分民兵在高山上迷惑敌人。12 月中旬，吕辉率泾旌宁宣游击队主力连，孙朝庭率苏浙皖边工委 1 个排，在地方基干民兵的配合下，合力攻打宣城县溪口汤村的敌人据点，夜袭驻守移民集中点——新田上河村的国民党顽军；并慰问了被迫移居的百姓，鼓舞了群众斗志。同月，民兵队长周武标率 30 多名民兵，利用熟悉地形的优势，凭据高山和吊桥天险，在宣城县溪口伞谷里用巨石打退前来"清剿"的国民党顽军 70 多人。

反"清剿"战斗

　　1947 年 7 月至 10 月，中共华东局在给中共皖南地委的多次电示中都提出，在比较巩固的根据地内，可"从分粮，没收公粮，抗租抗债到土改"，"从抗粮运动开始进入土改"，"群众有土改要求即行土改"，"从抗租抗债分粮反奸清算直到平分土地"。根据这些指示精神，皖南地委 9 月会议决定："中心区普遍掀起反奸诉苦复仇清算翻身运动，贯彻抗租抗债，一直发展到农田土改为当前群众运动的中心任务。"

　　12 月，经皖南地委研究，决定在宁国板桥作土改试点，并确定皖南地委委员孙宗溶负责指导。板桥是泾旌宁宣游击根据地的中心区，共产党组织和农会组织健全，实行抗租抗债斗争之后，群众也有土改要求。孙宗溶和泾旌宁宣县委书记王文石来到板桥，首先成立了县委土改工作组，由县委书记王文石和地委秘书王欣负责；孙宗溶在领导制订好土改计划后回到皖南地委。1948 年 1 月 3 日，县委土改工作组召开村民大会，通过了调整土地方案。同日，吕辉指挥泾旌宁宣游击队主力连，在皖南地委直属游击队 4 连连长孙朝庭率领的 1 个排的配合下，在泾县太平坑消灭了国军第 46 师的 1 个排，毙敌排长以下 14 人，俘敌 3 人，缴获轻机枪 1 挺、步枪 7 支。取得胜利后，主力连来到板桥。1 月 7 日，泾旌宁宣县委在板桥召开太平坑战斗胜利庆功大会后获知，国军第 63 师一部已来到板桥附近的东岸；县委一面安排转移，一面布置游击队主力在大岭阻击。1月8日，第63师两个营与国民党的地方自卫队共1000多人，突破游击队阻击进入板桥，板桥土改分田工作被迫终止。

板桥烈士陵园

　　1948年1月8日，在敌人疯狂"清剿"的情况下，中共泾旌宁宣县委及其游击队主力撤出板桥根据地，分别由王文石、吕辉、喻家顺、穆大成等带领，分散进行活动。

　　1948年年初，除板桥外，涌溪、蔡村坝、宣南等地，凡是共产党组织和游击队活动过的地方，都遭到国民党顽军和地方反动武装的"清剿"。在这次反"清剿"斗争中，由于初期太平坑等战斗的胜利，泾旌宁宣县委某些领导产生了轻敌思想，对敌情估计不足，对反"清剿"斗争缺乏周密的部署，使革命力量遭受了损失。这次敌人对板桥进行的"清剿"，游击队伤亡5人，损失步枪17支；板桥乡行政委员会机关人员、民兵及群众被围困在山上近一个星期。中共板桥乡党支部书记肖继龙带领大部分人员下山向敌人"自首"，高山上群众被迫迁移到板桥村集中居住，只有五六个民兵在山上坚守。国军正规部队撤走后，由国民党的泾宁宣联防区署警保队200余人留守板桥，强迫移民并村、恢复"政权"、办理"自首"及搜索共产党员及分散的游击武装。1月19日，泾旌宁宣县委主要领导和游击队主力在泾县蔡村坝会合进行休整，后又转移到泾县涌溪。

1948 年 2 月上旬，泾旌宁宣县委在涌溪召开会议，总结板桥反"清剿"斗争的经验和教训，并对下一步反"清剿"工作作出部署。会议决定把泾旌宁宣地区分为 3 块，县委委员分头到各地领导反"清剿"斗争；县委书记王文石率机关到蔡村坝地区，县委委员张帆留在涌溪，县委副书记吕辉率主力连到宣南活动。2 月 16 日，吕辉率主力连从涌溪出发，经旌德盾村、龙头石坑到达塘坑宿营。17 日拂晓，游击队又从塘坑动身，中午时分到达旌德宽岭，下午经过离宽岭 5 里左右的旌德、宁国两县

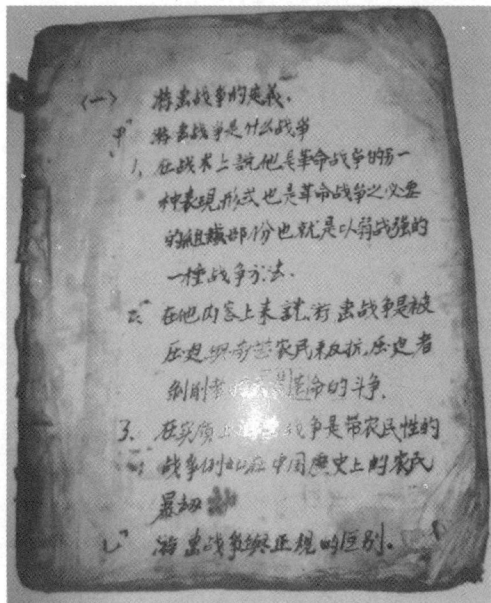

吕辉的讲课笔记手迹

交界的蜡烛山时，与国民党的宁国县自卫队遭遇，双方发生激战。游击队打死打伤敌军各 1 人，俘虏 7 人，缴获轻机枪 1 挺、步枪 8 支、掷弹筒 1 具、子弹数千发。在战斗接近胜利时，吕辉不幸被敌人的冷枪击中，献出了自己 25 岁的年轻生命。吕辉是泾旌宁宣根据地和游击队的主要创建人，他的牺牲是泾旌宁宣共产党组织、游击队和根据地的重大损失，使根据地的建设和武装斗争受到很大影响。

1948 年 3 月，先后在宣南"清剿"的国军第 63 师、108 师相继撤离，反动地方武装失去主力依靠，对游击根据地长达 5 个月的"清剿"以失败告终。游击队不仅没有被搞垮，反而在斗争中得到壮大。

第七章　新四军与宣州的地方武装

第一节　皖南支队宣城游击大队

皖南事变后，新四军既要奋力抗日，又要抵抗国民党顽军的反共行动，在夹缝中生存得异常艰难。而当时的宣城，各种势力交汇，九连山、团山、城关、东溪桥有日军重兵驻守；水阳、敬亭山、洪林桥、汪佳山、双沟、孙埠、水巷、鸡头岭等地筑有日军工事、碉堡；城关、夏家渡、油榨沟、莲塘铺等地驻有汪伪武装 400 余人，水阳、沈村、双桥、孙埠等地驻有伪 15 旅一个营和谢天雷的部队；国民党顽军第 108 师、52 师两个团分驻水东、黄渡、新田等地……总之，当时的形势对新四军十分不利。

虽然形势复杂，但彭海涛、张禾（化名向阳，1940 年 11 月下旬，受中共皖南特委派遣到孙家埠开展工作）等中共宣城县委的一批同志还是想方设法，竭尽全力地保全党的组织，掩护新四军撤离。他们信念坚定，不惜一切代价，全力开辟宣城中东部游击根据地。

1942 年，中共宣城县委根据上级指示精神，决定建立游击队，开展武装抗日。是年初夏（1942 年农历四月下旬），县委书记彭海涛把向阳、上官绪德（曾化名张杨）、周集武等召集在一起，商议建立武装打游击事宜，并将具体任务交由向阳完成。

向阳接受任务后，首先是搞武器。为了搞枪，向阳曾几次带人去夺国民政府佳山乡（今新河桥、九女湾一带）乡公所的武器，因没经验，又赤手空拳，都没有成功。于是彭海涛又找到上官绪德，让他想办法。上官绪德在从事地下党的工作时，以做生意的名义结识过大土匪王昆田的老舅，通过此人，他们找到当时驻在宁国港口的国军第25军52师3连连长侯英杰。因侯英杰是外地人，而当时时局混乱，土匪的、国民党的各种游击队都在活动，侯英杰也想多培植一些自己的势力，为以后多留条后路，于是提出要向阳他们拜在他的门下为徒，遭到向阳反对，后侯夫人提出要收他们做"干儿子"。因怕把事情搞砸，弄不到武器，向阳和一道前去的李大成便忍辱拜了侯夫人做"干妈"。侯英杰一高兴，给了他们7支长短枪（1支中正式，2支汉阳造，1支手提式冲锋枪，1支左轮枪，1支驳壳枪，1支八音子），500发子弹，另还拿了几件国军的军服让他们换上，让他们大摇大摆地出了港口。这便是向阳他们得到的第一批武器。

游击队员进行训练

1942年农历五月初一，彭海涛等人在孙家埠和水东交界的茶花岭旁一个小山坳里，宣布成立"山里游击队"，第一批成员有向阳、上官绪德、龚光启、陈超、周集武、李大成等人，负责人是向阳。后陆续又有黄志华、洪德才、张向明等加入，稍后匡新城、安乐金、宋道明等也参加了进来。

游击队刚成立，人少武器缺，且游击队员基本上是未经过训练的农民，战斗力非常弱。在此情况下，他们只得在桂峰乡南面山区间秘密活动。山里环境异常艰苦，为了避开敌人的耳目，游击队常常是白天休息夜里行动，不走大路走小路。他们住无定所，人少时常到炭窑里睡，有时住到群众家里，有时搭临时竹棚，宿营大多选在有转弯的山洼里，以防敌人袭击；食无定时，一天最多只能在天亮前和晚上吃两顿饭，有时一天只吃一顿，而不吃饭也是常有的事（当时有"三不吃"：雨下大了不吃，没有米时不吃，环境紧张了不吃），以免做饭冒烟被敌人发现。游击队平时吃粮主要靠地下党员送。一次游击队在柏枧山活动，因山洪暴发，交通断绝，游击队被困在山中，一连数日仅靠吃野菜、树叶充饥。

虽然条件特别差，但游击队还是依靠大山的掩护，坚持秘密活动：一方面进行军事训练，提高军事技术；一方面寻机袭击少数孤敌，夺取武器，武装自己。经过一年多的艰苦训练和斗争，游击队发展到十余人枪，战斗力也增强了，并开始下山活动。1943 年 11 月，游击队获悉专事反共的国民党桂峰乡分队准备投靠日伪，决定立即解除其武装，经过一夜的战斗，游击队缴获长短枪 16 支，子弹 300 余发。通过这次战斗，游击队声望得到极大的提高，队伍也发展到 30 余人枪，活动范围开始从山区扩展到平原地区。

为巩固和发展革命形势，更好地开展敌后斗争，中共皖南地委（原皖南特委）于 1943 年 11 月派陈洪、段广高来到宣城，加强县委和游击队的领导。县委由陈洪、彭海涛、段广高、向阳 4 人组成（当时全县共产党员也只有 20 多人），书记陈洪，副书记彭海涛，军事部长段广高，宣传部长向阳。根据上级的指示，1943 年 12 月，中共宣城县委在桂峰乡董村沟召开大会，所有县委委员和全体游击队队员参加。大会宣布"宣城游击大队"正式成立，隶属新四军第 7 师皖南支队，其全称为"新四军皖南支队宣城游击大队"，段广高和向阳分任游击大队正副大队长，陈洪和彭海涛分任正副政委。陈洪和段广高都是久经战斗、有着丰富武装斗争经验的老红军战士。自此，宣城游击大队就在宣城县委和有丰富武装斗争经验的同志领导下，不断地有效打击敌伪顽匪，在斗争中逐步发展壮大。

宣城游击大队主要在宣城中东部一带活动。这里各种势力盘踞，日、伪、顽、匪犬牙交错，窜村入户、奸淫妇女、抢掠财物的事不断发生，而且这些势力互相勾结，联合反共，动辄"清乡""扫荡"，群众不堪其苦，纷纷要求严惩匪首，肃清匪患。

面对这一状况，中共宣城县委决定将游击大队分为三个区队，各区队均有十余人枪，平时分散游击，宣传发动群众，打击零散的日伪军，遇有重大任务就集中起来战斗。1 区队，又称"南山区队"，县委机关随队活动，樊全九任指导员，1944 年 8 月由汤富林任区队长，陈洪、彭海涛分工指挥，活动范围主要在孙埠、佳山、洪南乡一带。2 区队，又称"沈村区队"，黄治华任指导员（1945 年 1 月周集武接任指导员），活动范围主要在沈村、丁店乡一带。3 区队，又称"西进区队"，向阳兼任区队长，王平（后叛变）任副队长，1944 年 1 月由江汉任指导员，主要在水阳江以西的亲睦乡一带活动。县委和游击大队向各区队提出三点要求：一要及时了解地情社情，打击下乡烧杀奸淫的日伪军，保护群众的生命财产；二要宣传抗日救国的道理，揭露日伪顽的罪行，帮助群众组织抗日团体；三要模范执行"三大纪律八项注意"，密切军民关系。

日伪军"清乡"后的村镇

各区队于 1944 年年初进入各自的活动区域。按群众的要求，各区队首先是严惩匪首，肃清匪患。1 月，西进区队处决了亲睦乡匪首伍先有、郁世明。随后南山、沈村区队也分别将民愤极大的匪首张立寿、周大安和林朝玉等镇压。4 月，游击大队联合郎溪县的兄弟部队，摧毁盘踞在毕桥的刘老木、王兆武匪部 900 余人，俘获匪首刘老木（王兆武漏网），威慑群众。游击大队乘胜出击，迫令大小股匪交出武器，不得再危害群众。惩治了土匪，大快人心，也为创建宣城中东部抗日根据地奠定了基础。随后游击大队分三路同时向杨村伪军据点发起进攻，驱逐伪军谢天雷部，扫除了 2、3 区队联络通道上的障碍；后又拔掉沈村龙图山伪军谢志远部的据点；5 月的一天，还击毙到孙家埠河西抢劫的 4 名日军；10 月 5 日，13 名游击队员奔袭国民党宣城县坚持反共的国民兵团周王梅龙坑据点，缴电台 1 部、步枪 8 支。

日伪军不断受到打击，又看到游击队活动范围不断扩大，非常惊恐，于是在这年下半年，日军从芜湖、郎溪、广德调来千余人的兵力，扫荡县委所在的南山区队,顽军第 52 师也乘机出动兵力进攻沈村区队。经过几个月的紧张战斗,游击大队和日顽大战两次,小战数次,迫使日顽军俱无功而返。1945 年,游击大队更频频出击。这年春节,西进区队击毙在潘村观看"玩狮子"的 3 名日军。3 月底,游击大队全歼连塘铺的伪军,俘虏 17 人,缴枪 13 支;6 月上旬,游击大队特务大队和西进区队密切配合,又将宿营上塔的谢天雷部副团长兼 2 营营长刘文杰击毙。于是在 6 月 10 日,宣城县城、孙家埠等地伪军出动 200 余人,袭击到西进区检查工作的县委书记陈洪;中午,县城、孙家埠、鸡头岭等据点的日军百余人,也分数路扑向西进区队。陈洪率部占领峄山最高峰指挥战斗。这天游击大队与 300 余名日伪军浴血苦战,击退敌人数次进攻,最后展开白刃战,打得日伪军胆战心惊。天黑,游击大队安全转移,敌人也跑了。这次战斗尽管敌众我寡,游击大队仍击毙日军十余人、伪军数十人。这次战斗是宣城游击大队进行的最激烈的一次战斗。自此,日伪军再也不敢轻易到根据地扫荡。这年夏末,游击大队又先后打垮驻孙家埠、洪林桥、毕桥的谢天雷、刘文瑶、王兆武号称 3000 人的"反共和平军"。

新四军游击队打击敌人

宣城游击大队在开展对敌斗争的同时,还注意抓好自身的建设。1944 年 7 月,游击大队在沈村龙图山杨家凹举办各区队军事干部训练班,培养了一批觉悟高、懂游击战的基层军事干部。这年 10 月,县委决定游击大队成立特务大队,以提高游击大队的战斗力。

从 1943 年年底成立到抗日战争胜利，宣城游击大队在近两年的时间内，进行了大小战斗 80 余次，先后摧毁日伪据点 10 余处，消灭敌伪顽匪 3000 余人，缴获各种枪支 400 余支、电台 1 部和大量的军用物资。在战斗中，游击大队由原来的 40 余人枪发展到 700 余人枪，成为打击敌人、保卫宣城中东部抗日根据地的坚强力量。当然，游击大队在同敌人的战斗中，也付出了一定的代价，其中包括有的战士献出了宝贵的生命。1944 年 8 月中旬，沈村区队到龙图山准备反击顽军第 52 师，夜宿双尼庵，夜里游击队员茆华田叛变，杀害了区队指导员黄治华。在峰山战斗中，南山区队队长汤富林、战士汤忠和、罗照有等先后牺牲。1945 年 8 月，在季家桥战斗中，南山区队排长周修林负伤被俘，后英勇就义。宣城人民永远不会忘记这些为抗击日伪军而英勇牺牲的烈士。

1945 年 8 月 15 日日本投降，中国人民的抗日战争取得了伟大胜利。抗战胜利后，宣城游击大队正准备收复孙家埠等地扩大根据地时，9 月 27 日晚接到北撤的命令，命令要求宣城县委和游击大队于 9 月 30 日赶到广德县城集中。29 日，宣城游击大队随县委从桂峰乡稽村出发，如期到达广德县城，与新四军第 8 支队司令员陶勇部会合；10 月 5 日后，随苏浙军区部队经苏南顺利渡江，到达苏北淮阴，编入新四军第 7 师第 20 旅 60 团，随后投入中国人民解放战争的伟大事业中。

第二节 "泾旌宁宣" 游击队

皖南事变后，留在皖南山区坚持革命斗争的中共泾（县）旌（德）太（平）中心县委及其领导的皖南游击队，逐渐发展壮大。1942 年冬，中心县委根据上级关于"长期坚持、积蓄力量、等待时机"的总方针，决心开辟泾（县）宁（国）宣（城）边区（宣城主要是宣南山区）。这一地区山高林密，地形复杂，距离县城较远，交通不便，敌人统治力量薄弱；而且第二次国内革命战争时期红军游击队曾在此长期活动，群众基础较好，非常有利于开展游击战争。"泾宁宣"边区开辟后，不仅能使"泾（县）旌（德）太（平）"、"绩（溪）歙（县）宁（国）"两块游击根据地连成一片，而且还可据此打通与苏南抗日根据地、浙西新四军主力部队的联系，战略地位十分重要。

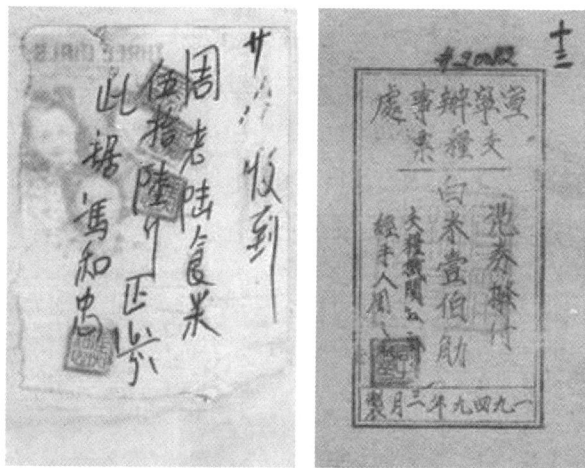

泾旌宁宣游击队用过的领条

1943 年 7 月起，吕辉奉中共皖南山地中心县委（原"泾旌太"中心县委）的命令，率领游击队以武装突击的方式，先后两次从绩溪到泾县的涌溪、宁国的板桥和宣城南部的溪口塌泉、章家湾、水牛坑等地穿插活动。1944 年 2 月，吕辉第三次率汤富林、喻家顺、周明和、张校来、汪振发等 5 名游击队员携 5 支枪（后称"泾旌宁宣"游击队，当地群众称"新四军游击队"），又到涌溪、塌泉、章家湾等地发动群众，开展抗日工作。同年 4 月，在塌泉发展 5 名共产党员，在章家湾、半坑发展 6 名共产党员，先后建立塌泉和章家湾党支部。此后又在宁国板桥发展党员，建立党组织。这些地方党支部属游击队党组织领导，配合游击队行动。泾旌宁宣游击队在板桥、涌溪、塌泉、章家湾一带扎下根后，继续向周边发展，不久发展到宣城的大、小麦坑和水牛坑等地。

与此同时，泾旌宁宣游击队和宣城县委及其领导的宣城游击大队取得了联系，后又通过宣城县委与新四军苏浙军区取得了联系。从此，泾旌宁宣游击队经常得到宣城县委和苏浙军区的支援，粟裕司令员还送给泾旌宁宣游击队两挺机枪和一些其他武器予以支援，使游击队的队伍不断壮大。

抗战胜利后，泾旌宁宣游击队仍然留在原地坚持游击战。

1946 年 4 月初，吕辉率部在 30 多名民兵的配合下，星夜从章家湾出发，拂晓前一举打下了黄渡乡公所，缴枪 23 支，并缴获国军新 7 师驻黄渡卫生所的全部药品。归途中，他们还乘胜打击了国民党驻新田上河村的壮丁训练所，缴枪 20 多支，子弹 100 多发，毙敌 3 人。一天两胜，是游击队来宣南后取得的最大胜利，影响很大。可是正当游击队不断获胜的时候，由于内部问题，发生了恶劣的"李金狗事件"。农历四月二十九日，游击队员李树斋（李金狗）、李树成（李守南），受国民党反动派的策反，趁吕辉外出之机，在宁国杨村新安岭打死游击队正、副排长钦欣怀、刘大发和党小组长吴小牛，并胁迫游击队战士 18 人携轻机枪 1 挺、短枪 2 支、步枪 18 支，于 5 月 1 日到溪口投敌。这次事件给游击队造成了重大的损失，使吕辉辛苦 3 年创建的游击队只剩下 7 人。

遭受挫折后，中共皖南地委帮助吕辉及时总结教训、进行内部整顿，并又派冯和忠、汪芳褆、穆大成、程志发等 4 人充实游击队，使吕辉部得以重整旗鼓，继续坚持战斗。

吕辉用过的洗脸盆

1946 年 6 月，全面内战爆发，国民党的军队大举进攻解放区，敌人在皖南的正规军撤离，只剩下伪省保安团、伪县自卫队和一些土顽，他们平时都龟缩在城内。9 月，苏浙皖边区司令部司令员、苏浙皖边军事委员会军事部部长熊兆仁和参谋长倪南山率 40 余人的武装，到太平樵山与皖南地委书记胡明及其所部会师。9 月 14 日，他们从郎溪天门村出发，经宣城水东、白果树到章家湾，过千百坑、黄土岭到宁国板桥附近的杨村，与吕辉部会合。苏浙皖边部队带有几挺机枪，足够的子弹，精良的武装给吕辉部提供了强大的支持，武工队、民兵、群众都得到很大鼓舞，一致认为有了坚强的后盾，可以随时出击敌人。

会师后，在苏浙皖边部队的支持和配合下，结合抢粮斗争，在不到一年的时间内，泾旌宁宣游击队连续打了几个胜仗：1946 年 10 月 16 日，在宁国东岸战斗中俘敌 4 人，缴手枪 1 支、步枪 2 支，当晚奔袭上坦乡公所，俘敌 5 人，伤敌 2 人，缴驳壳枪 2 支、步枪 4 支；1947 年 3 月，倪南山率部配合吕辉指挥游击队攻打周王乡公所，战斗从上午 9 点一直延续到中午，敌人龟缩在工事内不敢前进一步，后转战榨门口，通过 4 大商店征税，筹款 3000 余万元。驻扎在周王的敌人虽只距离 10 余里，却不敢尾随，也不敢施援；7 月初攻打汀王殿，毙敌 2 人，俘敌 20 多人，缴步枪 25 支，游击队班长钟华坤在攻敌碉堡时牺牲，另伤 1 人，在撤退中游击队连指导员蒋辉也中弹牺牲；8 月初，打下港口乡公所，缴步枪 7 支；8 月 5 日，在熊兆仁、孙朝庭所部的配合下，吕辉率部一举打下梅村乡公所（现金坝庙湾附近），烧掉乡公所房屋，天亮前撤到金牌坑的板桥村，得到消息的溪口保安队前来阻击，熊兆仁指挥游击队与 100 多个来犯之敌激战，后撤离。多次的出击，来去神速，使得敌人坐立不安。一系列的胜利，使得泾旌宁宣游击队的战斗力增强，装备得到了改善，人员得到了扩充，振奋了士气，扩大了影响，也使根据地得到进一步的巩固。.

熊兆仁　　　　　　　　倪南山

根据中共皖南地委的"七一指示"，在广泛发动游击战争的精神指导下，游击队决定巩固老区，开辟新区，增强武装力量。1947 年 4 月，吕辉召集张克标、喻家顺、汪振发、穆大林、汪芳禔、冯和忠、陈志发、民兵基干队长许建国等人在杨村开会两天，传达上级党委指示，分析形势，总结经验，然后确定以宣城的大麦坑、小麦坑为基点，向周围的柏枧山，宁国的蒋家山、方家冲、大壁坑、小壁坑、济坑坞，宣城的水牛坑、桐坑等地开展活动。会后，指定穆大林等少数同志坚持在宁国板桥一带开展活动，吕辉则亲自带领张克标、喻家顺、汪振发、汪芳禔等 20 多人（1 个排建制，喻家顺任排长，汪芳禔负责发动宣传群众）和 1 个群众工作组来到宣南，以大、小麦坑为基点开辟游击区。在宣南地区，他们广泛发动群众，利用各方力量，打击反动分子；收缴地主豪绅的枪支弹药；摧毁危害群众近20年的柏枧山土匪窝，活捉土匪头子老九炳（外号大麻子）等；建立了农会和民兵组织。经过3个月的工作，这里群众的革命热情大大提高，成了红色区域，游击队也由20多人发展到50多人，白天也能畅行无阻。

1947年10月，根据泾旌宁宣县委扩大会议决定，抽调泾旌宁宣游击根据地的主要兵力到板桥集中，正式组成县委主力连；全连指战员共有80多人，编为2个排、6个班，芮金生任连长，闵耀良任副指导员，县委副书记吕辉负责抓主力连工作。除主力连外，县委还按活动地区成立了5个武工队，并建立了广泛的民兵组织。

主力连的指战员

经过6年多艰苦卓绝的斗争，到1949年中国人民解放军渡江前夕，泾旌宁宣游击根据地的范围，东到宣城半坑，西到涌溪，长50公里左右，宽5公里左右，面积有200多平方公里，人口6000多人。游击队活动的范围，东到宁国朱家桥，南到浙江岛石坞，西到泾县的马渡桥，北到南陵青弋江。

第三节　"宣当"人民抗日自卫总队

　　金宝圩事件后，宣城北乡和当涂大官圩的共产党组织及其领导的抗日武装遭受重大损失，抗日游击队被打散，党组织被迫停止活动。皖南事变后的当年秋天，中共皖南特委派金厚初来大官圩开展整顿恢复组织工作，并成立中共"宣（城）当（涂）芜（湖）"工委，金厚初任书记。为配合宣当芜工委尽快恢复这一地区党的工作，1942 年年末，新四军第 16 旅 46 团一部开进大官圩，第 16 旅参谋朱昌鲁也随部队到大官圩，打击日伪军。同时建立"当南"办事处和"当南"自卫大队，朱昌鲁任办事处主任，陶家财任自卫大队队长、徐德建任政委，自卫大队有 100 余人。

　　1943 年，日军为稳定东南占领区，掠夺苏浙皖边区丰富的物资，于 9 月间发动了苏浙皖边战略攻势①。由于国军抵抗不力，到 10 月，宣城、溧阳、广德、郎溪相继又落于敌手。与国军相反，新四军第 16 旅尾随南侵日寇之后，相机打击敌人。11 月下旬，第 16 旅 46、48 团在溧水、高淳边界消灭了大量的伪军，恢复高淳、宣城、当涂、广德、郎溪境内广大农村和集镇；46 团一部开进宣、当、高地区的漕塘、狸头桥一带。当年冬，中共"宣当"工委（1942 年 5 月，

新四军追击敌人

---

　　①　1943 年夏，美军在太平洋战场发起反攻。日军为改变太平洋战争被动的局面，在中国正面战场发起了赣北、滇西、苏浙皖边等战役。

宣当芜工委改为宣当工委)、当南办事处、当南自卫大队从大官圩迁至狸头桥。1943 年年底,宣当工委、当南办事处改为中共宣当县委(书记方休)、宣当行政办事处(主任朱昌鲁);当南自卫大队亦改为"宣当自卫大队",陶家财任大队长、徐德建任政委;又成立宣当警卫连,甘世杰兼连长,全连 80 余人。同时,漕塘区成立了区中队,队员十余人;1944 年扩编为昆山区大队,蒋贻常任大队长、沈正华任副大队长,队员增至 30 余人;永保区也成立了区大队。为加强对地方抗日武装的领导和建设,1944 年春,中共宣当县委将宣当自卫大队扩建为"宣当人民抗日自卫总队",朱昌鲁兼总队长、方休兼任政委、甘世杰任副总队长,下辖宣当警卫连、昆山区大队、永保区大队。1945 年 1 月,宣当人民抗日自卫总队隶属于新四军苏浙军区第一军分区。

宣当人民抗日自卫总队建立后,与土匪、敌伪展开了一系列的斗争。

抗日自卫队员

中共宣当县委、宣当行政办事处所辖的漕塘、狸头桥一带,地处苏皖 2 省 3 县(宣、郎、高)交界,近山临湖(南漪湖),地理环境复杂,活动余地大,藏身地点多,给土匪提供了生存条件。土匪在这一带活动频繁,打家劫舍、谋财害命,周边民众的生命财产常常受到威胁。有的土匪甚至投靠日伪,与共产党、新四军为敌,公开叫嚣:"消灭新四军!消灭办事处!"为了保护人民群众,使抗日斗争得以顺利进行,宣当县委、宣当行政办事处成立不久,便做出"除暴安民"的剿匪决策。根据县委、办事处的剿匪决策,宣当抗日自卫总队在广大群众的支持下,先后摧毁和消灭在张村、田家大圩到毕桥一带活动,在张村到郑村、南姥嘴一带活动,在沈村至郎(溪)高(淳)边界一带活动以及在马山埠、汪家圩地区活动的 4 股较大的土匪，并召开群众大会，公布以孙毛头为首的 20 多名罪大恶极的土匪头子的罪行，然后予以处决；对以夏梦兰为代表的民愤不大、愿意痛改前非的土匪头子，经教育释放，以分化瓦解其他股匪。较大的股匪灭亡，小股土匪被大大地震慑了，他们有的自动交出武器，有的自动解散。至 1944 年春，"宣、当"地区的土匪活动大为收敛，民众的生活基本恢复正常，抗日斗争环境得以改善。

宣、当地区的抗日武装在打击匪患的同时，与日伪进行了多次战斗。1944 年 2 月，宣当自卫大队 40 余人从花山出发，长途奔袭高淳伪沧溪区公所，俘敌 30 余人。同年春末，漕塘区大队配合新四军第 16 旅 46 团 4 连全歼高淳固城伪军 1 个排。1944 年 5 月，1 个连的伪军由水阳向昆山区进犯，民兵在增援部队的支援下，在白马山将敌人打退。7 月，郎溪东夏等据点的日伪军数百人到昆山区抢粮，宣当人民抗日自卫总队和区中队在敌军必经之路设伏，将他们赶回原地。次日，高淳、郎溪的日伪军前来报复，在自卫总队和民兵的沿途阻击下，敌军不敢停留，只得当天退回。1944 年 11 月和 12 月，昆山区大队队员与民兵先后在大盘山、姜家圩伏击日军机帆船，击毙日军 2 人、伪军数人，缴获大批军用物资。

在对敌人的斗争中，宣当人民抗日武装不断壮大。至 1945 年春，宣当警卫连增加到 130 余人，昆山区大队、永保区大队分别增加到 250 余人和 30 余人。

1945 年上半年，新四军苏浙军区主力部队（其中包括活动在溧阳、高淳和郎溪、广德地区的新四军）挺进浙西，在天目山地区开展"反顽"自卫反击战。日伪军乘虚而入，进犯"宣当"抗日根据地。6 月 24 日，驻高淳县城的日军和伪独立 15 旅 189 团以及受其控制的反动黄枪会（一说大刀会），从东坝、固城、港口分三路大举进犯宣当行政办事处中心区的狸头桥、漕塘等地。强敌压境，宣当人民抗日自卫总队和区、乡地方武装分组阻击，在掩护县、区干部安全转移后，立即撤离阵地。

1945 年 7 月上旬，天目山地区反顽斗争胜利后，新四军苏浙军区第 1、3 纵队分别撤回溧（阳）高（淳）和郎（溪）广（德）地区休整。经过休整后，苏浙军区第 1 纵队在司令员王必成的指挥下，于 8 月 9 日发起了苏皖边包括东坝、漆桥、定埠和狸头桥等地战斗在内的"东坝战役"。主攻狸头桥的是苏浙军区第 1 纵队第 3 支队 47 团，宣当人民抗日自卫总队的人员分别编入 47 团各营配合作战。8 月 9 日 23 时战斗打响，经过两天多的激战，新四军攻克了伪军在狸头桥、更楼巷、韦村、慈溪等地的据点，消灭伪军 1000 余人。在此前后，东坝、漆桥、定埠的战斗也先后胜利结束。这一战役的胜利，使"溧高""宣当""郎广"三块抗日根据地连成了一片。

新四军苏浙军区旧址

东坝战役后，宣当人民抗日自卫总队又进行了扩编，总队加上宣当警卫连和溧高警卫团划给的两个连，及昆山区大队上升组成的一个连，合并改为"宣当警卫团"，朱昌鲁任团长，宣当县委书记张光、副书记徐德建兼任正、副政委，甘世杰任副参谋长；全团500余人，编为三个连和一个直属特务队。

1945年8月15日，日本天皇宣布无条件投降。8月20日后，新四军苏浙军区向拒绝投降的各城镇日、伪军发起攻击。军区第3纵队第9支队向宣、当纵深地区推进，宣当警卫团配合作战，先后消灭新河庄、油榨沟的伪军，全歼驻水阳的伪军15旅旅部和鲍家店之敌；随后又分别拔掉黄池、乌溪的伪军据点，全歼伪15旅一部及1个独立团，并与新四军皖南支队所属的南芜游击队在水阳、黄池一带会师。至此，自油榨沟以北的宣城北部全部收复。

1945年9月初，中共宣当县委、宣当行政办事处与中共高淳县委、县政府合并，并沿袭中共高淳县委、县政府之称。此时宣当警卫团领导作了部分调整，团长仍为朱昌鲁，政委由高淳县委书记彭炎兼任，副政委为高淳县委委员徐德建，参谋长为邢浩，副参谋长为甘世杰。警卫团统一领导地方武装，开展肃清残敌和收缴武器工作，并继续向宣城、当涂境内推进。

1945年9月20日，中共中央指示华中局：新四军浙东、苏南、皖南部队北撤。9月底，宣当地区北撤人员奉命集中，到高淳附近的堡圣寺进行整编。整编后的宣当警卫团共700多人，10月初开始北撤；10日前后，宣当警卫团随苏浙军区第1纵队渡过长江，开往苏北淮安杨家庙，编入第8纵队70团，列入了新四军正规军建制。

第四节　宣州的"星星之火"

在新四军的领导下，除了宣城游击大队、"泾旌宁宣"游击队、"宣当"人民抗日自卫总队（宣当警卫团）等几支武装外，先后还有很多支地方武装活跃在宣城及其周边地区。除了游击队之外，还有武工队、防匪团、自卫队、儿童团等等，他们或独立剿匪，或联合抗日；在极端困难的条件下，他们发动群众，组织武装，坚持游击战争，建立敌后根据地；他们袭击顽敌区、乡、保地方政权，铲除土豪劣绅，为民除害；他们宣传共产党的方针、政策，号召和组织民众反对国民党顽固派征兵役、抗缴捐税，也打了许多小规模的漂亮仗，牵制了大量日伪军力量，打击了国民党顽固派的嚣张气焰；并从人力、财力和武装上，为新四军提供着强有力的支持。这些地方武装主要有：

一、"宣当芜"游击大队

1939年7月，中共"当芜"县委受命筹建地方武装，成立了一支10余人的"当芜"游击小队。他们以新四军第2支队赠送的1支步枪、1支驳壳枪和杨永康从杨家桥汤复元处取来防匪用的10支长枪、1支驳壳枪为武器，在大官圩一带活动。9月，中共"宣当芜"中心县委成立。当年年底，由于游击小队在大官圩难以开展活动，中心县委便将其调至金宝圩，作为中心县委的警卫连，庄景余任连长，谷传昆任指导员。

1940年3月，新四军江南指挥部和苏皖区党委联席会议决定，将所属地区划为4个游击区，其中宣城、当涂、芜湖、郎溪、高淳相接壤的边缘地带划为独立游击区。同月，宣当芜中心县委将警卫连扩编为"宣当芜"游击大队，共3个排、100余人，由新四军派来的缪德胜担任大队长（后自行离队）、庄景余任副大队长、中心县委青年部长周峰兼任指导员，全力支持独立游击区的工作。1940年9月，国民党顽军制造了"金宝圩事件"，游击大队被打散。

装备简陋的游击队员

二、金北乡防匪团

1939 年 6 月 21 日（农历五月初五，端午节），宣当芜中心县委在金宝圩领导建立了群众武装——"金北乡防匪团"。防匪团一开始只有中心县委给的 2 支步枪，后从李华楷处要了 10 多支枪，又收缴了一些土匪武器，逐渐发展到 30 余人，17 支枪。后防匪团不断壮大，发展到 3 个排近 90 人，有 72 支步枪、13 支短枪、1 挺机枪；团长初为王宏钧、后为唐佑伟（王宏钧改任副团长），1 排长张永江、2 排长葛宏宾、3 排长丁□荣。主要是打日伪军和反共的顽军杂牌军。1939 年下半年，防匪团在月亮湖打顽军溃军，缴了 12 支步枪，俘虏 12 人；1939 年 8、9 月，在咸定圩打顽军溃军王少银部 30 多人，缴了 7 支步枪；1940 年上半年，在老屋基打国民党当涂保安队杨一为部，缴了 21 支步枪，1 挺机枪；1940 年夏，配合新四军杨洪才营的马连长部在陈沟团打日军"油划子"，打死鬼子 26 人，防匪团伤亡 2 人、新四军伤亡 4 人，马连长受伤。防匪团后来没有大的战斗。

三、"苏浙皖边"游击大队

1947 年 2 月，中共"苏浙皖边"工委成立；孙章禄率工委主力武装一部与广南彭海涛领导的一个游击连合并，成立"苏浙皖边"游击大队，大队长为彭海涛（兼），副大队长为张晖。同年 5 月，中共郎（溪）广（德）分工委成立直属连，连长李轩（高明山）；7 月，"郎广"分工委撤销，其武装并入"苏浙皖边"游击大队。

四、"宣郎"独立游击中队

1947年5月，宣南地区划归中共郎广分工委领导，郎广分工委撤销后归中共郎溪县工委领导。郎溪县工委将原宣东武工队与郎溪武工队合并，组成"宣郎"独立游击中队，中队长为方金胜。全队后发展到近70人，活动于宣城的水东、黄渡、峄山、南湖以东地区，直到宣城解放。

五、暂编"芜当宣"游击第3大队

1948年7月，在中共"芜当宣"工委领导下，宣城沈村、当涂三星圩和芜湖县成立了游击小组，同年9月改称"暂编芜当宣游击第3大队"，大队长为徐振亚（徐雷）、指导员为陈厚英，副大队长为季海波。最初，游击第3大队只有30余人，配备土枪和大刀，后来通过购买、策动敌人地方武装人员带枪投奔和缴敌枪械等办法，解决了枪支问题。到1949年宣城解放前夕，游击第3大队扩展为3个中队，300余人、400余支枪。中队长分别为凌伟堂、何立功、徐振亚（后为魏排长）。大队活动于宣东的沈村、麻姑山和芜湖的新丰等地区，给敌人以很大的威慑。

活动在山区的游击队

1949年4月20日，渡江战役开始。早在大军渡江前，暂编芜当宣游击第3大队就接到芜当宣工委的命令："全面出击，策应大军渡江。"大队首攻沈村，与王树林等地下工作者里应外合，使敌人大部被俘，缴枪 30 余支。次日阻击了经南漪湖东逃的敌军辎重部队。这之后，第 3 大队又包围了仁村湾，全歼守敌，缴枪 30 余支。然后兵分两路攻占新河庄和新丰镇，并帮助群众建立了治安组织，维护社会秩序。接着又阻击了国军第 20 军溃军，使许多溃军就地被歼。4 月 24 日，暂编芜当宣游击第 3 大队编入当涂县大队。

六、宣城武工队（新四军游击队）

日本投降后，中共宣城县委奉命率宣城游击大队随新四军北撤，中途又命彭海涛、向阳等率 1 排人返回宣城留守，坚持斗争。留守中，武工队被国民党武装打散。向阳带陈树生等两人在洪林桥林家岗一带活动，被国民党反动派包围，向阳在突围时，不幸连中数弹，壮烈牺牲；而彭海涛带王根等两人在桂峰乡活动时，也在王村被捕。

1946 年 1 月，彭海涛从杭州越狱脱险，与中共郎广工委的张思齐、许道珍取得了联系。8 月中旬，郎广工委派彭海涛、孙朝庭等人到宣东寻找被打散的同志，未果。曾和彭海涛一起被关进杭州监狱的方全胜、张启龙、梁国忠等人，于 1946 年 8 月被释放回宣城。10 月，方、张、梁等人在宣东组织武装，开展游击活动。同年冬，郎广工委决定由彭海涛负责，以郎溪姚村山区为依托，恢复宣城的武装工作。1947 年 2 月，彭海涛与方全胜等人取得联系，向其传达了郎广工委的指示，并确定方全胜等人组织的武装为"宣城武工队"，又称新四军

新四军游击队

游击队，队长为方全胜、副队长为张启龙，后又派李刚强任指导员。

宣城武工队在郎广工委的领导下得到迅速发展。1947 年 6 月中旬，一部分人编为郎广工委武装连。6 月 25 日，以叶向池为首的国民政府宣城保安警察第 5 中队 1 个班 11 人枪起义，通过宣城武工队与郎广工委取得了联系，被编入郎广分工委（1947 年 3 月成立，全称"中共郎广宣宁分工委"，属中共苏浙皖边工委领导）武装连。6 月，宣城武工队在郎溪柯村整编，李刚强、葛家宝各带 1 个武工小组到宁国等地活动，其余人员编入分工委武装连。10 月上旬，宣城武工队改为"宣郎独立游击中队"，队长为方全胜，1948 年殷镇莱任指导员。

这些游击武装都较为活跃，而在宣东地区活动的宣城武工队尤为出色：

一是收缴购买枪支。1946 年冬至 1947 年年初，游击队缴获宁国县山门洞地主陈良清的枪 2 支，缴获大蔡村"蔡四爷"的枪 4 支，缴获国民党邵家冲武装的枪 2 支，陈村一地主的枪 2 支，缴获子弹 1000 多发、手榴弹 20 多枚、刺刀 3 把。1949 年 1 月中旬，国民党郎溪县常备队 9 人，带机枪 1 挺、长枪 7 支，脱离国民党到宣东丁店筹款准备返乡，游击队得知后，向他们宣传共产党的政策，他们主动把枪支交给了游击队。除收缴外，游击队还设法购买枪支。1947 年下半年，丁店崔新昌通过国军退伍兵购短枪 4 支、长枪 6 支；1947 年冬，通过孙家埠国民党退伍兵购枪 20 多支、子弹 5000 多发；1948 年 3 月前后，从国军第 108 师赵副官处购短枪 14 支。1946 年冬到 1949 年 4 月，游击队通过收缴购买和袭击国民党地方武装、溃军得到大批武器。游击队除用这些武器武装自己外，还交给上级组织机枪 1 挺、短枪 20 多支、长枪 200 支。

二是保护群众利益。游击队通过各种途径，向国民政府委任的保长宣传共产党的政策，并不准其在游击队活动的范围内抽壮丁，为应付国民党，可花钱雇。1948 年 2 月，嵇村群众仰其望作为壮丁被抓到孙家埠，游击队得知后，立刻勒令该保保长设法将其放回。对国民党军队和土匪破坏

宣城开元寺旧址"小营盘"

人民群众的利益，游击队千方百计地进行阻止和打击。

三是筹集粮食等物资。为了保证供给，游击队除没收敌人的物资外，还在活动地区征收一定的粮食。1948年秋收之前，规定凡有田50亩以上者，都须向游击队交粮食，其数量5石、10石不等。1948年秋，又规定凡有土地者，每亩交7斤米，由各保统一送到董村沟、稽村等地。1948年年底，游击队通过鲍村滩地主丁某，将王家滩附近13个保的保长集中到王家祠堂，游击队长方全胜向他们宣传政策，公布交粮的标准，保长们都答应按时按量将粮食送到指定地点。征集的粮食除供给游击队外，还按期上交给上级组织；交给上级组织的还有购买的大批洋布、牙刷、牙膏等物资。

宣城的这些地方武装，犹如星星之火，在不久的将来终成燎原之势；他们配合人民军队，将旧的势力一举燃为灰烬，在古老的宣城大地上，建设起一个崭新的社会。

第八章　新四军与宣州人民并肩作战

第一节　峄山战斗

1945 年 6 月初开始，伪军在亲睦乡（新中国成立后更名为向阳乡）进行"清乡"，抓捕新四军战士方德贵、汪常英、殷淮井、殷在玉等 4 人。为了营救这 4 名战士，向阳安排殷海明等游击队员前往峄山，寻找机会活捉了敌伪军 4 人，准备用来交换被捕的 4 名新四军战士。

只是殷海明等人在押送俘虏的途中，却让一个人质趁机逃脱。逃脱的伪军跑回孙家埠，谣言说其他的 3 个被抓的伪军已被新四军给杀了，结果造成 4 名被捕的新四军也被敌人杀害。为给 4 名新四军战友报仇，向阳当晚就下令杀掉了 3 个俘虏。当时正值端午前夕，宣城游击大队的同志们在悲愤的同时，纷纷放言说一定要宰掉"三刘"过节。所谓"三刘"，即是当时驻在孙家埠一带的 3 个伪军军官刘文瑶、刘文杰、刘文学。

6 月 7 日，伪军谢天雷部副团长兼 2 营营长刘文杰宿营于亲睦乡上塔村（地处华阳河与水阳江交汇处）。得到消息的宣城游击大队特务大队和西进区队乘黑冲进刘文杰的营地，双方激烈交火，混战中，刘文杰被打死（一说是被其部下误伤致死）。但这刘文杰并非一般人物，他的哥哥刘文瑶是谢天雷的心腹干将，平时飞扬跋扈，有时谢天雷都让他三分。据说就是在南京的伪"国民政府"里，刘文瑶也有靠山。所以，得知亲弟弟被打死，身在孙家埠团部的刘文瑶暴跳如雷，甚至当即拔枪击穿屋顶，发誓要扫平西进区，为其弟弟报仇。

6月10日上午，刘文瑶命令手下得力干将带着100多名伪军从孙家埠过河，前往亲睦乡"扫荡"。

当日，陈洪和彭海涛等县委领导正在亲睦乡鞑子营一带检查工作；他们开始得到的情报是，只有刘文瑶的部队从孙家埠过河，且人数不多。而当时张国英带领的宣城游击大队特务大队、向阳的西进区队几天前刚打过刘文杰，部队还没分散，仍在亲睦乡一带活动；恰巧沈村区队的上官绪德连长所带的30多人这几天也在亲睦乡赵村一带活动；更为关键的是，陈洪手上还有不久前新四军第7师派来协助工作的皖南支队参谋袁观林所带的1个排30余人，这可是新四军的正规军，战斗力较强；再加上汤富林的南山区队，人数足足有300到400人。陈洪等人算下来，己方的力量明显强于伪军，于是他们信心十足，决定正面迎敌，进行反扫荡，吃掉这块送到嘴的肥肉。

在认真分析了形势之后，陈洪写了两张字条，叫两名通讯员分头去通知就在附近的汤富林、向阳，让他们各抽调少量兵力，分别放在孙家埠河西的码渡口和夏家渡的板桥附近，以防日伪军从孙家埠和宣城方向赶来增援，剩余的兵力立即全部带到八里棚子参战；陈洪和彭海涛把县委机关人员和袁观林的部队集结起来，简单地作了几句战前动员，然后就率队跑步向八里棚子赶去。

战斗在八里棚子打响。开始的形势一片大好，一切都按陈洪他们的预期在走，敌弱我强，战斗打到晌午，伪军已经招架不住，意欲撤逃。伪军开始边打边往磨盘山方向跑，想从那边过河绕回孙家埠，游击队则在后面一路穷追。

新四军准备冲锋

可是就在这个时候，最不愿意看到的情况出现了，随着情报不断地送到，伪军各方增援的部队已经陆续赶来：东边驻孙家埠、洪林桥和鸡头岭据点的日军正在西渡水阳江；宣城方向的日军也出动了，前锋就快到板桥，两边人马加起来超过200人。而宁国、新田、黄渡等方向好像还有国民党顽军在集结。

陈洪预感到情况不妙，立即命令部队停止追击，他让向阳火速率本部到板桥方向去阻击敌人。眼下，赶往码渡口去阻击半渡的日军显然已来不及了，考虑到水阳江河西一带都是冲积平原，附近只有西边5公里处的峄山是唯一的制高点，所以陈洪命令其他人都去抢占峄山，并派人送信给在赵村的上官绪德，命他马上率队到围家塘上山，抢占望牛墩，阻击孙家埠过来的日军。同时陈洪又写了封"鸡毛信"，让交通员必须以十万火急的速度，送到驻扎在郎溪县毕桥附近的新四军第6师第16旅48团，请求他们派兵增援。另外，他还布置让西进区委的干部赶紧分头去各党支部，组织民兵一起参战。

而此时，得到两方日军赶来增援的消息，刘文瑶部伪军立刻缓过气来，与已经西渡的日军汇合，反过来又追赶游击队。

陈洪率众人刚上了峄山，负责阻击的沈村区队上官绪德部就与从东边孙家埠方向追来的日伪军交上了火。西北面，向阳部也与从宣城赶来的日军在蛟龙山打了起来，战斗非常激烈，可谓枪林弹雨，硝烟弥漫。陈洪担心向阳这边顶不住，于是通知上官绪德弃守望牛墩，让他带二十几人赶去增援向阳，其他人上峄山。

此时，附近的民兵和群众200多人扛着土枪、大刀以及锄头、铁锹、稻叉等各式农具，也陆续地到了峄山。游击队与日伪军就在峄山周边摆开战场，杀得昏天黑地。

黄渡乡峄山，主峰海拔218米，次峰183米

新四军、游击队各级领导都知道，日寇都是职业军人，受过严格的军事训练，尤其是拼刺刀这样的肉搏近战技巧很在行；但己方由于武器及弹药的限制，只能选择近身缠斗，这样在搏击上虽不占优势，但是民兵农具都能发挥作用。所以，游击队别无选择地与敌人绞杀在一起，当时的战场十分混乱，双方缠斗不休、乱作一团。游击队、民兵边打还一边高喊："中国人不打中国人！"也许是良知发现，也许是被惨烈的场面吓住了，总之，有几十个伪军就这么悄悄溜走了。汤富林由于肺结核病尚未痊愈，身体虚弱，在同日寇拼刺刀时不幸牺牲。

向阳烈士陵园内壁画：峄山战斗救陈洪，与日军浴血奋战

当时上官绪德率部跑步前进，从围家塘上山抢占望牛墩高地，迅速布置了兵力，准备阻击孙家埠方向增援日伪军。他从望牛墩制高点看过去，只见蛟龙山坝子阵地上硝烟弥漫，枪弹、炮弹暴雨般地倾泻，碗口粗的松树被炸倒，面对 5 倍于游击队的敌人，向阳沉着应战，指挥着部队打退了敌人的多次冲锋，战斗仍在激烈地进行。上官绪德与指导员洪德才商量后，把阻击任务交给了洪德才，他带了 10 多名战士前去增援向阳。

向阳见到上官绪德，首先问了一下望牛墩的情况，疲惫地说："这里战斗很激烈，伤亡较大，区队长汤富林同志牺牲了，我休息一会，这里你来指挥一下吧。"上官绪德接受了任务，建议派一部分同志把伤员抬下去。向阳说："暂时还不行，阵地上连你带来的只有二十几个人了，我们刚刚打退了敌人的冲锋，敌人的伤亡很大，现在你可以带队伍冲一下。"

上官绪德带队向山下冲去，半途见一片黑压压的日伪军端着刺刀俯卧在地上。突然，一发炮弹在他身边爆炸，他被弹片击倒，队伍一下子退了回去。敌人从地上爬起追了上来，向阳一把从战士手中夺下机枪向敌人扫射，用密集的火力压住敌人，上官绪德被救了下来。敌人又再次反扑，向阳带领两个战士掩护部队撤退，一会儿，两个战士受伤了，剩下向阳单枪匹马阻击敌人。向阳利用熟悉的地形打击敌人，一会儿子弹打完了，估计队伍已走远，便往回撤退，途中不幸被敌人手榴弹炸倒，他昏死过去。

天渐黑时，已经在半路上的日军援军得知，前来增援游击队的新四军第6师第16旅48团的1个加强营的兵力已赶到离峄山仅10余里处，日军知道48团是新四军的正规军，而这支部队是以班作为"伙食单位"，也就是说，他1个班有100多人，实际上是1个标准的连队，对外称1个班；那他1个加强营至少就是1个团的兵力（这主要是因为编制问题，迷惑国民党蒋介石）。日军觉得形势不妙，便慌忙带着少数伪军逃走了。

天黑以后，游击队终于突破了敌人封锁。陈洪他们打了一整天，部队伤亡较大，这时收拢部队、安顿伤员，统计人数时发现向阳未回，大家都以为他牺牲了，不由得放声大哭。直到第二天早晨部队转移到曹村，才得到向阳还活着的佳音，大家分外高兴。

"峄山战斗"这一仗，共打死日军10余人、伪军30多人，打伤日伪军100多人。游击队和民兵方面，伤亡总数也超过100人。峄山战斗后，日伪军再也不敢轻易出来扫荡。

第二节 狸头桥反"扫荡"

1940年3月30日，国民政府内部以汪精卫为首的反共亲日派，在南京成立伪"中华民国国民政府"，在日寇卵翼下建立了傀儡政权。汪伪政权实行"清乡政策"，在其"统治"区内到处捕杀抗日爱国人士。及至抗战进入反攻阶段后，汪伪政权已经江河日下，可伪军们并不甘心就此穷途末路，于是他们在所能触及的势力范围内，不断进行疯狂的"扫荡"，企图消灭或驱逐共产党的革命力量。

1945年上半年，新四军苏浙军区主力部队挺进浙西，在天目山地区开展

"反顽"自卫反击战。6月下旬，活动在溧阳、高淳和郎、广地区的新四军主力也开赴天目山参加第三次反顽战斗，伪政权觉得机会来了，于是乘虚而入，进犯宣、当抗日根据地。6月24日，驻高淳县城的日军和伪独立15旅189团以及受其控制的反动地方武装黄枪会（一说大刀会），从东坝、固城、港口分三路大举进犯宣当行政办事处中心区的狸头桥、漕塘等地。强敌压境，宣当人民抗日自卫总队和区、乡地方武装分组阻击，宣当警卫连与伪军进行两天的穿梭战斗，在掩护县、区干部安全转移后，于6月25日开始撤离阵地。当时战场所在地北有固城湖、南有南漪湖，而西边又有众多的敌伪军战事工程，囿于地形所限制，警卫连只能一路向东撤离，向新四军主力部队靠拢。撤退中，为掩护大家安全撤离，朱昌鲁队长殿后，裤子被伪军的子弹打穿了一个大洞。当日中午，敌人占领了漕塘、狸头桥等地。

游击队移动作战

占领了宣当抗日根据地中心区后，伪军将团部设在狸头桥北侧河北村唐维藻的大院内，又将全团1000余人分散到周边多个据点；当时的更楼巷、咎家台、郑村、慈溪等地都有伪军的据点。伪军在各据点到处抓民夫、挖战壕、筑碉堡，实行驻扎扫荡。他们设伪"政权"，利用伪乡长、伪保长抓捕基干民兵，大肆搜捕和残杀共产党人。民兵于大华、云山农会主任周小木、红杨农会主任陈思春等相继遭到杀害。根据地被伪15旅占领后，除区中队的武装活动外，民兵还自动组织了一个小队，由刘俊民率领，后因为一个叛变的民兵告密，刘俊民也被伪军捕去，关押在碉堡中。在塔山，日军甚至还活埋了两名新四军战士。除了制造白色恐怖外，伪军还在占领区强迫老百姓交粮交钱，弄得民不聊生，百姓恨之入骨。一时之间，狸头桥一带人心不宁，形势动荡。

日伪军残暴的行径，让新四军战士们义愤填膺。

在敌人占领漕塘、狸头桥等地期间，宣当人民抗日自卫总队和区、乡地方抗日武装在中共宣当县委、办事处的领导下，分散坚持原地斗争，采取灵活的游击战、麻雀战、偷袭战等战术与敌周旋，不断消耗敌人的有生力量。7月上旬，伪军到昆山区龙王冲扫荡遭伏击；7月中旬，宣当警卫连抓住战机全歼南姥嘴伪军据点守敌；昆山区大队袭击韦村伪军，毙敌8名，后又烧毁竹塘反动大刀会会堂，击毙大刀会会首。经多次战斗，游击队粉碎了伪军一次又一次的"扫荡"，保卫了根据地抗日民主政府，减少了人民群众生命财产的损失。

1945年8月9日，毛泽东发表《对日寇的最后一战》声明。根据中共中央和延安总部的指示和命令，各抗日根据地军民向日伪军发起猛烈的全面进攻。宣城中东部抗日根据地和宣当抗日根据地的军民迅速行动起来，对所在地的日伪军展开有力的广泛进攻。

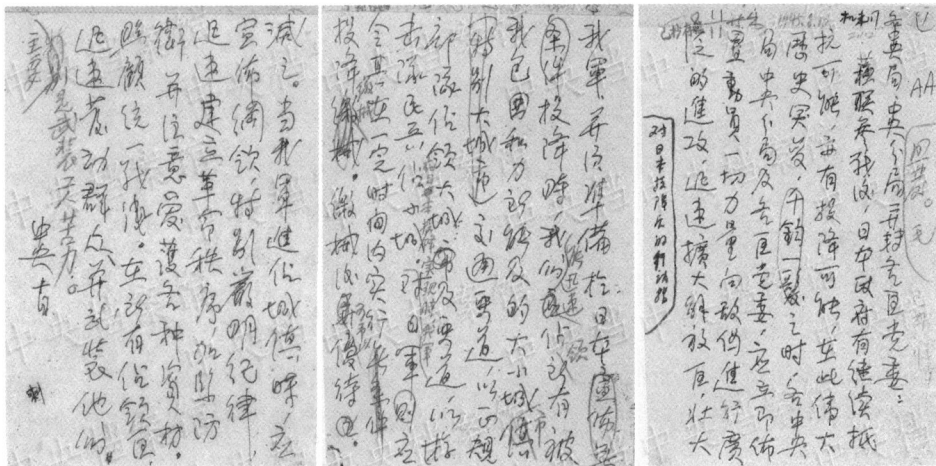

中共中央关于"对日最后一战"文稿

在宣当抗日根据地，号称宣城抗战的最后一仗终于打响。7月底，新四军苏浙军区第1纵队第3支队47团团长黄玉庭等人与宣当办事处主任朱昌鲁、组织部长徐德建等，周密商定了"狸头桥反扫荡"作战方案，调集第16旅47团及地方武装约2000人投入战斗，团指挥部设在莲花塘。具体方案是：1营攻打狸头桥；2营一部及宣当自卫总队两个连攻打更楼巷、眘村、韦村、郑村；3营一个连攻打慈溪并阻击水阳的增援敌军，余部作团预备队，宣当人民抗日自卫总队的人员分别编入47团各营配合作战。

8月9日上午，按照预定方案，新四军事先隐藏起来，待发现敌人后，便迅速将塔山、云山、狸头桥的敌人进行分割包围。当晚11时，夜黑天高，战斗全面打响，报仇的机会来了①。新四军指战员们浴血奋战，英勇杀敌。1营在叶营长的率领下直捣狸头桥，次日下午2时结束战斗；2营以两个连攻打更楼巷、一个连和宣当警卫连攻打郑村、韦村，至次日中午更楼巷之敌被歼；3营预先拆掉了水阳至狸头桥的通道——路桥，并在路桥和白马一带设伏阻击，全歼慈溪之敌。各营战斗到次日先后结束，均完成了预定的目标任务。

新四军反扫荡战斗

8月10日下午，新四军47团和宣当人民抗日自卫总队全部开赴狸头桥集镇，按计划方案实施围歼伪军团部。晚上10时，部队对伪军189团团部发起总攻，在火力掩护下，战士们顶着"土坦克"（桌面铺放多床浸湿的被子），攻至敌团部驻地附近。经过两个小时的激战，除伪团长阎斌偕十余人落荒而逃外，其余伪军均被歼灭，新四军共缴获迫击炮4门、轻重机枪42挺、长短枪1200余支和大量弹药。

至此，宣城抗战的最后一仗——"狸头桥反扫荡"战斗大获全胜，为当地的抗战胜利画上了漂亮的感叹号。这一战役战果斐然，全歼汪伪15旅189团1000余人，使苏皖边6县3块抗日根据地连成一片。之后，日本于8月15日宣布无条件投降，而南京"伪政府"也于8月16日解散。

---

① 8月9日晚11时，在王必成、江渭清的指挥下，新四军第16旅指战员在栗高、宣当长达30多公里的战线上，及时向日伪军发起进攻。

第三节　"宣州的女儿"

新四军"东进北上"时，军部将部队编为3个纵队：第1纵队为左路纵队，由老1团、新1团组成，约3000人，司令员兼政治委员傅秋涛，副司令员赵凌波，参谋长赵希仲，政治部主任江渭清；行动路线由土塘到大康王一带集中，准备翻过霄岭向榔桥地区开进。第2纵队为中路纵队，由老3团、新3团组成，约2000人，司令员周桂生，政治委员黄火星，副司令员冯达飞，参谋长谢忠良，政治部主任仲德胜；行动路线由北贡里到达凤村附近，然后集中准备经过高坦、丕岭、向星潭开进；军部首长和军直属机关人员大约2000人随第2纵队行动。第3纵队为右路纵队，由老5团、军特务团组成，约2000人，司令员张正坤，政治委员胡荣，参谋长黄序周，政治部主任吴奚如；行动路线是先到达茂林、铜山地区集中经过麻岭、高岭后再会集星潭。

皖南事变中突围的新四军

1941年1月6日上午，国民党顽军在泾县丕岭脚下的纸棚村，打响了皖南事变的枪声。当天下午，军部在茂林南面潘村的潘家祠堂召开各纵队首长会议，1纵队由傅秋涛和江渭清参会。会议决定以1纵队出裘岭，2纵队出丕岭、博道岭，3纵队出高岭。三路纵队于7日拂晓前通过各岭，正午前会攻星潭。攻占星潭后再向东挺进到达三溪，以突破顽军的包围圈。

7日拂晓，国共双方军队开始大规模战斗。当傅秋涛率领第1纵队拿下裘岭之后，正按计划焦急等待其余两个纵队前来会攻星潭之时，却突然接到军部电令，要各纵队回撤，改道太平进黄山再伺机东进。1纵队只好服从军令掉头往回冲，却陷入敌人包围。

8日至9日上午，1纵队电台多次与军部联系，均无反应，直到9日中午才收到军部回电：命令1纵队牵制敌军，掩护随2纵队行动的军部和3纵队顺利突围，在万不得已的情况下，独立自主到达苏南。当晚，傅秋涛在廊桥河边的小茅棚里召开干部会议，决定连夜突围，依靠新1团拼死掩护。第1纵队数百人在傅秋涛、江渭清和老1团熊应堂团长、肖辉锡政委等率领下，于9日晚、10日晨先后冲过廊桥，突出重围，到达泾县、宁国、旌德交界的山区老虎坪一带休整。

在老虎坪，1纵队陆陆续续聚集了500多人，其中老1团连、营以上干部基本健全。傅秋涛和江渭清将部队编成一个步兵连和两个手枪连，为继续突围做准备。此后部队又遭遇顽军几次围攻，减员200多人。为了缩小目标，冲破敌人的重兵包围，傅秋涛、江渭清决定将300多人的队伍化整为零，分别率几十人的小部队向苏南方向独立突围。为便于轻装突围，傅秋涛夫妇细心安置了伤员，还忍痛将未满1岁的女儿交给当地的老乡抚养。

当时的情况是，傅秋涛带着部队突围到泾县东乡杨皮西坑鸟雀岭，他们的目标是苏南，沿途不知还有多少关卡和封锁区，不知道还有多少仗要打，带着孩子，会给部队行动带来不便。无奈之下，傅秋涛夫妇只得把他们的女儿送到鸟雀岭脚下一位姓胡的老百姓家里寄养。

这个送给老乡寄养的小姑娘就是傅还（又名傅寰，原名傅国美），是傅秋涛与妻子陈斐然的次女，于1940年3、4月间在泾县北贡一带（当时新四军老1团驻地）出生。她先后在皖南生活了9年之久，度过了她充满辛酸、苦难的童年；在这9年里，她远比一般平民百姓的孩子的生活还要艰辛，恐惧和无时不在的死亡威胁包围着她。而为了她，泾县、宣城两地的乡亲和中共地下党员们也付出了血的代价。

突围后，傅秋涛到苏北盐城新成立的新四军军部汇报，一边学习，一边接受必要的审查，历时 1 年。1942 年 3 月，傅秋涛被任命为驻安徽无为的新四军第 7 师副（代）师长。

1941 年皖南事变后与突围出来的同志合影。前排坐的为傅秋涛夫妇

1943 年，在皖南山区坚持斗争的新四军游击队领导人、皖南特委书记胡明去江北第 7 师师部汇报工作时，傅秋涛找到胡明，请他帮忙寻找寄养在群众家的女儿，并委托胡明同志安排她女儿的生活。回皖南后，胡明把这个任务交给了当时在泾、旌、宁、宣一带活动的刘桂生、吕辉、汤富林等人。

1943 年秋冬时节，刘桂生、吕辉、汤富林在鸟雀岭脚的胡金玉家找到了傅秋涛之女傅寰。经过认真核实，汤富林向组织汇报后，付给了胡金玉儿担米，作为女孩 3 年的抚养费用，一再感谢并叮嘱保密。据傅寰后来回忆，说当时护养她的那家小孩很多，大概有五六个，记得有一天，有人说国民党的部队要来，把她急忙抱走了；傍晚等她回来时，看见这家主人被放在门板上抬回来，人已经死亡。之后，游击队就马上把她转移了。

1944 年农历三月，游击队把傅寰送到宣城县溪口镇塌泉村端基台，交给老共产党员桂柏林抚养。桂柏林的儿子桂有根后来回忆说，吕辉将傅秋涛女儿从泾县涌溪转移到他家时，他当时正在种苞谷，不知道女孩的具体情况，只知道是师长的女儿。来到溪口后，女孩改名随桂家姓，叫桂英，成为宣城人民的女儿。当年 7 月，桂柏林在白果树被国民党行动队打死；于是同为秘密党员的桂有根接过抚养桂英的重担，为了安全起见，桂有根把家搬到了更偏僻的胶塑坑。

宣城溪口山区

在溪口山区生活了两年以后，危险再一次威胁到这个女孩。1946 年 5 月底，"泾旌宁宣"游击队内部发生了李金狗叔侄叛变事件，因为李金狗的家就在溪口塌泉附近，他知道桂有根家的这个女孩是新四军一个师长的女儿。故此李金狗叛变后，既想向国民党出卖傅秋涛的女儿邀功，又怕他自己和家人将来受到游击队的报复，犹豫不决。于是，在 9 月的一天，李金狗一个人先跑到塑胶坑桂有根家里打探情况。

桂有根一见到穿着国军军装的李金狗，就知道他是冲着傅秋涛的女儿来的。怎么办？用什么方法才能保护住这个革命后代的安全？桂有根思量后觉得如果硬抗，可能抗不过去，那样的话，非但保护不了桂英，可能还会激化矛盾，带来更恶劣的后果。急切中桂有根想，还不如反将一军，看看李金狗的反应。于是他冲着李金狗说："这个小孩你不能动！你要把她搞死了，不但我一家人的性命不保，共产党恐怕以后也饶不了你！你不要看国民党现在闹得欢，可是你就知道共产党将来一定得不了天下吗？"

也许是良心有所发现，也许是怕将来受到惩罚，总之，李金狗在桂有根说了这番话后，当时就没有动傅秋涛的女儿。李金狗走后，桂有根心里就一直不能平静，他害怕李金狗万一再动坏心思，到时会不好办。于是，他以加急"鸡毛信"请示吕辉该怎么办。吕辉得到消息后，带信叫桂有根将女孩送到宁国板桥，交给喻家顺。于是桂有根立刻背着傅秋涛的女儿去了板桥。

桂英到板桥后，吕辉单独把游击队员黄义成找去，把人交给他，并对他说："你在涌溪养病，对涌溪的情况熟悉，现在把桂英交给你，你在涌溪找一户可靠的人家，把她安置好。这件事情，只有你一个人知道，不许告诉任何人，出了差错，杀你的头。"黄义成后来回忆说，他接受任务后，在一天夜里等到大家都睡熟后，才把睡得迷迷糊糊的"桂英"背起来，翻山越岭走了一夜，天快亮时到了涌溪的二坑（当时是一个只有8户人家的小村子，都姓胡，同一宗族，对外抱团较紧）。到了二坑，黄义成径直来到胡宗来家。胡宗来家只有他和母亲、妻子共三人生活。黄义成说明来意，并对胡宗来强调：一、孩子名叫"小妹"；二、对外则称"小妹"是母亲的幺姑娘；三、宁可自己死，也要保护好"小妹"；四、游击队负责每月提供60斤大米的口粮，穿衣、看病等其他费用由他提供。

涌溪的地形好，大小山坑70余条，有茂密的森林，是红军时期的老根据地。这里的群众热爱红军游击队，后来又热爱新四军游击队，孩子放在这里比较放心。这样，"小妹"就在胡宗来家秘密安顿下来，周边的村民也为这个"小妹"守住了秘密。一直到当地解放后的1949年夏，"小妹"才在胡宗来的陪同下，从青弋江坐上小竹排到芜湖，转而又乘轮船到达南京，在南京遇到了时任解放军第二十四军副军长的梁金华；梁金华是傅秋涛的老部下，新四军在云岭时曾任傅伙涛的参谋长。梁金华安排他们坐船到上海，傅寰终于回到了亲生父母的身边。

傅寰和父母的合影

第四节 "北撤"路上

一、北撤

日本投降后不久，国共两党举行"重庆谈判"。国民党又把在"皖南事变"前就要求将江南新四军撤到苏北的话题再度提出。共产党为维护和平大局、避免内战发生，同意让步。此即史称新四军"北撤"。

新四军的北撤在十分秘密的情况下紧张进行。

1945年9月20日，中共中央指示华中局：浙东、苏南、皖南部队北撤，越快越好；同时要求在撤退前应部署以后的秘密工作①。华中局根据中央的指示，作出相应的部署。

新四军苏浙军区指战员北撤途中

---

① 1945年9月16日，中共中央指示华中局："你们苏南、浙东、皖南三地区部队，如果和平局面出现，有转移到江北之可能，望你们立即注意控制北上道路，保证北上安全，准备于将来适当时机渡江北上。"9月20日指示部队北撤"越快越好"。此事已在重庆谈判中作为一个让步向对方提出，且有好的影响。

在宣城，北撤主要分两个部分进行，即当时中共高淳县委领导下的"宣当"地区、中共宣城县委领导下的宣城中东部地区的武装部队撤离。

"宣当"地区。中共苏浙区委和苏浙军区接到中共中央和华中局的指示后，立即部署主力部队、党政干部和地方武装的北撤工作，控制北上公路线，确保北撤安全。

9月26日，高淳县委召开紧急会议，传达上级指示，研究部署北撤工作；会议要求以最快的速度通知各区委，在3日内做好各项准备工作。9月底，高淳县委在基本上完成人员、武器、物资等准备工作后，便接到上级北撤的命令。"宣当"地区北撤人员奉命到高淳县城附近的保圣寺集中，进行组织整编。整编后的宣当警卫团共700多人，由团长朱昌鲁、政委彭炎率领；干部近百人，由队长周林、指导员张光率领。10月初部队开始北撤，10日前后随苏浙军区第1纵队渡过长江，胜利完成战略转移。

宣城中东部地区。由于宣城县委、皖南地委和新四军第7师的联系比较困难，直至9月27日夜间，正在孙家埠嵇村的宣城县委陈洪、彭海涛等领导接到新四军苏浙军区司令员粟裕的密信：命令他们迅速组织所有武装人员和党政干部，于9月30日赶到广德县城集中，然后北撤。宣城县委立即行动，连夜向各区布置北撤工作，以最快的速度做好北撤的各种准备，火速集中各区武装和根

1945年11月宣城大队北渡干部

据地党政工作人员，于 29 日从桂峰乡嵇村出发，1000 余人的北撤队伍如期到达广德县城，与苏浙军区第 3 纵队第 8 支队会合。随后撤至戴埠整编为"宣城大队"。10 月 3 日至宜兴张渚休整。5 日抽调留守武工队后，宣城大队在政委陈洪的率领下，随苏浙军区部队，经苏南顺利渡江，到达苏北淮阴，编入新四军第 7 师第 20 旅 60 团，胜利完成战略转移。

二、匡大姐掩护新四军游击队北撤

1945 年 9 月 27 日深夜，在孙家埠集镇，进步群众匡大姐家的小院内匆匆进来一个人，来人捎来彭海涛的"鸡毛信"，密信的内容是要求匡大姐务必掩护已经暴露政治面貌的同志，在两天内火速撤出孙家埠到沈村汇集北上，没有暴露的同志全部秘密转移到乡间隐蔽。

接到密令后，匡大姐立即行动，两天内及时掩护撤走 27 人，最后一人是文书方斌。方斌直到 29 日上午才接到消息，给匡大姐的回话是午饭后就动身。

该撤的都撤了，匡大姐觉得轻松了很多。午饭后，她便走出家门，想去上街头商量转移到乡间的同志的事。却不想刚走到中街，匡大姐就看到国民党的行动队急急忙忙在跑，她预感到情况不妙，便一口气跑回家。果然，女儿小萍见到她就说："妈，方叔叔来啦，他到郭伯伯家去了，还留了一个包在这！"一边将衣柜打开指给她看。

一见到方斌的文件包，匡大姐心头一紧。怎么办，干脆把包烧了，可是万一里面的东西很重要怎么办？时间容不得她多想，急切中，她叫来住在隔壁的侄儿，用一个米袋把文件包装了，然后倒进去十多斤米，吩咐侄儿扮成农民上街卖米的样子，立刻出门，将东西送走。

侄儿走后，匡大姐转身就往老郭"同志"家跑，老远就看到老郭的妻子站在后门口放哨。进门后，见方斌正在和老郭几个人握手告别，匡大姐便喘着气急切地说："不好了，你被发觉了，街上已经闹慌了，赶紧从后街跑！"接着她又补了一句，"文件包给你送到孟村去了，他在那等你！"因为不知道方斌是在什么地方被发觉的，大家紧急商量了一下，决定让他立刻动身撤离。老郭拿了一套破衣服让方斌穿上，然后从院子里找来一担粪筐，让方斌挑了出门从后街前往孟村，幸好路上没人注意，方斌才得以脱身。

三、悲壮的"留守"

1945 年 10 月 5 日，新四军北撤路上的宜兴张渚：中共苏浙区委召开留守工作会议，决定成立中共"苏浙皖边特委"，对外称"新四军苏浙皖边区留守处"。主要任务是善后工作，保护共产党的组织和群众组织。如国共和谈成功，和平民主局面出现，则作为党在该地区的办事机构；如和谈破裂内战爆发，则相机开展游击战争，适当牵制敌人。特委由陈立平任书记，熊兆仁、倪南山、孙章录为委员。特委下设茅山、太滆、浙西、郎广4个工委。其中郎广工委书记为张思齐、副书记为许道珍，委员分别为丁浩、彭海涛、胡惠民、刘丹、向阳；下辖宣城、郎溪、广德、长兴4个县，分别由彭海涛、丁浩、胡惠民、刘丹担任4个县的特派员，负责各县的工作。会议还决定在军事上成立"苏浙皖边区"司令部，熊兆仁为司令员，原郎溪独立团1连改编为工委警卫连，共有3个排、70多人枪；另有宣城武工队30人、郎溪武工队25人、广德武工队26人、长兴武工队18人，全部武装200余人，机枪5挺。

　　会后，苏浙军区副司令员叶飞找宣城县委领导谈话，宣布：陈洪随军北撤，彭海涛、向阳带队回宣城打游击。

苏浙军区副司令员叶飞

　　当时的情况是，国民党宣城县党部和县政府已从周王迁回宣城，正在孙家埠、水阳、狸桥、溪口等地捕杀尚未来得及北撤的游击队零散队员、基层干部及其家属，留下来意味着什么自是不言而喻。但彭海涛二话没说，和向阳一起率队返回宣城。据随队回宣城留守的战士雷鸣午后来回忆：当时所有随队回返的战士都不清楚是啥意图，直到进入广德境内，在广北仙姑庙，彭海涛才在整训会上告诉大家，游击队是回宣城继续坚持斗争，要大家认识留守斗争的长期性和艰巨性，提高组织纪律性，树立必胜信心，学会用好游击战争的战术。

10月中旬，宣城武工队回到宣城。他们广泛开展宣传，张贴《告皖南同胞书》，散发《告新四军军、烈属书》，张贴各类标语；同时还联系与收容未撤离人员，组织武装税收小组等。11月初，武工队更是主动出击，炸毁了孙家埠与水东交界的鸡头岭国军碉堡和武器弹药。

由于武工队动静较大，加上新四军北撤后，很多群众一时不理解，甚至一些人流露出失望情绪，造成民心不稳；而此时宣城境内国民党军队骤增，更使一些立场不稳的乡保长、绅士开始动摇。不久，宣城武工队就被国民党军队盯上，形势一下变得异常紧张。于是武工队转移到鸦山一带活动，白天守在山上，晚上下山活动。一天天黑前，彭海涛、向阳带着警卫员江世红及炊事员一起下山，找附近的老百姓为战士们做饭，其余的战士则由排长钦怀欣带领在草丛里隐蔽。不曾想，天黑的时候，国军一部开始搜山，快到战士们藏身之处时，国军士兵边打枪边喊口令；一些游击队员误以为暴露了目标，便一下从草丛里站起来往别处跑，结果真的被国军发现，双方交上了火，武工队被打散。

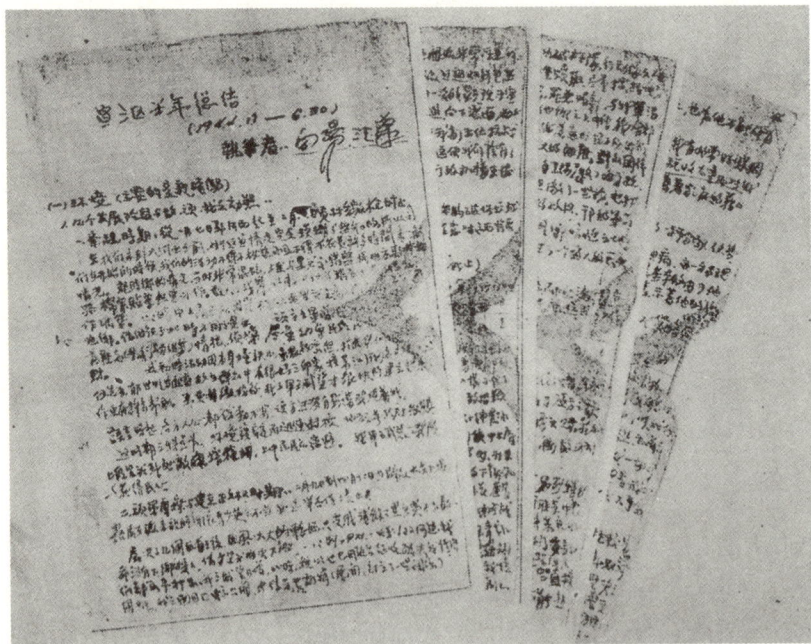

向阳总结报告手迹（右侧颜色深处系此次负伤浸染的血迹）

　　彭海涛、向阳突出包围后，决定分开寻找被打散的战友。11 月 5 日前后，彭海涛带两名战士到了桂峰乡玉粒保（今孙埠镇南部）小王村。因两面派保长王传新告密，彭海涛被国民党桂峰乡中队抓获，从他身上搜出手枪、整风自传、日记本和游击队活动经费等。差不多是同一时间，向阳在洪林桥麻姑山南麓的林家岗黄罗罗（一说林正木）家落脚时，被反动保长孙作柱探知，将消息报告国民党情报员大土匪陈华章和绅士孙德龙，遭到国民党新 7 师和县常备队的包围。正在洗澡的向阳来不及穿衣便急忙往外冲，当突围到十亩冲的渣巴田时，被新 7 师士兵的子弹打中，当场倒在田里，又被洪南乡士兵杜汉才补上几枪，向阳壮烈牺牲。

　　这之后，国民党军第 145 师、146 师、新 7 师和反动地方武装，对宣城中东部和宣北地区进行大搜捕。水东及其周围村庄 100 多人被第 145 师抓捕（7 人

抗日战争前的宣城南楼、天延阁

被杀害）；桂峰乡稽村一带 100 多人被抓捕，或关进监狱或被杀；原宣城游击大队队员方全胜、张启龙等人因为没有跟上北撤部队，先后被捕；游击队员熊远田和曾担任过长岭村（属原昝村乡）农会主任的吴少杰等人，先后被杀害；昆山区民兵李有亮因拒绝自首，被杀害。

宣城的革命暂时处于低潮之中。但是，宣城的共产党组织和游击武装的活动从来没有停止。他们以坚韧不拔的精神和必将胜利的信心，继续在留守中积蓄力量，采取各种有效的方式坚持斗争，终于迎来了中国人民解放军的大反攻。1949 年年初，为策应解放战争，中共"芜当宣"工委在宣北成立宣传、向导、武装等小组，广泛宣传解放军"三大纪律八项注意"、新区"十大政策"、对国民党军政人员"约法六章"等政策；在城乡组织"反蒋反美统一战线同盟小组"和"贫雇农小组"等人民团体，大力宣传，稳定人心，确保学校不迁移、学生不流亡、商店不停业、百姓不搬家。中共"泾旌宁宣"县委在宣南增强武装力量，筹集军需物资，搜集情报信息，充实向导和支前队伍。4 月 24 日黎明，原新四军将领、第三野战军第 27 军第 80 师师长张铚秀率部解放宣城。26 日，泾旌宁宣县委书记王文石率部进驻宣城，成立中共宣城县工作委员会，王文石任书记。同日，解放军第 9 兵团 291 团团长尚炜率部入城，负责宣城的警备。28 日，谭震林抵达宣城，指示成立宣城县军管会，尚炜任主任。至此，宣城人民进入新时代。

四、新四军番号的撤销

皖南事变后，蒋介石反诬新四军为"叛军"，于 1941 年宣布取消新四军番号，国民党顽固派将第二次反共高潮推向顶峰，中共中央同国民党顽固派进行了针锋相对的斗争。

1941 年 1 月 20 日，中共中央军委发布重建新四军军部的命令，任命陈毅为代理军长，张云逸为副军长，刘少奇为政治委员，赖传珠为参谋长，邓子恢为政治部主任。28 日，新四军新军部在苏北盐城成立，随即将全军整编为 7 个师和 1 个独立旅，共 9 万人，继续坚持长江南北的抗敌斗争。7 个师组编序列为：

第 1 师，师长粟裕，政委刘炎，副师长叶飞，政治部主任钟期光，辖第 1、2、3 旅；第 2 师，师长张云逸，政委郑位三，副师长罗炳辉，参谋长周骏鸣，辖第 4、5、6 旅；第 3 师，师长兼政委黄克诚，参谋长彭雄，政治部主任吴法宪，辖第 7、8、9 旅；第 4 师，师长兼政委彭雪枫，参谋长张震，政治部主任肖望东，辖第 10、11、12 旅；第 5 师，师长兼政委李先念，参谋长刘少卿，政治部主任任质斌，辖第13、14、15旅；第6师，师长兼政委谭震林，参谋长罗忠毅，辖第16、18旅；第7师，师长，张鼎丞，政委曾希圣，副师长傅秋涛，参谋长李志高，政治部主任何伟，辖第19旅、挺进团。

抗战胜利后，1946年1月7日，新四军军部与山东军区合并，成立"新四军兼山东军区"和山东野战军，陈毅为军长兼司令员，饶漱石为政治委员，张云逸、罗炳辉为副军长兼副司令员，黎玉任副政治委员，陈士榘任参谋长，袁仲贤任副参谋长，舒同任政治部主任，唐亮任政治部副主任。留在苏北的新四军编为华中军区（司令张鼎丞，政委邓子恢）、华中野战军（司令粟裕，政委谭震林），归新四军兼山东军区领导。6月，全面内战爆发。9月23日，中共中央指示：为集中使用兵力，山东野战军和华中野战军指挥机关应合一。据此，成立了华东野战军指挥部，陈毅任司令员兼政治委员，粟裕任副司令员，谭震林任副政治委员。

新四军各时期的臂章

1947年1月23日，中央军委又发布命令，撤销华中野战军、华中军区、山东野战军、山东军区和新四军番号，原新四军主力7个师中第1、2、4、6、7师及山东军区一部合编为华东野战军。原新四军第3师已于1945年开赴东北，并在1946年编为东北民主联军第2、6纵队；原新四军第5师与八路军第359旅、河南军区等部编为中原军区。华东野战军成立时80%的兵力源自新四军，东北民主联军成立时35%的兵力源自新四军，此外新四军也构成了西北野战军一部。

"新四军"圆满完成了历史使命，番号于1947年1月30日正式撤销。在抗日战争中，新四军抗击和牵制了 16 万日军精兵，对日伪作战共 24617 次，对顽作战 3212 次，共歼日军 11 万余人、伪军 35 万余人、顽军 14 万余人；新四军也在战斗中光荣牺牲了 8.2 万名将士。新四军在抗日烽火中发展壮大，从最初的 1 万余人，发展到拥有正规部队 21.5 万余人，地方武装 9.7 万余人，另有民兵自卫队 96 万余人；建立了地跨苏、浙、皖、豫、鄂、湘、赣 7 个省的 8 块抗日根据地，收复国土 25.3 万平方公里，解放人口 3420 万人，成为华中地区的主力军。在新四军持久不断地打击下，日军被迫收缩兵力，盘踞在大中城市和交通要道的点线上，造成了农村（华中抗日根据地）包围城市（日伪军）、并最后夺取城市的军事态势，为中国军队全面反攻日军创造了条件，为中国人民抗日战争的最后胜利，做出了伟大的历史贡献。

第九章　新四军名将在宣州

第一节　叶挺在"周王会议"前后

叶挺（1896 年 9 月 10 日—1946 年 4 月 8 日），字希夷，广东惠阳人，1918 年毕业于保定军官学校 6 期，1919 年加入中国国民党，1924 年加入中国共产党；1926 年率国民革命军第四军独立团担任北伐军先锋，在两湖地区大破强敌，被誉为"北伐名将"，为第四军争得了"铁军"称号。在 1927 年南昌起义、广州起义中，任前敌总指挥、工农红军总司令，起义失败后流亡欧洲，与党脱离了关系，后到澳门隐居。1937 年抗日战争爆发，叶挺任新四军军长，指挥部队挺进华中敌后，开展游击战争；1939 年 5 月北渡长江，在皖中庐江县东汤池主持建立新四军江北指挥部，指挥部队挺进皖东敌后，在津浦铁路东西两侧建立抗日根据地。

新四军军长叶挺

周恩来视察云岭新四军军部

　　1939 年 1 月，国民党"五届五中全会"确定"防共、限共、溶共"方针，限制共产党的发展，国民党顽军与"共军"摩擦增多。1940 年 10 月 19 日，国民政府军事委员会以正、副参谋总长的名义发出"皓电"，命令淮河以南的八路军、新四军 1 个月内开赴黄河以北，企图让"共军"与日寇正面交战，以稳定后方；接着第三战区即着手调集部队，做出新四军一旦违令即行堵击的准备。开始，中共中央希望新四军拖一段时间，一是出于战略需要，二是让叶挺要经费、要枪炮弹药。11 月 1 日，中共中央指示项英，叶挺及一部分工作人员必须过江，指挥江北新四军大部队；项英及皖南部队或移苏南渡江，或留皖南以备国军围攻时向南突围，并蒙受政治上的不利。9 日，中共中央以朱德、彭德怀、叶挺、项英的名义复以"佳电"，拒绝强令八路军、新四军全部开到黄河以北的无理要求，同意江南新四军北移。15 日，毛泽东在给周恩来、彭德怀、项英的电报中说："蒋介石怕我皖南不动，扰其后方，故部队既要认真作北移准备，以彼方缓和进攻时我们所给之交换条件，又要求彼方保证华中各军停止行动，以为我方撤退皖南部队时彼方给我之交换条件。"项英也希望拖延北移，不愿远离南方老游击区到北方敌后，也不愿到江北后失去新四军的指挥权。

　　叶挺与第三战区司令长官顾祝同、新四军名义上的上级第三十二集团军司令长官上官云相是保定军校 6 期同学，可以为新四军争取利益。根据军部安排，

11 月初，叶挺去上饶会见顾祝同，会商北移路线、军需补给等事宜；顾祝同同意给开拔经费和粮食物资，并"以政治人格担保"，保证新四军北移安全。11 月上旬，上官云相视察国军第 25 军时致电叶挺：本想到云岭视察新四军，因距离甚远，往返费时，请你来周王村适中地点一晤。第 25 军守备宣城以北团山至马头镇以北杭琅山一线，周王是国民党宣城县党部和政府抗战时驻地，处于第 25 军和新四军之间。15 日，上官云相与保定军校校友第 25 军军长张文清、第 108 师师长戎纪五先到宣城周王；16 日，第 52 师师长刘秉哲陪同叶挺来到周王。

在周王会议上，上官云相宣布了国民政府军事委员会命令，着新四军于 1940 年年底以前全部开过长江以北，希望叶挺能遵期过江。上官云相提出，新四军的行军路线为从现在的驻地直接向北，在芜湖以西的荻港附近过江到无为，这条路线最近最快，又是国军第三十二集团军和二十三集团军的防线，如有需要国军愿意尽力协助。

叶挺题词

荻港路线新四军曾派章家渡兵站站长张元寿带人侦察，并在第 3 支队的协助下，征集到近 300 条船，过江后就是新四军孙仲德部队的活动地区，本来没有问题；但有顽军宣扬皖南新四军要从此地北移，使日本军舰加强了对铜陵、繁昌到无为之间的江面封锁，大部队无法偷渡，同时也要考虑到顽军可能的攻击，这条路线已不安全。叶挺与顾祝同商定的是"苏南路线"，即军部从驻地经过马头镇、杨柳铺、孙家埠、毕家桥、郎溪、梅渚、南渡到溧阳竹簧桥、水西，再走苏南敌后北渡长江，最终到达苏北。这条路线是新四军军部与苏南部队经常来往的路线，沿途设有兵站，兵站里有民运组织，方便北移。因此叶挺表示，新四军已接到命令，于 1940 年年底开过江北；渡江地点希望能在镇江一带，走苏南路线；先将后方机构、修械所、兵服厂、印刷厂、伤兵医院及眷属等非战斗人员撤走；提前发放经费、粮弹、电料、医药器材，以便早日行动。

上官云相同意预先发给 500 万元法币经费，粮秣先发到 1940 年年底，以示真诚替新四军解决困难；其他所需，由新四军开出数量表册，他负责催请。

至于行军路线，上官云相说，新四军向东开拔进入苏南，在镇江附近渡江也可以，但这仅限于非战斗部队，而战斗部队仍要从驻地往北开拔进入沦陷区。而叶挺要保障部队的安全，仍然坚持要走苏南路线。

在"周王会议"的两天之中，双方几次谈判，在新四军北移路线问题上始终未能取得一致意见。会后，上官云相指定，新四军非战斗人员北移路线为：由泾县、周王村、黄渡镇、誓节渡、竹篑桥进入沦陷区，路线两侧10里内可以通过并宿住，不得越过线外，以免发生误会；战斗人员仍要从驻地北进沦陷区。上官云相又令部队沿途派人以招待为名，暗中查看北移人员及物资情况，逐日上报相关数目详情。叶挺也分别给第108、52师师长打了招呼，请他们不要阻拦辖区内苏南路线上的新四军。12月初，新四军分批从苏南路线北移。

抗战时期的宣城县政府，周王会议旧址

12月10日，蒋介石电令顾祝同："（一）查苏北匪伪不断进攻韩部（江北新四军与韩德勤部的"摩擦"），为使该军江南部队，不致直接对韩部之攻击，应不准其由镇江北渡，只准其由江南原地北渡或由该长官另予规定路线亦可。（二）该战区对江南匪帮，应按照前定计划，妥为部署，并准备如发现江北竟敢进攻兴化或至限期该军仍不遵命北渡，应立即将其解决，勿再宽容。"25日，中共中央提出"北移"条件，蒋介石断然拒绝。26日，中共中央致电项英、周子昆、袁国平，要求他们："最近全部决定北移。"①

这时，上官云相认为，新四军北撤的可能较小，"南窜"的可能较大；他将苏南路线称为"南窜"，并大造舆论，称新四军北撤是假的，真的是要搞"三山计划"，即"南窜"黄山、天目山、四明山，作为根据地；以此蒙蔽不明真相的国军和社会人士，一旦发生冲突，可以将责任推到新四军头上。12 月底，上官云相在徽州召开秘密军事会议，传达顾祝同的指示：新四军如果北撤，我们要"掩护"好，如果"南窜"，我们务要堵止住；并调动皖南 8 个师的兵力，作了异常周密的军事部署。1941 年 1 月 1 日，新四军军部向中共中央报告，皖南部队全部以战备姿态开往苏南，待机北渡。1941 年 1 月 3 日，毛泽东、朱德复电指出：你们全部坚决开苏南，并立即开出，是完全正确的。但军部根据项英指令汇报北移路线时，只含糊其辞地说走苏南一条线。而这时也已经超过蒋介石"规定"的北移期限了。

当时，新四军军部研究北移路线方案时，叶挺同项英发生了激烈的冲突。叶挺坚持走原定的苏南路线，项英坚决不同意。项英的路线是先绕道走茂林②，然后经榔桥、三溪、沿天目山脚下到宁国附近，再经十字铺到溧阳待机北渡。叶挺说苏南路线是与第三战区商定的，也跟沿途第 108、52 师说过，他们没有理由打我们，就算真打起来，只有 2 个师我们也不怕。项英说你能保证他们不打？打起来你能保证赢吗？我们不能凭感情和意气用事，我是要考虑全军指战员生命安全的，要做到万无一失。叶挺反驳项英，南走茂林就能保证他们不打？你又能保证部队不受损失吗？而且走天目山正好予人口实，人家打我们就更理

────────────────

①　这是毛泽东亲自起草的一份措辞极为严厉的电报，全文如下：

"各电均悉。你们在困难面前屡次来电请示方针，但中央还在一年以前即将方针给了你们，即向北发展，向敌后发展，你们却始终借故不执行。最近决定全部北移，至于如何北移，如何克服移动中的困难，要你们自己想办法，有决心。现虽一面向国民党抗议，并要求宽展期限，发给饷弹，但你们不要对国民党存任何幻想，不要靠国民党帮你们任何东西，把可能帮助的东西当作意外之事。你们要有决心有办法冲破最黑暗最不利的环境，达到北移之目的。如有这种决心办法，则虽受损失，基本骨干仍可保存，发展前途仍是光明的；如果动摇犹豫，自己无办法无决心，则在敌顽夹击下你们是很危险的。全国没有任何一个地方有你们这样迟疑犹豫无办法无决心的。在移动中如遇国民党向你们攻击，你们要有自卫的准备与决心，这个方针也早已指示你们了。我们不明了你们要我们指示何项方针，究竟你们自己有没有方针，现在又提出拖或走的问题，究竟你们自己主张的是什么？主张拖还是主张走，似此毫无定见，毫无方向，将来你们要吃大亏的。"

②　因未能及时收到项英的电报，1 月 5 日毛泽东获悉新四军行军至茂林并休整，7 月急电叶、项："你们在茂林不宜久留，只要宣城、宁国一带明了后，即宜东进，乘顽军布置未就，突过其包围线为有利。"

直气壮了。项英强硬地说，走这条路就是要打，我们也不怕，我们有充分的山区游击战经验，改编前我们就已经同国民党打了3年的游击，怕什么？新四军的一切决定权在项英，叶挺根本无可奈何。

皖南事变经过要图

1941年1月4日晚，新四军军部机关和皖南部队9200余人开始北移；1月6日，"皖南事变"发生。在新四军被包围时，叶挺又提出突围方案，项英依然反对，耽误了挽救部队的时间和机会。中途项英还一度离开部队，最后被叛徒杀害。在这场悲剧中，新四军将士 2000 余人牺牲，4000 余人被俘，1300 余人成功突围，一部分人被打散。叶挺在皖南事变中，指挥部队战斗 8 昼夜，在中共中央东南分局副书记饶漱石以"党的名义"命令下，下山与国军"谈判"，遭到扣押。1 月 17 日，国民政府军事委员会发布命令，取消新四军番号，将叶挺革职交军事法庭审判。当晚，周恩来在重庆写下："为江南死国难者志哀"；"千古奇冤，江南一叶。同室操戈，相煎何急？"控诉国民党顽固派们的罪恶行径。1 月 18 日，中共中央发言人就"皖南事变"发表谈话，揭露国民党顽固派的诬陷，表明中国共产党对这一事件的态度，提出严惩事变祸首，停止华中、西北剿共部署等 9 项要求。1 月 20 日，中共中央军委发布重建新四军军部的命令。

《新华日报》刊发周恩来对皖南事变的题词和新四军重建的消息

　　叶挺先后被囚于江西上饶、湖北恩施、广西桂林等地，最后移禁于重庆"中美特种技术合作所"集中营，被监禁五年零两个月。他严词拒绝了蒋介石的利诱威逼，婉拒了好友陈诚劝其前往缅甸带兵御敌的建议，坚守了他的情操；并作《囚歌》明志。抗日战争胜利后，经中共中央多方努力，叶挺于 1946 年 3 月 4 日获释，4 月 5 日致电中共中央和毛泽东，要求加入中国共产党。中共中央于 4 月 7 日复电，决定接受他入党。4 月 8 日，叶挺由重庆去延安，因飞机失事而遇难。朱德为他题词："为中国人民和平民主团结而牺牲"；周恩来作《"四八"烈士永垂不朽》悼念文章；陈毅作《哭叶军长希夷同志》；毛泽东也在《解放日报》上为叶挺遇难发表悼词："为人民而死，虽死犹荣。"

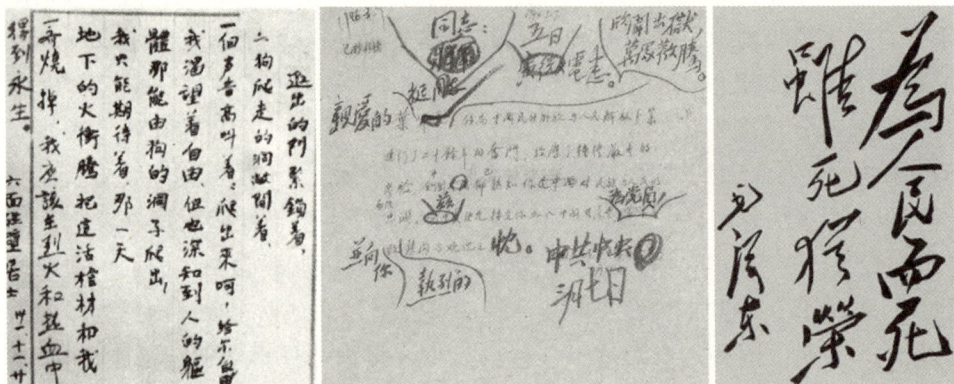

叶挺狱中所作的《囚歌》、获释后中共中央所发的贺电和遇难后毛泽东的题词

第二节　陈毅"湖光照破万年愁"

陈毅（1901 年 8 月 26 日—1972 年 1 月 6 日），字仲弘，四川乐至人。其父是个小地主文人，陈毅从小受到影响，喜爱诗文书法等艺术。陈毅 5 岁即开始读私塾，15 岁考入成都甲种工业学校；1919 年，赴法勤工俭学，开始接触马克思主义；1921 年回国，1923 年加入中国共产党。1927 年，陈毅参加南昌起义，1928 年参加领导湘南起义，后与朱德到井冈山与毛泽东领导的起义军会师。红军长征后，陈毅留在江西苏区，与项英等领导了南方 3 年游击战争。1938 年春，新四军第 1 支队组建集结完成，陈毅担任司令员。

新四军第 1 支队司令员陈毅

1938 年 5 月，陈毅率新四军第 1 支队东进江南敌后，第一次进入宣城境内。从这时起，直到 1940 年 7 月江南指挥部渡江北上，陈毅经常往来于宣北和苏南之间，与第 2 支队领导商讨抗战工作，在水阳、狸桥等地开展民运、统战工作，由宣城到云岭新四军军部汇报工作等。除了军政工作，作为一名家学渊源深厚的"文化人"，陈毅还在宣城留下了脍炙人口的诗文篇章。

1938 年 6 月 1 日夜，陈毅率领第 1 支队到达湾沚镇附近的宣芜铁路，陈毅向宣城、芜湖方向派出警戒小队，指挥部队穿过铁路封锁线。很多来自南方山国的战士从未见过铁路，纷纷好奇地"研究"铁轨，突然被一阵枪声惊乱。陈毅在他的题为《永不忘，学习他，我们的死者!》的文章里记述了当时的情况：记得那一夜，我们分三个纵队行动，夜行军发生混乱，有一部分战士弄错方向走到敌人据点外面，敌人误会我们去攻他们，我们误认为敌人在打我们的埋伏。有一部失去联络，留在森林田丘里找不到本队，直到天明才弄明白，重整部队，向东直进。当天色欲明之际，我同几个同志留在铁道上收容部队，望着无垠的大地，长着葱郁的农作物，祖国啊！你的子孙，决不愿你留给我们的美丽河山，让敌人强占！山国战士们夜间的纷扰和天明后的疲劳颜色，使我心中兢兢业业不敢疏忽，不敢妄自胆大，确是实实在在的!

次日凌晨，部队到达宣城东门渡，战士们虽然很疲劳，但为了不惊扰百姓，大家就地露宿。恰好这天是端午节，看到这伙可爱的战士，群众纷纷拿出粽子、绿豆糕、雄黄酒，热情地请他们品尝。陈毅感叹道："始知今日是端阳!"后来他在文章中回忆："粽子和雄黄酒的味道，虽隔一年，还有余味!"6 月 3 日晨，陈毅率部由东门渡到狸头桥，夜渡

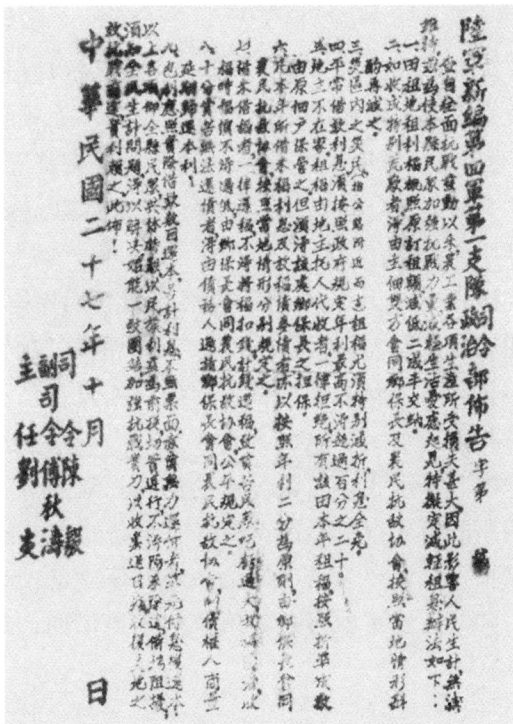

新四军第一支队布告

固城湖，6月4日凌晨抵达高淳。第一次宣北水乡之行，优美的风景、淳朴的民风，给陈毅留下了美好而深刻的印象，陈毅挥毫写下《东征初抵高淳》七绝一组：

> 波光荡漾水纹平，河汊沟渠纵复横。
> 扁舟容与人如画，抗战军中味太平。
>
> 堤柳低垂晚照斜，农家夜饭话桑麻。
> 兵船初过群疑寇，及见亲人笑语哗。
>
> 江东风物未曾谙，梦寐吴廿天载前。
> 此日一帆凭顾盼，重山复水是江南。
>
> 芦苇丛中任我行，星星渔火水中明。
> 步哨呼觉征人起，欣然夜半到高淳。

陈毅率部进入苏南，开辟茅山地区抗日根据地。6月17日，粟裕率领新四军抗日先遣支队取得韦岗首战的胜利，陈毅欣喜异常，当时即口占七绝一首："弯弓射日到江南，终夜惊呼敌胆寒。镇江城下初相遇，脱手斩得小楼兰。"① 其"弯弓射日"一句豪情勃发，情境贴切，又语带双关，令人拍案叫绝，在军内外广为传颂，

1939年2月，周恩来视察皖南新四军军部。在一次会议上，陈毅提出，新四军应该有一支雄壮的军歌。周恩来、项英等领导人均表示赞成，大家一致委托文采出众的陈毅撰写歌词，陈毅当仁不让欣然答应。3月30日，陈毅几易其稿，写出了歌词《十年》。项英接到歌词后，很快同袁国平、周子昆、李一氓、朱镜我、黄诚等讨论修改，这些人有的对国民革命军第四军、红军第四军的历史很熟悉，有的具有很高的文学艺术造诣，非常适合做这项工作。大家根据歌词要简洁、好记、好唱等特点，对《十年》进行了认真研究和修订，并请新四军中著名音乐家何士德谱曲，最终形成了传唱不衰的《新四军军歌》。

---

① 该诗原题《卫（韦）岗处女战》，首句"故国旌旗到江南"；后改题《卫（韦）岗初战》，首句"弯弓射日到江南"，收入《陈毅诗词选集》。

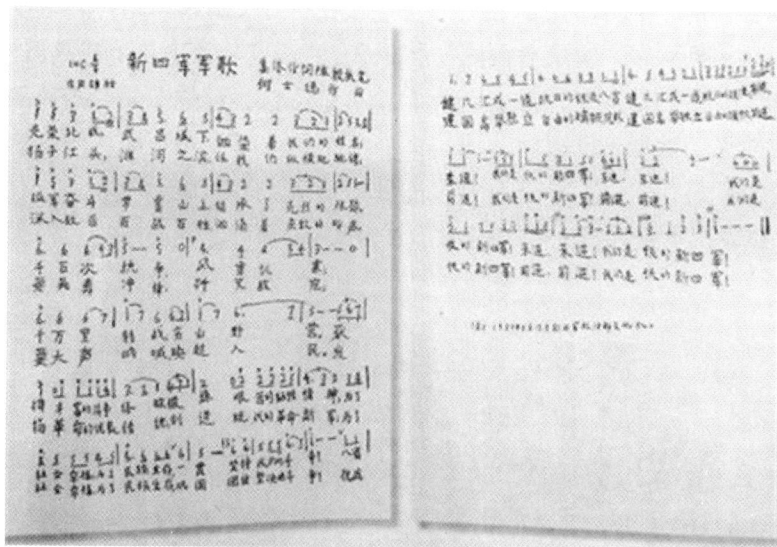

《新四军军歌》作曲者何士德手抄稿

就是这次云岭之行，时年 38 岁的陈毅又找到了他的爱情。在军部大礼堂观看新四军战地服务团表演话剧时，陈毅对 17 岁的女团员张茜一见钟情。陈毅像个情窦初开的毛头小伙子，缠着战地服务团的朱团长转达他的爱慕之心，试探张茜的反应。张茜却成了个成熟的大姑娘，只是微笑不语。陈毅急了，在进行激扬澎湃的《十年》创作的同时，这位诗人将军又拿起另一支柔情蜜意的笔，一口气连着写了好几封"情书"送给张茜，终于打动了少女的芳心。他们在大盆村第一次"约会"，在一间小屋内进行了 8 小时的长谈，月色溶溶下陈毅送张茜回宿舍，将自己的大衣披在张茜身上。就在陈毅离开云岭之前，他收到了张茜的一纸短笺，还夹着一张心上人的"玉照"。陈毅兴奋不已，他经泾县马头到宣城回转苏南时，在路上据说又写下一首诗寄给张茜："春光照眼意如痴，愧我江南统锐师。豪情廿载今安在？输与红芳不自知。"（张茜整理出版的《陈毅诗词选集》未载）。1940 年 2 月，陈毅和张茜在溧阳水西举行了婚礼。

1939 年 6 月中旬，陈毅和第 1 支队参谋长胡发坚、政治部主任刘炎等赴云岭开会，返回时又来到宣城。农历五月初九日夜，数十名新四军突然出现在水阳江畔金宝圩的刁家湾，陈毅寄居在村里读书人刁宝如家。这些军人白天除了操练和日常事务外，还帮村民干活；到了晚上，他们似乎就有点"神秘"了。设在村民刁宗汉家的军用电台忙个不停，一封封电报在刁宝如、刁宗汉家之间匆匆往返。原来陈毅等人正在这里指挥新四军战斗，这期间苏南一带"摩擦"、战斗不断："江抗"（第3支队第6团与"江南抗日义勇军"组建）在无锡、江阴发展时，遭到顽军"忠义救国军"的阻袭，"江抗"被迫自卫将其击溃。"江抗"夜袭宁沪铁路浒墅关车站，歼灭日军1个小队，火烧车站，破路毁桥，使铁路一度中断；随即又歼灭驻黄棣伪军1个中队。第2支队第4团3营在江宁赤山下葛村附近伏击日军，毙敌34人，缴山炮1门、步枪数十支，击伤敌汽艇1艘，陈毅发出电报表扬。陈毅电示"江抗"，分路向苏州、常熟以东发展游击战等等。

1939年夏，陈毅（右一）与新四军东进干部留影

陈毅夜间很忙，白天却穿着粗衣布衫，走访附近各类人物；他和士绅谈民族大义、联合抗日，诚恳坦率；和老学究谈古论今、吟诗诵词，引经据典、学识渊博；和村民雇工们细话家常、有说有笑，与他们打成一片。大家都喜欢他的谈吐风趣，平易近人，也都喜爱与他接近，听他讲一些革命道理，对他心悦诚服、由衷起敬。房东刁家藏书很多，陈毅常借书阅读，其中有一套书叫《徽难哀音》，内容是关于太平军与清军在安徽地区的战斗情况，他最感兴趣，一有空就手不释卷，还对其进行阅评。最后房东刁宝如主动提出将此书奉赠，陈毅欣然接受，并再三表示感谢。如此直到农历五月二十八日夜，陈毅才率部悄然离开金宝圩，没有惊动村里的百姓；陈毅一行在刁家湾整整住了19天。

次日，陈毅经慈溪又到了狸头桥，再泛舟固城湖，经高淳转道苏南。在湖上舟中，陈毅在微雨中迎风独立，豪情满怀，诗兴大发，他大声吟诵道：

敬亭山下橹声柔，雨洒江天似梦游。

李谢诗魂今在否？湖光照破万年愁。

这首名为《由宣城泛湖东下》的七绝，是陈毅诗作中的名篇，在宣城更是家喻户晓。诗中宣城文化的标志敬亭山，是陈毅多次行经之处；登临敬亭山的如谢朓、李白等著名诗人，是陈毅素来崇敬的。而今，敬亭山下战火连绵，宣城人民承受着巨大的苦难；但是以充满革命乐观主义精神的陈毅来看，战火会被人民反抗的暴风雨浇灭，"李谢诗魂"一定会继续得到传扬，抗战的前景光明，宣城的前景光明，中国和中国人民的前景光明。那一片闪亮的"湖光"，终究会"照破万年愁"。

新四军在水乡

此后因皖南地区形势的变化和斗争的需要，陈毅率领新四军江南指挥部渡江北上。1941 年 1 月"皖南事变"爆发，陈毅奉命在江北重建新四军军部，担任新四军代理军长，他再也没有回到宣城。宣城的风云岁月，始终留在陈毅的记忆深处，《由宣城泛湖东下》这首诗，常常被他题写；并且如他所言，宣城终究实现了"湖光照破万年愁"。

第三节 厚重的"掌舵人"张鼎丞

张鼎丞（1898 年 12 月—1981 年 12 月 16 日），原名福仁，福建永定人，出生于客家山乡的贫农家庭，从小参加田间劳作，深知民生艰难，养成艰苦节俭的习惯。他在邻近的小学读书时，校长刘海垣见他品学兼优，特地为他取学名

"鼎丞"。由于家境贫寒,他上学时断时续,直到18岁才读完小学;以后受聘当过多所小学的教师。1926年,"大革命"风暴席卷闽西,他投身革命,参加过家乡的青年运动和农民运动。1927年6月,张鼎丞参加领导了大埔农民暴动,并在这个危难的时刻加入中国共产党,建立起福建第一支红军部队"红军营"。后率部转战闽赣,巩固闽西苏区;1934年10月中央主力红军长征后,张鼎丞又担任闽西南军政委员会主席,是闽西南革命根据地主要创始人之一。毛泽东对闽西南红军游击队给予很高的评价,称其取得了"伟大的胜利"。

新四军第2支队司令员张鼎丞

"西安事变"后,张鼎丞根据中共中央关于建立抗日民族统一战线的指示,与闽西南的国民党当局谈判,坚持独立自主的方针,建立了闽西南抗日义勇军第1支队。新四军建立后,闽、浙、赣边区红军游击队改编为新四军第2支队,张鼎丞任司令员。1938年3月张鼎丞率第3团从福建龙岩出发,于4月上旬到达皖南潜口;4月18日,第4团到达岩寺;第2支队在歙县集结完毕。5月,第2支队司令部进驻泾县田坊。6月,第2支队除第4团第1营留军部改编为警卫营外,其余部队在参谋长罗忠毅、政治部主任王集成的率领下,兵分两路:一部到芜湖、当涂、宣城以东,以小丹阳为中心的苏皖边山地,开辟了江宁、当涂、溧水根据地;一部到芜湖、当涂、宣城一带的水网地区,开辟了"宣当芜"根据地。

7月,因第2支队主力深入敌后,司令部也移驻到当涂大官圩。张鼎丞刚到当涂,就听汇报、搞调研,详细了解根据地各项情况。不久,张鼎丞在马家桥主持召开了抗日动员大会,全县各界代表300余人参加;会议成立了当涂县抗日民众总动员委员会,组织民众进行抗日活动。张鼎丞分析,新四军已在宣城北乡开展了民运工作,成立了各种抗敌协会,也建起了地方共产党组织,群众基础好,工作推进快,适合司令部驻扎。于是在9月初,第2支队司令部便又移驻到了宣城北乡;10月,司令部进驻狸头桥。

张鼎丞强调严明军纪，还"法办"过违反群众纪律的军用大骡子，以取信群众，教育部队；同时派出群众工作组，巩固群众工作原有的成果，进一步扩大群众工作范围；亲自在群众大会上作报告，深入群众访贫问苦、宣传抗日。他还和地方实力派人物、社会知名人士、开明士绅地主、民族资本家、知识分子等社会各界广泛接触，做好统战工作，争取他们支持和参加抗战。

司令部驻在慈溪村时，张鼎丞与附近侨乐村的侨民成了朋友，产生了侨民送子参军的佳话。1938 年 12 月，张鼎丞听说水阳住着一位曾任孙中山先生侍卫官的老人，便冒着严寒，步行前去拜访，听取他的意见建议。老人感动地说："共产党主张国共合作、共同抗日，这是落实孙先生遗嘱的最好实践。我欢迎和拥护抗日民族统一战线，希望国共真诚合作，共同拯救中华民族。"后来老人的两个孙子都参加了新四军。1939 年年初，国民党驻高淳东坝的专员在彭冲的陪同下，来狸头桥拜访第 2 支队，张鼎丞特地组织了一个欢迎会，在会上发表了热情洋溢的讲话。张鼎丞的热情真诚、以礼相待打动了他，这位专员为国共合作、抗日救国做了不少工作。

新四军和群众集会

在张鼎丞的领导和带头示范下，新四军第 2 支队深耕细作，民运和统战工作如火如荼，群众觉悟大为提高，投身抗战的热情高涨，效果非常显著。他们节衣缩食，为新四军筹粮秣、做军鞋；出生入死地救护伤员，掩护干部战士；送情报，站岗放哨，侦察带路，破坏敌人交通，配合部队作战；开展锄奸活动，巩固地方治安等；有力地支援了抗日斗争，促进了抗日形势的良性发展。第 2

支队的工作局面全面打开，以狸桥地区为中心的苏皖边游击区逐渐形成，并成为新四军一块较巩固的敌后抗日根据地。

曾长期担任闽西南游击区的主要负责人，张鼎丞实战经验丰富，军事水平出众；但担任第2支队司令员以来，他却敢于"放权"，将对敌作战工作交给"青年战术家"粟裕副司令员。一方面是出于对粟裕军事能力的信任，一方面也是促进粟裕更快地成长成熟。张鼎丞"放权"却不"放责"，他在宏观上领导把关，在具体工作中亦全力支持协助，如有问题他也勇于承担责任；这样粟裕才能放开手脚，在宣城期间打了一个个胜仗，并且一仗比一仗精彩。粟裕对年长9岁的张鼎丞非常尊重，既把他当作领导，又把他当作兄长。到1945年10月，粟裕再次与张鼎丞"搭档"时，中共中央任命粟裕为华中军区司令员、张鼎丞为副司令员，粟裕连续两次致电中央"辞帅"，说："张鼎丞为司令员，我粟裕作副司令员，一定全力协助鼎丞同志工作，决不懈怠。"最后他竟"逼"得中央同意了他的请求。

张鼎丞在狸头桥住过的房间

由于新四军是国民革命军的编制，"皖南事变"前不设政治委员。张鼎丞自觉地担起了这个职责，积极主动做部队的政治思想工作；久而久之，就有人形容他是"编外政委"。司令部进驻宣北后，工作相对较稳定，张鼎丞便着重加强第2支队的思想政治工作和组织建设。

　　第 2 支队第 3 团主要由闽西红八团、汀瑞游击队组成，第 4 团主要由闽南红三团、闽西红九团及粟裕领导的闽浙游击总队组成；队伍改编后，不少原来独立活动的游击队司令一下降格为营长或连长，有的人就想不通，加上大家来自各个"山头"，多少存在一些"我大你小"、"你高我低"、互相看不起、互相不服气的情况。于是张鼎丞经常找干部谈话，教育大家要自觉服从工作需要、服从组织安排、以共产党的利益为上。他风趣地说："过去你当游击队司令员是党的利益的需要，今天让你当连长也是党的利益的需要；只要你好好干，以后部队发展了，说不定党的利益还需要你当团长、师长呢！"在大会上讲话时，他总是特别强调团结，他说："过去 3 年游击战争时期，各自分散活动，团结问题不突出；现在各个山头的人马都集中起来了，团结就非常突出了。我们只有团结得像一个拳头一样，才能有力地打击敌人，团结就是力量。"

　　张鼎丞很关注支队政治部办的《火线》报，他亲自题写了报名，还经常在报纸上发表文章，宣传党的路线方针和政策、新四军的军事政治思想建设等。1939 年元旦，《火线》报改为 3 日刊，张鼎丞联合粟裕、王集成、罗忠毅等支队领导发起"捐献 2 分钱"活动，筹集资金，以"增加篇幅，充实内容，加多份数，推广发行"，扩大政治思想工作的影响。他也很重视抓队伍的整训，支持粟裕创建教导队轮训干部，经常给支队干部和教导队学员作报告或讲课，逢会更是必讲思想政治教育，强调新四军是共产党领导下的执行革命政治任务的武装集团，必须无条件服从共产党的领导。他还编写过一本《怎样做好连队党支部工作》的教材，教导队学员人手一册，还发给连队干部，要求他们认真组织学习，切实增强连队共产党组织的战斗力。

　　1938 年 9 月，第 2 支队在宣北组建了新 6 连，属第 4 团的编制，支队司令部直接领导，主要做侦察工作。新 6 连由 10 多个老侦察员、30 多个新兵、30 多个收编的前"土匪"组成。连长全胜仁以前做过张鼎丞的警卫员，他向张鼎丞诉苦说，连队不团结，不听指挥，纪律差，思想乱，带不了他们。张鼎丞没有直接批评他，而是增派老红军干部姜茂生去担任连指导员和党支部书记。他带着姜茂生去新 6 连宣布命令，给全连作了讲话。根据张鼎丞的指示，新 6 连从提高战士的思想觉悟入手，充分发挥党支部的战斗堡垒作用，很快稳定了人员思想，在作战、群众工作和扩军等方面都做出了好成绩。张鼎丞很高兴，又到新 6 连去开座谈会，找干部战士谈话，并撰写了《介绍新四军一个模范党支部》的总结。文章内容具体生动，从军事训练到对敌作战，从党支部领导的模范作用到全连官兵的团结一致，从思想政治工作到文化工作，从巩固扩大部队到做发动与组织群众建立抗日根据地的工作，各方面经验都值得学习。中共中央的机关刊物《共产党人》发表了这篇文章。

张鼎丞在撰写总结

但是项英不赞成新6连的做法，他担心这样扩军不利于统一战线工作。这时张鼎丞充分体现了他敢于担当的精神，他扛住压力，坚持原则，继续推进第2支队的发展壮大。

张鼎丞"不唯上"，只唯实；他善于向同志学习，虚心请教。陈毅到狸头桥时，张鼎丞认真听取他对第1支队在苏南情况的介绍，以及对江南抗战形势进行分析，还把重点内容仔细地记在笔记本上，这种庄重严肃的学习态度令人肃然起敬。对自己在实践中得出的经验，他也拿出来与大家讨论交流，有益的就及时运用推广到工作中。他还撰写发表了《新四军在抗战烽火中成长着》（载《解放》杂志1939年83、84期）、《新四军两年来的政治工作》（载《八路军军政杂志》1940年第2期第2卷）等充满真知灼见的文章，与大家共享他的心得。

律己极严、勤俭廉洁，是张鼎丞的一贯作风。要求别人做到的，他首先做到，而且做得比别人更好。司令部的客人多，下属来请示工作、兄弟部队来交流、社会人士来访问等，张鼎丞都用自己的那几块津贴钱购买香烟、茶叶招待，开支非常紧张。部下向他提意见说："你招待客人是工作，不是私人行为，应当去副官处领招待烟。"张鼎丞说："国民党只发给我们新四军14万元军饷，我们刚集中时都不够花，现在部队人数大大发展了，不节约开支行吗？"张鼎丞的"节约"、耐劳在部队是出名的，一个司令员，也是40多岁的人了，白天总是穿着草鞋东奔西走，连警卫员都累得不行，晚上一躺下就呼呼大睡，他还要批文件、看材料、写报告、读书学习，一直忙到深夜。他自己是带头学习的榜样，还教导部下学习，鼓励不识字的战士学认字。他意味深长地说："你们现在不抓紧学习，不抓紧提高自己的思想政治水平和军事组织能力，怎么能适应我们革命事业发展的需要呢？"很多人在他的影响下养成了自觉学习的习惯。

　　自己立身严谨，对待犯了错误的同志，张鼎丞诚却是以诚恳坦率的态度耐心说理、进行思想教育为主。1939年年初，活动在小丹阳的第3团1营的一部因警惕性不够，遭到日伪军的突然袭击，损失不小。张鼎丞要第3团领导通知1营长来详细汇报情况。1营长到狸头桥见了张鼎丞，既惭愧又紧张，这个勇猛的汉子忍不住哭了起来。张鼎丞慈祥地说："今天找你回来，不是批你训你，也不是追究你的责任，你别紧张啊。请你详细谈谈当时的情况，找到原因，我们一起来总结经验教训。只有不断地

张鼎丞旧居

总结，吸取打败仗的教训，才能打一仗进一步，不断增强指挥能力啊。"① 在他的安慰下，1营长平静下来，做出了深刻的反省，后来就没有再犯类似的错误。

　　1939年5月以后，张鼎丞离开了宣城，离开了新四军第2支队。作为"掌舵人"，张鼎丞在第2支队虽然只有1年多的时间，却为这支一直在敌后、在敌人的心脏附近战斗的军队，打下了"政治过硬"的坚实基础。而张鼎丞的平易、朴实和厚重，赢得大家由衷的崇敬，也让广大指战员心里觉得非常踏实。

------

　　① 原任张鼎丞警卫员的朱镇中《回忆新四军第2支队司令员张鼎丞》，载中国共产党新闻网党史频道。

第四节 "草劲何惧疾风寒"的粟裕

新四军第2支队副司令员粟裕

粟裕（1907年8月10日—1984年2月5日），幼名继业，学名多珍，字裕，以字行，湖南会同人，侗族；是中国共产党领导的人民军队中最杰出、最优秀的名将之一，是一位不世出的"无冕之帅"。粟裕于1916年进入其叔父创办的第八国民学校读书，1925年春考上湖南省立第二师范学校；后因进步校长被害，一些进步学生被共产党组织秘密转移到武昌，粟裕被安排到叶挺的第24师教导大队任学员班长。1927年6月，粟裕加入中国共产党；1927年参加南昌起义，任警卫队班长；1928年参加湘南起义后到了井冈山。

1928年6月，国军"进剿"井冈山，朱德命令红军连长粟裕控制七溪岭要地。粟裕赶到七溪岭时，制高点已被国军占据；这里地势险要，易守难攻，红军打了一上午也没拿下制高点。午后，粟裕趁敌人疲惫松懈之时发起袭击，他一马当先一口气冲上山顶，敌军见红军突破了防线，纷纷转身就跑。粟裕回头一看，身后只有9名战士，他当机立断，留下6人守在山顶，自己仅带3人追击逃敌。在山坳处追上敌人，粟裕大声喝令：你们被俘虏了，缴枪不杀！这时山顶上有人吹响冲锋号，有人挥舞红旗，敌人不知有多少红军来了，不敢抵抗，乖乖听粟裕的命令卸下枪机，做了红军的俘虏。这一战粟裕率9人俘虏了100多个敌人，被朱德誉为"青年战术家"。之后粟裕屡立战功，不断升迁；1934年11月任红十军团参谋长，1935年2月建立浙西南游击区，10月任闽浙边临时省军区司令员。红军长征后，粟裕率领红军游击队在边区坚持斗争。

1938年3月18日，粟裕率浙闽边抗日游击总队从平阳县山门街开赴皖南，部队整编为新四军第 2 支队第 4 团 3 营,粟裕任第 2 支队副司令员。4 月 28 日,粟裕奉命率新四军抗日先遣支队向苏南敌后进行战略侦察;6 月 17 日发起韦岗战斗,21 日先遣支队撤销,粟裕回到第 2 支队;9 月,第 2 支队司令部进驻宣城;张鼎丞司令员赴延安后,粟裕任第 2 支队代司令员。

韦岗首战告捷后,粟裕成了江南民众心中的"抗战英雄"。1938 年 11 月下旬,新四军战地服务团团长朱克靖率 40 余名文艺兵去第 2 支队,一是慰问演出,二是采访战斗情况以充实节目。到狸头桥的第二天下午,粟裕来看望团员,大家见到这位仰慕已久的"英雄",纷纷要求他详述韦岗战斗的过程,粟裕微笑着说:我不是来作报告的,是来看望你们的,你们到了江南前线,我是战斗在江南的一个兵,向你们表示热烈欢迎!说着他向大家举手敬礼,随后简单地介绍了战斗情况。最后他说:"这虽是一次小小的战斗,可是意义不小,日军没有什么可怕的,是可以战胜的!日本人还不是一个鼻子两个眼睛,他们又不是三头六臂,又有什么了不起?这次战斗向全中国宣告,中国共产党领导的新四军,挺进到日本侵略者的心腹之地,把敌人在大江南北的后方变作了我们作战的前线!"粟裕话声未落,热烈的掌声便响了起来。

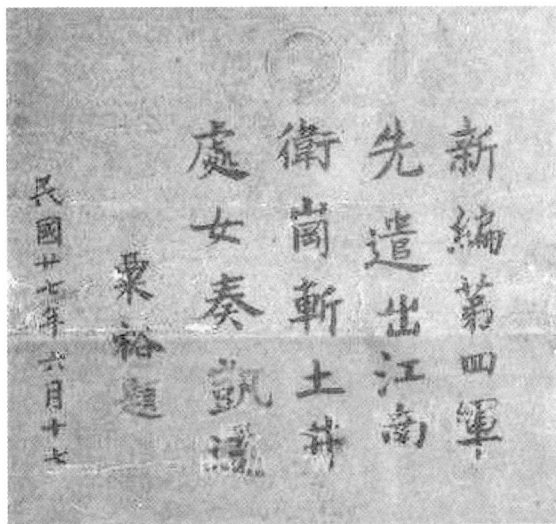

粟裕于 1938 年 6 月 17 日手书《韦岗初胜》诗作

第 2 支队指战员几乎都知道粟裕喜欢音乐,会演奏月琴、口琴、洞箫、钢琴,还会唱歌曲、汉剧、京剧。在一次行军中,粟裕想到一所学校借宿,可老师看到军队,赶忙关门躲避。粟裕命部队就地休息,他拿出口琴吹奏起《苏武牧羊》，老师听后，打开门让部队进去。一个战士问："为什么先关门又开门？"老师回答："吹这么好的曲子的人不是坏人。"服务团的人听说了这事，又要求和粟裕合奏一曲，粟裕满足了他们的愿望，大家都说这位英雄真的平易近人。

"英雄"当然也有威严的一面，否则如何指挥部队？但粟裕是不怒而威、以身作则、率先垂范。第2支队教导队在狸头桥成立后，粟裕经常亲自去检查指导工作。一次在训练场，几名学员边练习射击边聊天，粟裕见状并没有批评他们，他走了过去，取出一枚铜钱放在枪的准星上，命令："开枪！"随着扳机声响，铜钱"当啷"落地。粟裕取过枪，以卧姿趴下，也将铜钱放在准星上，接连数次开枪，铜钱纹丝不动。粟裕起身一言不发地走了，学员们羞愧不已，以后再也没有人敢在训练时三心二意。

粟裕不仅枪法好，骑术也高明，并且能倒骑马背，犹如张果老倒骑毛驴。他在行军途中常召开"马背会议"，背朝前，面朝后，一边行军一边与大家商议事务。他还喜欢地图，日军因蓄谋侵略中国，绘制了中国很多地方的地图，甚至比当时中国绘制的地图还要精准。第2支队每次缴获日军地图，粟裕简直如获至宝，一有空闲即伏在图前细细揣摩，久而久之就成了习惯。他曾说："不谙地图，勿以为宿将。"在部署水阳战斗时，粟裕就是根据比例尺为五万分之一的地图，观察白沙李一带的地形，然后确定伏击地点。

粟裕（左二）与周恩来等领导合影

粟裕在宣城1年多的时间里，指挥第2支队的将士进行了大官圩阻击战、横山反扫荡、水阳伏击战、奔袭官陡门、狸头桥突围等战斗。他以行云流水般的娴熟高超的游击战术指挥战斗，打破了日军"不可战胜"的神话，粉碎了顽军污蔑新四军"游而不击"的谎言，也为这位"青年战术家"赢得了新的声望。新四军军部多次发电嘉奖，陈毅、张鼎丞等前线将领则更为认可；后来连兼任新四军政治委员的刘少奇也给予粟裕极高的评价，说粟裕的部队"作战最多，战果最大"，"打仗打得最多和最好"。甚至第三战区的很多国军将领都非常敬服粟裕的组织指挥艺术，有的部队专门派人请他去传授游击战的经验。为了共同抗战，粟裕毫不藏私地倾囊相授，他的讲授有理论有战例，生动活泼，通俗深刻，令国军将领深感获益匪浅。一名川军师长感慨地说："粟副司令，从前我对你们共产党的军队是有点瞧不起的，可是今天听了你的报告，我才知道你们的水平太高了。共产党里有你这样的人，难怪立于不败之地。"而日军也对粟裕极为忌惮，冈村宁次曾在南京设有研究粟裕的军事小组，专门探讨粟裕的作战特点和规律，他们研究粟裕得出的结论是："此人打仗经常是破常规、出奇招，常常在你想不到的地方、想不到的时候狠狠地咬你一口，毫无规律可循。"

粟裕等指挥员研究战场形势

而粟裕也在战争中思考，在战争中成长，逐渐掌握了战场获胜之道和战争的规律。他在官陡门之战后总结：敌人认为安全的地方，正是我最容易得手的地方，这是战争的辩证法。在狸头桥战斗的开始，他原计划集中兵力消灭敌人一部，再进行游击运动战粉碎敌人的扫荡；但随着情况的变化，他及时调整部署，组织部队阻击突围，再跳出圈外袭扰敌人，迫使敌人狼狈退兵。所以他说：

打仗是最讲辩证法的，因为双方都是活生生的人在行动，敌人同我们一样也会动脑筋走路，他打着打着就变了招，我们就得跟着变招，我们也常要根据战场上变化了的形势来变化打法。孙子说过："兵无常势，水无常形，能因敌变化而取胜者，谓之神。"①

1939年1月，粟裕在狸头桥根据敌后的实战经验，与罗忠毅参谋长合编完成了《实战经验录》。这是粟裕的第一部军事著作，是他从实战到理论、再以理论指导实战的起步。2月25日，延安翻印了这本书，供各部队参考借鉴。作为第一编著者，粟裕系统地阐述了游击战的协同、原则、战法、打击对象、目标选择、战术动作、组织战斗以及战前侦察等一系列游击战问题；又对新四军开展游击战争提出了许多新观点，体现了粟裕思维的超前和视野的开阔、对战争规律和特点的科学把握，以及虽身处局部、却从全局着眼的战略军事家的风范。《实战经验录》主要观点、内容如下：

新四军进入江南敌后进行的完全是游击战。相对于八路军来说，新四军人少，武器装备也差，没有打大仗的经验，活动区域狭小，作战条件更差；通信联络也很落后，第一、二支队唯一的通信工具是各有一架电台，可以互相通报情况、与军部联络。而敌人交通方便。新四军处在敌人据点网之中，打大规模的战斗或运动战是很困难的，甚至是不可能的。

关于游击战的协同和原则问题：在形式上看是各打各的，却是在统一意图下独立自主地进行的。原则是积小胜为大胜，不贪多，哪怕只打死一个敌人，只缴一支枪都是好的；只要天天有胜利。

关于战法问题：要打夜战、近战、白刃战、伏击战、袭击战……这是由于新四军的武器装备等条件决定的。日军的武器精良，不能硬拼；只有近战、夜战、白刃战，才能避敌军之长、发挥我军之长；打他措手不及，使之处于被动。

关于打击对象和目标选择问题：新四军专打弱敌，或打敌人弱点，打的是运动中的敌人，一般不打驻止之敌。

关于战术动作问题：过去三年游击战是在交通不发达的山区打的，而现在则在丘陵、平原、水网地区。在这样地区作战，要求更加速战速决。解决战斗要求非常迅速，必须采取突然的、短促的像闪电一样的突击，打他个措手不及。不让敌占领一个阵地，使其没有站足的地方、没有还手的工夫。只有这样，才

---

① 《粟裕战争回忆录》第七章"挺进苏北与黄桥决战"。

能更有效地消灭敌人。要像鹰抓兔子似的才行。战斗行动最多两小时，一般超过两小时不能解决战斗的，就果断撤出战斗。在敌人增援快的情况下，一定要注意迅速脱离和远离敌人。

关于战前组织侦察问题：战前的侦察、破坏交通非常重要，如地形要详细侦察，哪些地形我用，哪些地形留给敌人，要预先作出周密布置。作战方法和作战手段只能用一次，要适当及时地改变；否则敌人会迅速地抓住我们的规律，而使我们吃亏。

在战斗中发展壮大起来的新四军

在宣城的一系列与强敌斗争的经历，是粟裕军事生涯中的一个重要阶段；正是在血与火的战争洗礼中，粟裕不断丰富着自己的军事思想，一步一步地成熟起来，最终走向辉煌。粟裕的一生，他在自己的一首诗里总结得最好："半世生涯戎马间，一生系得几危安。沙场百战谈笑过，际遇数番历辛艰。松苍敢向云争立，草劲何惧疾风寒。生死沉浮寻常事，乐将宏愿付青山。"

第五节　"谭老板"经营"铜南繁宣"

谭震林（1902 年 4 月 24 日—1983 年 9 月 30 日），湖南攸县人，出身于普通工人家庭，早年当过装订工人、书店学徒，曾在攸县、茶陵组织发动两次工人斗争，1926 年加入中国共产党，1927 年年底参加创建井冈山根据地的斗争。

中央红军长征后，谭震林留在闽西任军政委员会军事部部长、副主席，和张鼎丞、邓子恢等在极端困难的条件下，坚持了3年艰苦卓绝的敌后战争，保持了有10万人口的革命根据地。

新四军组建后，谭震林原被任命为第2支队副司令员。1938年4月中旬，谭震林风尘仆仆地来到岩寺新四军军部报到，项英向他宣布了一项新的任命：谭震林调任第3支队副司令员。原来第3支队司令员是新四军参谋长张云逸兼任，但建军伊始，军部大量繁杂的军政事务需要参谋长处理，无法兼顾支队工作，所以需要一位军政"一肩挑"的副司令员来领导第3支

新四军第3支队副司令员谭震林

队。军部研究后，认为从井冈山上下来的谭震林是"最合适的人选"。谭震林表示：服从组织决定。就这样，谭震林成了第3支队的实际最高指挥员。

为使这支老红军游击队提高军政素质，适应新的战争形势，谭震林主持开办了第3支队连以上干部集训队，他亲自讲课，阐明共产党抗日民族统一战线的方针、政策和游击战的战略战术，通过训练干部，带动广大战士，使他们从思想上接受国共合作抗战，消除"不愿穿戴国民党军衣军帽"的抵触情绪，树立持久抗战、抗战必胜的信念。同时，他又创办了青年训练班，吸收江南沦陷城市的爱国知识青年来学习，充实支队的力量。

1938年6月，日军华中派遣军为了控制长江航运线，保障武汉会战中日军后方交通运输线的安全，命令驻芜湖的日伪军加强攻势防御。日伪军沿青弋江不断南犯，驻守在这里的国军第三十二集团军节节败退，第三战区司令部电令新四军加强与第三十二集团军在青弋江沿线的防守；根据新四军军部的命令，第3支队接替国军第144师在红杨树、峨桥、青弋江一带的防务。

这条防线是国军第108、114师防区的接合部，东西长约100公里、南北宽约50公里。因是长江交通线的一个重要侧翼，日军在这片区域驻有2个师团的重兵。而此时，叶飞已率第6团的2个营经宣北开赴苏南，归第1支队指挥，第3支队实际只有第5团的3个营和第6团的1个营；以4个营的兵力，在这种狭窄地带正面同强大的敌人作战，处境非常险恶。并且第3支队在接防时才得

新四军第3支队第5团西河镇团部旧址

知，前沿红杨树阵地已经失守。第5团先期到达宣城县西河镇，团长孙仲德率部夺回红杨树，并打退敌军的多次反攻，取得了新四军宣城境内抗日首战"红杨树战斗"的胜利。7月底，谭震林重新布防，支队司令部和第6团3营驻南陵县蒲桥镇；第5团团部及直属队驻西河，其3个营分别部署在西河王家桥、马家园、金家阁一线。各部队接防后立即构筑工事，做好随时阻击日军南下的准备，同时还主动发起游击战袭扰拖滞敌军。

谭震林到第5团察看防务，与孙仲德商量突袭日军在皖南的前哨湾沚。孙仲德先派人去湾沚侦察，情况搞清后，又派出十余名侦察员组成的突袭小分队，带足手榴弹、炸药包、煤油等，夜间自水路潜入湾沚。日军的一个大队驻在镇中心的柿子园营房，周围遍设碉堡、岗楼和铁丝网。侦察员摸到敌营附近，把炸药包和包上棉花、蘸了煤油的手榴弹成束地投向营房，顿时爆炸声惊天动地，火光冲天。日军不知道虚实，躲在阵地内拼命向四周开火，有两个方向的日军还发生了互射。小分队进行一轮爆炸后就安全撤回，谭震林嘉奖了他们。10月30日，日军大举进攻第3支队夫子决、马家园至西河防线，谭震林指挥部队奋战5日，粉碎了日军的扫荡。"马家园战斗"之后，第三战区又把铜陵、南陵、繁昌等地划为第3支队防区，其左后翼狮子山、钟鸣街一带是国军第144师，右翼桂镇一带是国军第52师，第3支队仍处在前线。

防区扩大了，又担负着拱卫新四军军部的任务，谭震林深感责任重大；他一面放手开展民运和统战工作，一面支持地方武装，积极发展自身的力量。蒲桥的一个帮会头目余子才，趁时局动乱之际拉起几十人的武装，专事"劫富济贫"。谭震林派部下主动接近余子才，还亲自设宴邀请，和余子才促膝谈心，做争取工作，最后，余子才要求将他的部队改编为第3支队抗日游击队。

在铜陵、繁昌交界地区，有一支"铜陵游击大队"，首领章啸衡曾任北伐

第 3 支队打击敌人

军营长，后因思想激进被排斥回到家乡。日军进犯皖南时，章啸衡重整武装，在沙洲一带专打日本人。第 3 支队进驻铜、繁之后，谭震林便想改编这支队伍，他派出得力人员与该部接触，又专门到新四军军部向叶挺、项英汇报，研究争取办法。军部也派民运部组织科长曾如清等人做章啸衡的工作，章啸衡同意接受新四军的领导。叶挺、项英、袁国平、邓子恢 4 人联名致函章啸衡："我们现决定你们的番号改为新四军第 3 支队铜繁游击独立第 1 大队，仍以章同志为大队长。"谭震林前往宣布改编命令，章啸衡要求他派干部到游击大队增强力量；谭震林非常支持，派出几名连、排干部，还让一个主力连带领这支游击队打了几次小仗，锻炼了他们的独立作战能力。

第三战区获悉第 3 支队收编铜繁游击大队后，无理指责新四军"破坏兵役法"，下令解散这支部队，并要"法办"曾如清。项英怕影响"统一战线"，只得将曾如清调回，批评他违反政策，无组织无纪律，令其检讨，最后将他调到苏南根据地。谭震林对此极为不满，他坦直指出不能照项英"一切通过统一战线"那一套办，据理力争，认为在沙洲这样的游击区做群众工作，不搞游击队不行，扩大部队更没有错。他增派老红军干部傅绍甫担任游击队副大队长、方休为政治教导员，巩固发展队伍，直到成为营级主力部队，控制了沙洲这块长江南北交通的"跳板"。谭震林还适时派出优秀指挥员、抽调兵力渡江北上，连得力干将孙仲德也派到了江北，打通新四军军部与新四军江北各支队的联系，建立新的根据地，为"东进北上"预做准备。

战斗间隙中的谭震林

谭震林说："一切都要听国民党指挥，这怎么行啊？我们要把新四军的牌子亮出去，下决心在铜南繁开展游击战争，把群众发动和组织起来，建立党的组织，发展抗日武装，叫那些国民党的县、区、乡长看看我们的战斗行动！"他继续下功夫"经营"铜、南、繁、宣地区，第 3 支队先后组建了骆云山游击队、铜陵独立连、大小洲游击中队、"宣当芜"游击队等地方抗日武装。到 1939 年年初，各地游击队已发展到 5 个中队近 600 人，谭震林将其集中改编为第 3 支队芜繁游击独立第 1 大队；不久从大队选调 300 多人，编入第 3 支队第 5 团 1 营。第 3 支队防区一带的山民有打猎的习惯，几乎家家都有猎枪，谭震林根据这一特定条件，帮助地方成立起自卫队和民兵，组织起 80 多个猎户队，4000 多人枪；他还指示共产党繁昌县委建立了猎户队总部，把猎户队统一领导起来，使之成为新四军强大的后备军。

在谭震林的领导下，第 3 支队先后开辟了红花山、五华山、大小洲、保大塘、沙洲等十多个小块抗日根据地，形成了以繁昌为中心的抗日游击根据地；使铜、南、繁、宣地区的抗日斗争形势在较短的时间里有了很大的发展，有力地策应了青阳、铜陵、宣城等地的友军作战，同时对日军的长江交通运输线具有很大的威胁和破坏作用。日军为一举扫清这里的新四军和国军，于1939年11月开始发起进攻繁昌的战斗。谭震林指挥第3支队采取运动防御、伏击、夜袭等多种战法，与日军血战20日，终于取得了5次"繁昌保卫战"的胜利。日本派遣军司令部有人感叹："国民军乃是手下败将，唯共产党乃是皇军之大敌，看来要从共产党手里夺取繁昌城是不可能的。"叶挺、项英致电谭震林，赞扬第3支队"自我牺牲，英勇奋斗，攻击猛勇"，大大提高了新四军的"政治及战斗的威信"，称第3支队为"英勇支队"；新四军的《抗敌报》称之为"芜湖失守以后最大的血战"，是"皖南抗战史上空前伟大的胜利"。

第十章 新四军及游击队宣州群英谱

第一节 新四军人物传略

胡九春（1893—1942），江西人。1927 年在井冈山参加中国工农红军第四军，1928 年加入中国共产党，历任红三军团排长，连长、营长、团长，是红三军团的模范团长。主力红军长征后，留在南方坚持 3 年游击战争。抗日战争初期，任新四军第 2 支队 3 团副官处主任，毕家桥第四兵站站长。皖南事变后突围，任新四军第 6 师苏南兵站站长。因积劳成疾，于 1942 年 7 月在江宁县病逝。

罗化成（1895—1940），福建长汀人。1927 年加入中国共产党，1929 年任福建省苏维埃政府副秘书长兼红军福建军区后方留守处主任等职，并出席古田会议。红军主力长征后，留下坚持游击战争。1938 年 1 月所部编为新四军第 2 支队，任军医处处长、军需处处长，1939 年 10 月任政治部代主任。1940 年 2 月 20 日，率部在大雪中与日军作战时，心脏病突然发作，在苏南竹箦桥病故。1955 年被追认为烈士。

朱克靖（1895—1947），湖南醴陵人。1919年考入北京大学，1922年加入中国共产党。1923年冬，受中共北方区委的选派，到苏联莫斯科东方大学学习，回国后先后担任第3军党代表兼政治部主任、江西省政府秘书长；南昌起义后，任第9军党代表。抗日战争初期，任新四军政治部顾问兼军部战地服务团团长，数次率团到宣城第2支队进行慰问演出和考察。后任苏中三分区专员、浙西行政公署主任等职。解放战争初期，任新四军秘书长、山东野战军联络部部长。1947年7月因叛徒出卖被捕，同年10月在南京郊外英勇就义。

邓子恢（1896—1972）又名绍箕，福建龙岩人，1925年参加革命，1926年加入中国共产党，是闽西游击队创始人之一。红军主力长征后，留在南方继续坚持游击战争。抗日战争爆发，任新四军政治部副主任兼民运部部长、新四军江北指挥部政治部主任。1938年秋来水阳、狸头桥视察工作。解放战争时期，任中共中央华中分局书记，华中军区政委、中央临时人民政府主席、中共中央中原局第三书记。新中国成立后曾任中共中央农村工作部部长、国务院副总理、全国政协副主席等职。1972年12月10日在北京病逝。

项英（1898—1941），原名项德隆，化名江俊、江钧，湖北江夏（今武汉市江夏区）人。1922年加入中国共产党。在中共三大、六大上分别被选为中央委员、中央政治局委员。1931年后，任苏区中央局代理书记、中华苏维埃共和国临时中央政府副主席等职。红军主力长征后，任中共中央江西分局书记，中央苏区军区司令员兼政治委员，在赣粤边坚持游击战争。抗日战争时期，任中共中央东南局书记、中共中央革命军事委员会新四军分委员会书记、新四军副军长，是新四军的创建人和主要领导人之一。1938 年年末曾到宣城第 2 支队视察工作。1941 年，在"皖南事变"中，被叛徒杀害于泾县蜜蜂洞。

李华楷（1899—1992），曾用名王林，江西泰和人。1927 年 2 月参加革命，1928 年 4 月加入中国共产党。1934 年参加中国工农红军，参加了二万五千里长征。抗日战争时期，任新四军第 1 支队后方留守处主任、苏皖特委组织部长、宣当芜中心县委书记、县独立团政委等职。解放战争时期，任纵队政治部民运部长、第三野战军第 23 军后勤部政委。新中国成立后，任志愿军第 23 军后勤部政委、华东军区后勤部生产部政委、南京军区离休办公室主任（正军级）等职。1955 年被授予大校军衔。1992 年 11 月 20 日在南京逝世。

涂凤初（1900—1943），又名涂启升，福建长汀人。1929 年加入中国共产党，同年 3 月参加涂坊暴动，1932 年参加中国工农红军，参加了南方 3 年游击战争。1938 年 4 月参加新四军先遣支队，负责军需工作，后任第 2 支队军需部长等职。皖南事变后，任新四军第 6 师第 16 旅供给部副部长。1943 年 5 月，在江苏句容县梅庄执行任务时，不幸被伪军缉捕，次日遭天王寺日军警备队杀害。

游玉山（1900—1997），福建上杭人。1929 年加入中国共产党，同年参加中国工农红军。抗日战争爆发后，任新四军第 2 支队 3 团供给处主任、江都团参谋长、宝应独立团参谋长。皖南事变后，任新四军第 6 师第 16 旅作战参谋、54 团参谋长、第 1 纵队 2 旅侦通科科长。解放战争时期，曾任山东胶东特务团团长、泰州市警备司令部司令。新中国成立后，任福建省三明军分区参谋长、永安军分区副司令员、司令员。1955 年被授予大校军衔。

孙仲德（1902—1961），名家骥，曾用名余凯章，安徽庐江人（原属合肥县）。青年时考入保定军校，1927 年参加国民革命军，后任合肥县三河镇商壮队长，配合中共地方组织开展革命活动。1934 年 6 月加入中国共产党，任肥南区委书记。1935 年任中共皖西北特委委员和游击师师长。1937 年 7 月入延安抗大学习，1938 年 3 月任新四军第 3 支队 5 团团长，在青弋江一带多次与日军激烈战斗，战功赫赫。1939 年 5 月调任新四军江北游击纵队司令员，1941 年 5 月任新四军第 7 师第 19 旅旅长，1942 年 4 月任第 7 师参谋长，后又兼任和含支队支队长、中共和（县）含（山）地委书记等职，领导开辟和含地区抗日民主根据地。抗日战争胜利后，任中共华东党校校委委员和第 1 队队长。1948 年 6 月，率华东野战军先遣支队进入巢（湖）无（为）地区，恢复建立革命根据地；9 月任华野先遣纵队司令员，阻止江南国民党军队增援淮海战场。1949 年 1 月率部解放合肥，任合肥军管会主任；又主持皖西剿匪。1952 年 5 月转业，历任安徽省政协副主席兼省民政厅长，上海第二医学院院长兼党委书记，中共安徽省委常委、副省长等职。1961 年 11 月 4 日因病在合肥逝世。

温仰春（1904—1981），广东大埔人。1924 年参加革命，1926 年加入中国共产党。1930 年后任闽西苏维埃秘书长、福建省苏维埃秘书长、福建军区政治部秘书长。参加了中央苏区历次反"围剿"斗争和 3 年游击战争。抗日战争时期，曾任新四军第 2 支队秘书长、中共中央东南分局秘书长等职。解放战争时期，任华中局党校副书记兼组织部部长，华东局党校副校长，华东南下干部纵队政治委员，华东人民革命大学副校长、党委副书记。新中国成立后，任中共中央华东局组织部副部长，华东纺织工学院院长，上海市政协第 5 届常委。1981 年 5 月 24 日病逝。

王绍杰（1905—1945），广东澄海人。1926 年加入中国共产党。抗日战争爆发后参加新四军，任第 2 支队司令部秘书、政治部秘书长兼民运科长。1939 年 8 月，任新四军江南指挥部政治部秘书长。皖南事变后在新四军第 1 师任职。1945 年 3 月，任苏浙军区第 2 军分区政治部主任；10 月 15 日，北撤渡江时因中安轮失事不幸遇难。

张开荆（1905—1991），曾用名张承汉、张谟高，江西吉水人。黄埔军官学校第 6 期毕业。1927 年 1 月加入中国共产党，1930 年 8 月到闽西苏区参加中国工农红军，历任连长、团政委，福建军区独立第 8 师政治部主任，岩永杭游击纵队司令员，第 2 军分区参谋长等职，坚持了 3 年游击战争。抗日战争初期，任新四军第 2 支队司令部作战科科长、江南挺进纵队参谋长。皖南事变后任新四军第 6 师第 17 旅第 51 团团长、第 16 旅参谋长。解放战争时期，任解放军晋察冀野战军第 1 纵队参谋长，第 66 军第 198 师师长。

新中国成立后，曾任黑龙江省军区司令员、沈阳军区副参谋长、吉林省副省长等职。1955年被授予少将军衔。1991年2月24日在长春病逝。

周桂生（1906—1941），原名周仲生，号伦秋，湖南平江人。1928年3月参加扑城暴动，4月加入中国共产党，7月参加中国工农红军，12月随部队到井冈山。红军主力长征后，坚持了3年游击战争。1938年4月任新四军第2支队4团副团长，后入教导总队学习，毕业后任教导总队副队长。1940年秋任新3团团长，12月任新第2支队司令员。皖南事变中，周桂生率新第2支队为中央纵队，掩护军直属队及教导总队突围，1月12日夜转移至石井坑，在突围激战中不幸牺牲。

胡荣（1906—1941），又名胡尊芳，湖南平江人。1926年9月加入共青团，1928年3月参加扑城战斗和平江起义，1930年春转为中共党员。1931年初任湘鄂赣独立第1师1团副政委，1933年2月任红18军第52师154团副政委、红18师组织科科长。1934年8月随红六军团长征，到达陕北后，入延安抗日军政大学学习。1938年2月任新四军第3支队政治部主任，1940年11月任新第3支队政委。皖南事变中，率5团指战员在高岭同顽军第79师浴血奋战，后弹尽粮绝，英勇就义。

范钦洪（1906—1943），福建永定人。1930年加入中国共产党，1934年参加中国工农红军，参加了闽西苏区的反"围剿"斗争和南方3年游击战争。抗日战争爆发后，任新四军第2支队4团连指导员、3营副营长，1939年后任3营营长、第2支队特务连教导员。皖南事变后，任新四军第6师第16旅直属队政委。1943年在反"扫荡"战斗中牺牲。

刘一鸿（1906—1943），原名刘传儒，安徽当涂人。原任采石邮局局长，抗日战争爆发后，变卖家产购置枪支武器，组织抗日自卫队，后改编为"苏皖边区抗日自卫大队"，任大队长；1939年4月，改编为新四军第2支队特务营，任营长；10月至新四军教导总队学习；1940年春任第2支队司令部参谋、教导队队长，并加入中国共产党。皖南事变后，任新四军第6师第16旅46团参谋长、副团长。1943年5月21日，在溧水县因自制土炮试炮，失事殉职。

　　罗忠毅（1907—1941），湖北襄阳人。
1931 年 12 月加入红军，次年加入中国共产
党，历任营长、团长、师参谋长等职。1933
年后调任福建军区某军分区司令员。抗日战
争爆发后，任新四军第 2 支队参谋长，参与
指挥水阳伏击战、官陡门奇袭战等战斗。
1940 年 2 月任新第 2 支队司令员；7 月新四
军主力渡江后，领导新四军江南指挥部，坚
持苏南敌后抗日游击战争；系新四军抗日名
将之一。皖南事变后，率部接应新四军突围
人员，共将皖南党政机关及新四军撤退人员
9000 余人安全转移至苏北，为保存抗日革命力量做出重大贡献。1941 年 6 月，
任新四军第 6 师参谋长兼第 16 旅旅长。11 月 28 日，第 16 旅旅部和苏南党政机
关溧阳县塘马驻地突遭 4000 名日伪军围攻，罗忠毅和政委廖海涛指挥部队英勇
奋战，不幸中弹牺牲。2009 年 10 月，被评为"100 位为新中国成立作出突出贡
献的英雄模范人物"。

　　王集成（1907—1983），原名王富堂，
福建上杭人。1930 年参加中国工农红军，同
年加入中国共产党，历任宣传队长、连政
委、军团直属队总支书记、团政委、师政治
部主任等职。抗日战争时期，协助张鼎丞改
编新四军第 2 支队并任政治部主任。1940 年
1 月调任中共江北工委书记、江北游击纵队
政治部主任等职。皖南事变后任新四军第 2
师第 4 旅政委兼政治部主任，1941 年 6 月任
第 7 师政治部主任兼沿江支队政委。解放战
争时期，历任华中野战军第 1 师副政委、政
委，华东野战军第 4 纵队政委，山东军区政
治部主任等。新中国成立后，历任华东军区空军政委、铁道兵副政委兼政治部
主任等。1955 年被授予少将军衔。1983 年 5 月 11 日在北京逝世。

罗桂华（1907—1984），曾用名罗少安，江西萍乡人。1930年5月参加中国工农红军，同年加入中国共产党，历任连指导员、营长、团政委、闽西南红军游击队第1纵队政治部科长等职。抗日战争和解放战争初期，任新四军第2支队政治部组织科科长、4团政治处主任、第1师第3旅8团政委、第3旅参谋长、华东野战军第6纵队第18师副师长等职。新中国成立后历任东北军区后勤部第一医院管理局局长、后勤部油料部部长、总后勤部西安办事处政委。1955年被授予少将军衔。1984年3月1日在苏州病逝。

段广高（1907—1988），安徽霍邱人。1931年3月参加中国工农红军，1933年3月加入中国共产党，历任霍邱游击队中队长、红四军连长、副营长，参加了长征。抗日战争时期，历任新四军第4支队营长、无为游击纵队大队长。皖南事变后被编入新四军第7师，1943年3月皖江军区成立，任皖南支队无南大队大队长。1943年11月任宣城县委军事部长，12月任宣城游击大队大队长，1945年夏任巢无独立团参谋长。抗日战争胜利后新四军北撤，历任第7师第20旅60团参谋长，胶东军区第6师18团副团长，华东野战军第13纵队274团团长。新中国成立后，先后任福建军区第四军分区参谋长、闽侯军分区副司令员、福州军分区司令员。1955年被授予上校军衔。1965年6月离休。1988年8月30日因病在九江逝世。

　　温华桂（1907—2004），原名温端兴，字旺器，江西吉安人。1929年1月参加赤卫队，1930年6月加入中国共产党，同年8月参加中国工农红军，参加了南方3年游击战争。1938年1月，任新四军第2支队政治部组织干事、第2支队教导队政治指导员。1939年11月，任江南指挥部教导大队政治教导员兼2中队政治指导员。1940年2月，任新四军军部侦察连政治指导员，同年9月任皖南新1团特派员、政治处保卫股股长。解放战争时期，历任华东军区第7师新兵团团长、政委、上海警备旅政治部主任等。新中国成立后，历任南京军区干部文化学校政委、江苏省军区徐州军分区政委。1955年9月被授予大校军衔。2004年3月15日在北京逝世。

　　傅狂波（1908—1954），原名傅葆芬，字子函，四川华阳人。早年在成都师范大学读书期间，参加学生运动，1929年加入中国共产党。1934年7月参加中国工农红军北上抗日先遣队，任浙南红军游击队大队长。抗日战争爆发后，任新四军第2支队4团7连连长，随先遣支队挺进苏南。后任第2支队侦察参谋、新3团参谋长。"皖南事变"后任新四军第6师第16旅46团参谋长、团长。解放战争时期，任第三野战军特种兵纵队特科学校教育长、副校长，1948年任炮7师副师长。参加了抗美援朝战争，任第7师副师长、师长。1952年回国，入汤山南京军事学院高级系学习。1954年3月在演习途中因脑溢血猝发逝世。

廖海涛（1909—1941），福建上杭人。1929 年参加闽西暴动，1930 年加入中国共产党。曾任中共杭武县委书记、县苏维埃政府主席。红军长征后，任闽西南红军第 2 军分区第 7 支队政委。1938 年 2 月任新四军第 2 支队 4 团政治部主任，4 月任 4 团政委。1940 年 2 月任第 2 支队副司令员兼政治部主任，7 月任江南指挥部副指挥。皖南事变后任新四军第 6 师第 16 旅政委兼政治部主任。1941 年 11 月 28 日，日伪军突然袭击第 16 旅驻地江苏溧阳县塘马村，廖海涛与旅长罗忠毅指挥部队英勇还击，终因寡不敌众，不幸牺牲。

黄火星（1909—1971），曾用名黄火生，字以和，江西乐安人。1930 年参加中国工农红军，同年加入中国共产主义青年团，次年转入中国共产党。曾任弋阳第 4 游击大队政委，第 11 军第 1 团政委，福建军分区政委、纵队政委，参加了赣东北苏区反“围剿”和闽西 3 年游击战争。抗日战争时期，任新四军第 2 支队 3 团团长、新第 2 支队政委。皖南事变后任第 7 师第 19 旅 55 团政委、第 7 师政治部副主任、代主任，和含支队政委、第 7 师第 19 旅政委，参加小丹阳战斗、横山战斗、周家大山战斗。解放战争时期，任华东野战军第 7 纵队政治部主任、副政委、第三野战军第 25 军军政委，参加了宿北、莱芜、淮海、渡江、漳厦等战役。新中国成立后，历任第十兵团政治部主任兼福建军区政治部主任，厦门市军事管制委员会副主任、主任。1954 年起任江苏省军区第二政委，最高人民检察院副检察长兼解放军军事检察院检察长、中央军委总直属队政治部主任。1955 年被授予中将军衔。1971 年 4 月 27 日因病于北京逝世。

陈立平（1909—1982），江苏武进县人。早年就读于苏州师范学校、苏州美专和无锡美专。1930年12月加入中国共产党。1933年任中共无锡中心县委宣传部长，1936年任中共江苏省委外县工委委员。抗日战争爆发后，任中共南昌市委组织部长，随新四军第2支队挺进皖南、苏南，曾任水阳动委会副主任、《火线报》社委会副主任、苏皖特委宣传部长。其后历任苏皖特委组织部长、书记，苏浙皖特委书记兼留守营政委、华东野战军先遣纵队干部队队长等职。新中国成立后，历任南京市工区区委常委兼组织部长、市纪委副书记、副市长，中共江苏省委宣传部副部长、省卫生厅厅长、省高级人民法院院长、省人民检察院检察长等职。"四人帮"被粉碎后，任江苏省政协四届委员会副主席。1982年10月12日在南京病逝。

池义彪（1909—1995），曾用名池义标，福建长汀人。1929年秋参加革命，1931年1月参加中国工农红军长汀县独立团，1932年9月加入中国共产党，坚持了南方3年游击战争。抗日战争爆发后，任新四军第2支队4团第1营营长、3团第3营营长。1939年9月调任新6团1营营长。1940年1月任新四军第2纵队6团副团长，11月任苏北指挥部第2纵队6团团长。1941年2月任第1师第2旅5团团长。1945年4月出席中共七大。解放战争时期，任东北辽南军分区团长、安东军区卫生部副部长、东北军区警卫师卫生部部长、第164师后方勤务部政委。新中国成立后，任东北装甲兵技术部政委、安东军分区副政委、湖南省体育学院副院长、湖南师范学院副院长、党委副书记。1955年被授予上校军衔。1995年11月14日在长沙逝世。

　　王　胜（1909—1996），福建上杭人。1929 年加入中国共产党，1930 年参加中国工农红军，历任指导员、参谋、副团长兼参谋长等职。1938 年春任新四军第 2 支队 4 团参谋长，1939 年入新四军教导总队高干班学习，结业后任第 2 支队司令部参谋长。皖南事变后，任第 6 师第 16 旅参谋长、浙东纵队 5 支队支队长。解放战争初期，任山东野战军第 1 纵队第 2 旅副旅长，山东军区西海第三分区副司令员、司令员，华东野战军东线兵团司令部参谋处处长，华东支前司令部参谋长，警八旅旅长兼苏州军分区司令员。新中国成立后，历任福建军区第 8 军分区司令员、装甲兵坦克预备学校校长、第六坦克学校校长、装甲兵学院副院长。1955 年被授予少将军衔。1996 年 2 月 28 日在南京逝世。

　　彭胜标（1909—2003），原名彭佑先，福建长汀人。1929 年参加古城暴动加入赤卫队，同年 10 月编入红军，11 月加入中国共产党，在闽西苏区坚持了 3 年游击战争。抗日战争爆发后任新四军第 2 支队 3 团 1 营教导员，1939 年春任第 3 支队 5 团政治处主任，皖南事变后任新四军第 7 师挺进团政委，1943 年任沿江支队副政委、第 7 师兼皖江军区政治部组织部长等职。解放战争时期，任鲁中南军区第 4 军分区副政委，山东野战军第 7 师政治部组织部长，鲁南军区警备第 8 旅兼第 1 军分区政治部主任、副政委，华东野战军鲁中南纵队第 46 师政委，第三野战军第 35 军第 103 师政委。新中国成立后，任苏南军区政治部副主任、主任，江苏省军区政治部副主任，安徽省军区政治部主任、副政委。1955 年被授予少将军衔。2003 年 3 月 1 日因病在合肥逝世。

叶道志（1910—1938），湖北黄安（今红安）人。1928 年参加中国工农红军，1929 年加入中国共产党。1933 年任红四方面军第 73 师团政治委员，7 月任红 31 军第 93 师师长，1934 年任第 92 师师长。1935 年率部参加长征，7 月任红四方面军第 4 军 10 师政委。抗日战争爆发后，任新四军第 2 支队 4 团副团长、军部特务营营长。因对职务偏低有意见，遂于 1938 年 7 月 31 日带枪出走，同年 8 月 30 日以叛变罪被处决。1983 年平反，恢复名誉。

彭德清（1910—1999），曾用名彭楷珍、陈国华，福建同安人。1927 年加入共青团，1930 年加入中国共产党，曾任闽南红军安南永德游击队政委、第 2 游击支队政委。抗日战争后，任新四军第 2 支队 4 团 1 营 3 连指导员，教导总队 2 大队教导员、新四军政治部组织干事，第 2 支队 4 团政治处主任，苏北指挥部 3 纵 5 团政委、3 纵政治部副主任。皖南事变后任新四军第 1 师第 3 旅 7 团团长兼政委、苏浙军区第 3 纵队副司令兼参谋长。解放战争时期，任苏中军区第 1 师 3 旅旅长，华东野战军 4 纵第 12 师师长，第三野战军第 22 军、23 军副军长。新中国成立后，任第 27 军军长，参加抗美援朝。回国后任华东军区海军副司令员，东海舰队副司令员兼福建基地司令员和政委。1965 年调任交通部副部长、部长。1955 年被授予少将军衔。1999 年 6 月 10 日在北京逝世。

张文碧（1910—2008），江西吉水人。1930 年参加中国工农红军。1931 年加入中国共产主义青年团，同年转入中国共产党，坚持了 3 年游击战争。抗日战争时期，任新四军第 2 支队、苏皖支队政治部保卫科科长，第 1 师第 3 旅军法处主任，第 3 旅兼苏中军区第 4 军分区南通警卫团政委，浙东游击纵队政治部主任，苏浙军区第 2 纵队第 2 旅副政委。解放战争时期，任华东野战军第 1 纵队第 2 师第 3 旅副政委，第 3 野战军第 20 军第 59 师政委。1950 年参加抗美援朝，任中国人民志愿军第 27 军政治部主任、副政委。1952 年回国后，历任南京军区装甲兵、工程兵、第 12 军政委，水利电力部部长，浙江省军区司令员，南京军区司令部顾问。1955 年被授予少将军衔。2008 年 10 月 4 日在南京逝世。

熊梦辉（1911—1941），原名熊家祯，江西兴国人。1929年参加中国工农红军，1930年加入中国共产党。历任红军班长、排长、连长、营长、大队长、支队长等职，参加了中央苏区一至五次反"围剿"战斗。红军主力长征后，留闽西坚持游击。抗日战争开始后，任新四军第2支队3团参谋长，皖南第2纵队新3团团长，转战苏南、皖南等地，打击日伪，扩大抗日武装，发展敌后游击战争。皖南事变中，率部突围北渡长江，辗转章家渡、沙洲、铜陵、无为县等地，突破敌人的围追堵截。1941年2月在无为县姚家沟战斗中不幸牺牲。

江如枝（1911—1943），福建永定人。1930年加入中国共产党，同年参加中国工农红军。毕业于中央军委举办的电讯训练班，任无线电报务员、报务主任。1934年6月任中国工农红军北上抗日先遣队无线电队队长。1935年2月任红军挺进师通讯参谋主任，师直属部队政治组组长。1936年8月任中共鼎平县委书记，参加了浙闽边的3年游击战争。1938年3月随浙南游击队编入新四军第2支队。1943年1月任新四军第6师第16旅51团政治处主任，率领51团部分部队

坚持溧阳地区抗战。10月下旬，日军"扫荡"溧水、溧阳地区，11月3日凌晨，51团2个连和独立第2团1个连在溧阳县清水塘遭五路敌人合击，江如枝在带领部队突围中牺牲。

巫希权（1911—1943），别名希权，福建宁化人。1931年参加中国工农红军，1933年加入中国共产党，历任班长、排长、连长，坚持了南方3年游击战争。抗日战争爆发后，任新四军第2支队3团3连连长。1939年入教导总队学

习后，任3团特务营营长，调新3团2营营长。皖南事变中率部突出重围，5月任铜陵游击大队大队长。1943年7月16日，巫希权率部在埂塘伏击日军，由于叛徒告密，次日遭日伪军500余人合围，在突围泅渡时牺牲。

钟民（1911—1954），原名钟德胜，曾用名钟得胜、钟明，江西瑞金人。1930年加入共青团，同年参加中国工农红军，1931年转为中共党员。抗日战争爆发后，任新四军第2支队3团2营教导员，1939年10月任3团政治处主任。1940年6月任皖南第2纵队政治部主任。皖南事变后任新四军第1师第3旅政委、苏中第2分区政委。1945年4月出席中共七大。1946年1月后任东北民主联军第7纵队第19旅政委、第1纵队第3师副政委、东北军区独立第9师政委。1949年6月任第四野战军兼华中军区第十四兵团第42军第155师政委。新中国成立后曾任中共赣西南区委委员、赣州地委第二书记、赣南行署主任等职。1954年12月12日，在杭州因病逝世。

倪南山（1911—1989），安徽至德（今东至）人。1935年4月加入中国共产党，同年参加中国工农红军，曾任至德县区苏维埃主席、江南特委肃反委员会主席、皖浙赣江南红军独立营特派员、中共休婺中心区委书记。抗日战争时期，任江西抗日义勇军第2支队政治宣传队队长，新四军军部军法处典狱长、第2支队司令部执法科科长、江南指挥部军法处科长、苏中军区第2分区政治部保卫科长、苏浙军区政治部保卫科长，新四军第1师第2旅6团特派员。解放战争时期，任苏浙军区留守处参谋长、皖浙赣边区游击支队队长、浮梁军分区司令员。新中国成立后历任江西省军区副司令员、

福建省军区第一副司令员、福建省军区政委、中共福建省委书记，福建省政协副主席等职。1955 年 9 月被授予少将军衔。1989 年 1 月 11 日在南昌逝世。

谭成章（1911—1991），江西兴国人。1932 年参加革命，同年 12 月加入中国共产党。1934 年 6 月参加中国工农红军，参加了二万五千里长征。抗日战争时期，历任新四军第 2 支队 4 团 2 营副营长、团组织股股长，江南新 3 团 1 营政治委员，第 16 旅卫生部政治协理员、教导大队教导员、组织科副科长、46 团政治处主任，苏浙 2 分区政治部副主任等职。解放战争时期，历任华野第 4 纵队 74 团、30 团、教导团政委，第 67 师政治部主任。新中国成立后，历任南京市公安总队政委、苏州军分区政委。1991 年 8 月 10 日在南京逝世。

卢胜（1911—1997），广东乐会（今属海南琼海）人。1929 年加入共青年团，1932 年转入中国共产党，1933 年参加中国工农红军，历任闽南红 3 团连指导员、独立营营长，第 4 支队支队长、团长兼政委等，参加了南方 3 年游击战争。抗日战争时期，任新四军第 2 支队 4 团团长、团政委，新四军江南指挥部苏皖支队政委，苏北指挥部第 3 纵队政治部主任，新四军第 1 师第 3 旅政治部主任、师政治部组织部部长，苏中军区第 4 军分区司令员、政委。解放战争时期，任华中野战军第 7 纵队政治部主任，第 1 师第 1 旅政委，华东野战军第 4 纵队第 10 师师长、师政委，第 4 纵队副司令员，第三野战军第 23 军政委。1952 年参加抗美援朝，任志愿军第九兵团 23 军政委，1954 年回国后历任福建省军区政委、福州军区副政委和顾问。1955 年被授予中将军衔。1997 年 8 月 17 日病逝于福州。著有《卢胜回忆录》。

郑贵卿（1911—2002），湖南平江人。1927年加入共青团，1930年参加中国工农红军，1932年转入中国共产党。参加了中央苏区反"围剿"和闽西3年游击战争。抗日战争爆发后，任新四军第2支队3团3营营长、第1支队1团营长。皖南事变后，任盐城保安团、新四军第3师第8旅22团副团长、师特务团团长。解放战争时期，任东北民主联军第36师副师长，第四野战军第49军第147师师长。新中国成立后，任桂林军分区司令员、中南公安部队师长、广西军区副司令员。1961年晋升为少将。2002年9月29日在长沙逝世。

邱金声（1912—1939），福建龙岩人。1927年参加秘密农会，1930年3月参加中国工农红军，1931年加入中国共产党。中央红军长征后留在闽西坚持游击战争，任闽西南游击队第2纵队参谋长、闽西南军政委员会委员，第3作战分区司令员，闽南抗日游击队第5支队支队长。抗日战争爆发后，任新四军第2支队3团副团长，参加大小战斗百余次，毙伤日伪军3000余人。由于在长期征战中曾经7次负重伤，1939年2月旧伤复发，26日在太平县小河口新四军医院逝世。

徐德建（1912—1968），曾用名徐德鉴，安徽当涂人。抗日战争爆发后，与邵时安、朱昌鲁、唐思庆等组织"当芜青年抗日救亡团"，任情报委员。1938年8月参加新四军并加入中国共产党。其后历任第2支队独立营中队长、指导员，中共当芜县委西北区工委书记、新四军第1师第3旅供给部政委等职。1942年冬回大官圩工作，任当南工委书记。1943年兼任当南自卫大队政委、大官圩区委书记、区长。1945年1月，任中共宣当县委副书记，兼任宣当人民抗日自卫总队和宣当警卫团副政委、当南行政办事处主任。1946年3月，任山东临朐县委副书记，领导当地的土改斗争。新中国成立后，历任上海市徐汇区委组织部长、嵩山区委书记、市纪检委副书记、市委组织部副部长、市农村工作部副部长、市农委副主任、市经济计划委员会副主任等职。"文化大革命"中遭迫害，于1968年7月16日在上海去世。1978年9月13日，得到平反昭雪。

姜茂生（1912—1985），广西凤山人。1929年参加中国工农红军和百色起义，同年加入中国共产党，坚持了闽西南3年游击战争。抗日战争时期，任新四军第2支队4团连长、指导员、独立营政委，苏皖支队1营政治委员，苏北指挥部第3纵队8团参谋长、团长。皖南事变后，任新四军军部特务团团长、苏中军区第3军分区特务团团长、苏浙皖联合抗日司令部参谋长等。解放战争时期，任华东野战军第6纵队第18师参谋长、两广纵队参谋长。新中国成立后任广西玉林军分区司令员，参加抗美援朝，任47军副参谋长。回国后任广西军区参谋长、副司令员。1955年被授予少将军衔。1985年12月11日在南宁逝世。

王必成（1912—1989），湖北麻城人。1928年参加赤卫队，同年加入共青团。1929年参加中国工农红军，1930年加入中国共产党。历任连长、营长、营政委、副团长、团长、团政委、副师长，参加了鄂豫皖反"围剿"和长征。抗日战争后任新四军第1支队2团参谋长、团长，苏北指挥部第2纵队司令员，第2师第2旅旅长、第6师第18旅旅长、苏浙军区第1纵队司令员。解放战争期间，任华东野战军第6纵队司令员、第3野战军第24军军长。新中国成立后，历任浙江军区司令员、志愿军第9兵团副司令员、上海警备区司令员、南京军区副司

令员、昆明军区司令员、武汉军区司令员、军事科学院副院长等职。1955 年被授予中将军衔。是中共第十、十一届中央委员、中顾委委员。1989 年 3 月 13 日在南京病逝。

杨洪才（1912—1989），原名欧阳普鑫，曾用名谭广，湖南浏阳人。1929年参加革命，1930 年加入共青团，1931 年转入中国共产党，曾任红三军团第 1师 3 团连长，汀瑞游击队中队长、大队长。参加中央苏区反"围剿"和闽赣边3 年游击战争。抗日战争时期，任新四军第 2 支队 3 团 2 营营长、第 2 支队特务营营长。皖南事变后，任新四军第 6 师第 16 旅独立 2 团参谋长、团长，苏南第2 军分区副司令员，苏浙军区第 2 军分区副司令员。解放战争时期，任苏中军区第 2 军分区副司令员、胶东军区西海军分区副司令员、华东野战军第 13 纵队第 39 师副师长。新中国成立后，任上海市嵩山区区长、上海市人民防空指挥部副参谋长、上海市民政局副局长，安徽省煤炭厅副厅长，上海市民政局顾问。1989 年 10 月 22 日在上海逝世。

黄玉庭（1912—1991），原名黄应庭，江西万年人。1929 年加入共青团，次年转入中国共产党，参加中国工农红军，坚持了南方 3 年游击战争。抗日战争时期，任新四军第 2 支队 4 团 3 营营长，1940 年 9 月任 4 团团长。皖南事变后任新四军第 6 师第 16 旅46 团团长、代旅长，苏南第 1 军分区司令员，苏浙军区第 1 纵队第 3 支队司令员。解放战争时期，任华中野战军 6 纵第 16 旅参谋长、第三野战军第 24 军第 71 师师长。新中国成立后，任中南军区空军预科总队总队长，1951 年参加抗美援朝作战，任志愿军空军第 15 师师长。1955 年被授予少将军衔。历任山东德州军分区司令员、山东省军区副司令员。1991 年 3 月 20 日因病在济南逝世。

何志远（1912—1992），湖南浏阳人。1930 年 10 月加入中国共产党，1931 年 2 月参加中国工农红军，曾任赣南军区独立第 3 师 3 团政委兼东北分

区特派员，中共岩连宁中心县委书记等职。1938 年 1 月，任新四军第 2 支队 3 团 3 营副营长。1940 年 3 月，任第 3 支队 5 团政治处副主任。皖南事变后，7 月调任新四军第 7 师第 19 旅 55 团政治处主任兼无为县总队副队长、沿江支队政治处主任等，转战于皖南、皖东地区。解放战争时期，任华东野战军第 7 纵队第 19 师政委。新中国成立后任第三野战军第 25 军政治部主任、政委，山东军区政委、济南军区顾问。1955 年被授予少将军衔。1992 年 9 月 11 日在济南逝世。

钟国楚（1912—1996），江西兴国人。1930 年春加入共青团，同年 5 月参加中国工农红军，8 月转入中国共产党。参加了中央苏区反"围剿"和闽赣边 3 年游击战争。抗日战争初期，历任新四军第 2 支队 3 团政治处主任、支队政治部组织科科长、4 团政委。皖南事变后，任新四军第 6 师第 16 旅代政委、旅长，苏浙军区第 1 军分区司令员，苏中军区第 2 军分区司令员。解放战争时期，历任华中野战军第 6 师第 16 旅旅长、华东野战军特种兵纵队参谋长、第 6 纵队第 18 师师长，第三野战军第 26 军副军长。新中国成立后，任第 23 军军长，参加了抗美援朝，任志愿军第十九兵团参谋长。归国后，历任第 27 军军长、上海警备区副司令员，安徽省军区副司令员、江苏省军区第二政委兼江苏生产建设兵团第二政委，南京军区顾问。1955 年被授予少将军衔。1996 年 4 月 30 日在南京逝世。

林辉才（1912—1996），福建武平人。1932 年 1 月参加中国工农红军，次年 10 月加入中国共产党，参加了闽西苏区 3 年游击战争。抗日战争爆发后，任新四军第 2 支队司令部副官、3 团连长。1938 年 1 月任 4 团 3 营营长。皖南事变时任第 1 大队大队长，突出重围至苏南，任新四军第 6 师第 18 旅营长、团参谋长，后任苏中军区团长。解放战争时期，历任华中野战军 6 纵司令部作战处处长、华东军政大学第 3 总队 10 团团长、4 团团长。新中国成立后，历任南京军事学院高级系副主任、华东公安第 13 师副师长、晋江军分区司令员、福建省军区副参谋长等职。1955 年被授予大校军衔。1996 年 6 月 19 日在福州逝世。

　　熊兆仁（1912— ），福建永定县人。1929 年参加中国工农红军，1931 年加入共青团，1933 年转入中国共产党，红军长征后坚持了 3 年游击战争。抗日战争时期，任新四军第 2 支队 4 团 2 营 5 连连长、军部特务营连指导员，江北指挥部特务营政委，新第 2 支队新 3 团参谋长。皖南事变后，任新四军第 6 师第 16 旅 47 团政委、苏浙军区第 3 军分区副司令员、第 16 旅 46 团副团长、苏浙军区第 1 军分区副司令员等。解放战争时期，留在苏南地区坚持武装斗争，任苏浙皖边区司令部司令员、苏浙皖边区军事委员会军事部部长，1949 年任皖南军区副司令员。新中国成立后，任皖北军区副司令员、福建省军区司令部副参谋长、福建生产建设兵团政委、福州军区副参谋长等职。1955 年被授予少将军衔。

　　俞炳辉（1912—2004），曾化名张德标，福建连城人。1929 年 5 月参加中国工农红军，1931 年 4 月加入共青团，1932 年 3 月加入中国共产党，参加了中央苏区历次反"围剿"和 3 年游击战争。抗日战争时期，任新四军第 2 支队、苏北指挥部司令部副官处处长，1941 年后任新四军第 1 师团参谋长、团长等。解放战争时期，历任团长、旅参谋长、副师长、师长。新中国成立后，任陆军第 20 军参谋长，参加了抗美援朝。回国后任浙江军区副参谋长、南京军区文化学校副校长、安徽省军区副司令员。1955 年被授予大校军衔。2004 年 6 月 2 日逝世。

陈茂辉（1912—2015），福建上杭人。1929年7月参加中国工农红军，同年加入青年团，1931年3月转入中国共产党，在闽西苏区坚持3年游击战争。抗日战争时期，任新四军第2支队4团2营6连连长、政治部民运科科长、军部特务营教导员、新四军政治部民运部第三科科长。皖南事变后，在苏中军区、苏浙军区工作。解放战争时期，历任华中军区团政委、旅政治部主任，华东野战军师政治部副主任、主任、副政委，第三野战军师政委等。新中国成立后，任第23军政治部主任、副政委、政委，参加了抗美援朝。1955年被授予少将军衔。后任江苏省军区副政委、南京军区政治部顾问等。2015年3月23日，因病在南京逝世。

严昌荣（1913—1943），湖北松滋人。1930年参加中国工农红军，1934年加入中国共产党，历任红军排长、连长。1938年调新四军军部教导总队任军事教员，后调任第2支队4团、第3支队5团1营任营长。皖南事变后，任新四军第1师第3旅7团团长。1943年9月，率部攻打日军兴化县唐子镇据点，为掩护部队进攻，亲自用掷弹筒轰击敌据点，因掷弹筒爆炸牺牲。

陶家财（1913—1946），安徽当涂人。1838年7月加入新四军第2支队4团，同年加入中国共产党。皖南事变后，任新四军第6师第16旅46团特务营营长。1943年奉令回当涂组织当南自卫大队，任大队长。1945年1月，率部编入苏浙军区第3纵队。抗日战争胜利后，随部队北撤，任华中野战军第8纵队72团参谋长、副团长。1946年1月11日，在指挥部队进攻新安镇（今新沂市）日军据点时牺牲。

范唐生（1913—1946），江西贵溪人。1931年加入中国共产党，1933年参加中国工农红军，先后在红十军团、红军北上抗日先遣队工作，后随粟裕突围至浙南参加游击战争，1938年2月编入新四军第2支队4团，历任班长、排长、连长，苏浙军区特务1团3营营长、团副参谋长。解放战争时期，任华中野战军第1师第3旅9团参谋长，1946年7月9日，在如皋战斗中，被炮弹击中牺牲。

陶勇（1913—1967），原名张道庸，安徽霍邱人。1929 年 2 月加入共青团，1932 年 5 月转入中国共产党，曾任红 11 军第 32 师连长、红 4 军第 12 师副营长、第 10 师营长、团长，红 9 军教导师师长等职。抗日战争爆发后，任新四军第 1 支队副参谋长，后任第 2 支队第 4 团团长。1939 年 10 月北渡长江，任苏皖支队司令员。1940 年 7 月起任新四军苏北指挥部第 3 纵队司令员、第 1 师第 3 旅旅长兼苏中军区第 4 军分区司令员、苏浙军区第 3 纵队司令员兼政委。抗日战争胜利后，任华中野战军第 8 纵队司令员兼政委、第 1 师副师长，华东野战军第 4 纵队司令员，第三野战军第 23 军军长。新中国成立后任第 9 兵团副司令员，参加了抗美援朝战争，回国后任华东军区海军司令员、海军东海舰队司令员、海军副司令员兼东海舰队司令员。1963 年 11 月兼任南京军区副司令员。1955 年被授予中将军衔。1967 年 1 月 21 日在上海去世。

刘亨云（1913—1992），江西贵溪人。1929 年参加中国工农红军，同年加入中国共产主义青年团，1935 年转入中国共产党。抗日战争爆发后，任新四军第 2 支队 4 团 3 营政委、先遣支队特务营教导员，江南指挥部 4 团营长、团参谋长。1942 年任浙东游击纵队参谋长。解放战争时期，任山东野战军第 1 纵队第 3 旅旅长、华东野战军第 1 纵队第 3 师师长、渡江先遣支队第 1 支队支队长。新中国成立后，任华东军区海军后勤部副司令员兼参谋长、东北公安部队副司令员兼参谋长、石家庄高级步兵学校副校长、浙江军区副司令员、浙江省军区顾问。1955 年被授予少将军衔。1992 年 4 月 2 日在杭州逝世。

许彧青（1913—1996），原名许国经，福建仙游人。1930 年 7 月参加革命，1932 年 9 月加入中国共产党。抗日战争初期，任新四军第 2 支队随军记者、《火线报》主编、第 2 支队政治部宣传科科长、新四军政治部《抗敌报》主编。1942 年 2 月起，历任新四军第 6 师第 16 旅 46 团 3 营政委，第 16 旅教导大队政委、政治部宣教科科长、溧高警卫团政治处主任。解放战争时期，先后任华中军区随营学校政治处主任，雪枫大学政治部副主任、代主任，华东军政大学政治部副主任，中共厦门市委宣传部部长兼厦门市军管会文教部部长。新中国成立后，历任福建省文教厅厅长、福建省委宣传部副部长、部长，福建省副省长、福建省委统战部部长。1996 年 2 月逝世。

谭启龙（1913—2003），曾化名胡志萍，江西永新人。1928 年 3 月加入共青团，同年 8 月参加革命工作，1933 年 2 月转为中国共产党党员，参加了一至五次反"围剿"，红军长征后坚持了南方 3 年游击战争。抗日战争时期，历任新四军第 1 支队驻平江县办事处主任、赣东北特委书记、苏皖特委书记、苏皖区党委书记、皖南特委书记、江南区党委书记、新四军浙东游击纵队政委等职。解放战争时期，历任新四军第 1 纵队政委、华东野战军渡江先遣纵队政委、第七兵团政委。新中国成立后，历任中共浙江省委第一书记、浙江省政府主席、浙江省军区政委，山东省委第一书记、华东局书记处书记、山东省省长、省政协主席、济南军区政委，福建省委副书记，青海省委第一书记、青海省军区第一政委，四川省委第一书记、成都军区第二政委等职。2003 年 1 月 22 日在济南逝世。

吴载文（1914—1941），原名吴金秋，福建宁化人。1930 年投身革命，1931 年加入中国共产党，1932 年参加中国工农红军，坚持了 3 年游击战争。抗日战争爆发后，任新四军第 2 支队政治部总务科科长。1939 年 4 月任 4 团政治处副主任，后任政治处主任。11 月，任苏皖支队政治处主任。1940 年 7 月，任新四军苏北指挥部第 3 纵队 3 团政委。皖南事变后，任新四军第 1 师第 3 旅 7 团政委。1941 年 4 月 16 日，在苏北盐城蒋营进攻韩德勤顽军战斗中不幸中弹牺牲。

王铁夫（1914—1942），原名王广慈，又名王念劬，浙江余姚人，出生于上海。1938年3月在皖南参加新四军，被编入新四军第3期教导队学习，任2队机枪手。毕业后任第2支队3团副官。皖南事变中被捕，被关押在上饶集中营。1942年6月16日深夜，被杀害于福建崇安县大安镇的山呇里。

王荣光（1914—1987），福建上杭人。1931年7月参加革命，1932年加入中国共产党。抗日战争爆发后，历任新四军第2支队3团政治处宣教股长、党总支书记，教导总队第6队指导员。皖南事变后，任第7师教导大队政委、独立团政治处主任、第19旅57团政委。解放战争时期，历任团政委、师政治部主任、师副政委。新中国成立后，历任泉州军分区副政委、第31军政治部副主任、上海市兵役局副政委、江苏省军区政治部主任，江苏省军区副政委等。1955年被授予大校军衔。1987年2月5日因病在南京逝世。

阙中一（1914—1995），原名阙桂兰，福建永定人。1928年参加农民暴动，1929年参加中国工农红军，1930年加入共青团，1932年转入中国共产党，参加了中央苏区反"围剿"和二万五千里长征。抗日战争初期，任新四军第3支队5团3营政委、新四军军部教导总队政治队指导员、第2支队3团2营政委，新3团政治处主任。皖南事变后任团政治处主任、副政委、政委。解放战争时期，任旅政治部副主任、师政治部副主任、主任、政委。新中国成立后，历任皖南军区政治部主任、海军政治干部学校校长、海军舟山基地政委，海军舟嵊要塞区政委等职。1955年被授予少将军衔。1995年8月8日病逝于上海。

叶飞（1914—1999），原名叶启亨，曾用名叶琛，祖籍福建南安，出生于菲律宾奎松省。1928年5月加入共青团，1932年3月转入中国共产党，1933年到闽东参加中国工农红军游击队，历任共青团福建省委宣传部部长、福州中心市委书记、中共闽东特委书记、闽东军政委员会主席、闽东独立师政委等职。抗日战争爆发后，任新四军第3支队6团团长。1939年5月，任江南抗日义勇军副指挥，10月任新四军挺进纵队政委兼副司令员。1940年7月，任苏北指挥部第1纵队司令员兼政委。皖南事变后，任新四军第1师第1旅旅长兼政委。1945年任第1师师长兼苏中军区司令员。解放战争时期，历任山东野战军第1纵队司令员、第一兵团副司令员兼第1纵队司令员、第三野战军第十兵团司令员、福建军区司令员。新中国成立后，历任福建省委第二书记、南京军区副司令员、福州军区司令员、中共中央华东局书记处书记、福建省省长、福建省委第一书记、人民解放军海军第一政委、海军司令员等职。1955年被授予上将军衔。1999年4月18日在北京逝世。

王培臣（1914—2007），福建上杭人。1929年参加中国工农红军，1933年加入中国共产党，参加了南方3年游击战争。抗日战争爆发后任新四军第2支队司令部作战科测绘参谋，参加先遣支队。1938年秋任3团侦察参谋，1939年9月任3团作战参谋，1940年5月任3团代参谋长，11月任新第2支队作战科科长。1941年9月后历任新四军司令部侦察科副科长、参谋处2科科长，皖江军区兼新四军第7师沿江支队、沿江军分区参谋长、第7师第19旅56团团长等职。解放战争时期，历任师参谋处处长、旅参谋长、师参谋长、副师长、师长。新中国成立后任第26军副参谋长兼作战处长、胶东国防工程指挥部参谋长。1955年被授予大校军衔。1965年因伤残离职休养。2007年8月28日在福州病逝。

罗白桦（1914—2007），原名柯开骏，曾用名柯恺非、罗克，安徽贵池人。1937年10月入延安抗日军政大学学习，次年6月加入中国共产党，10月从延安返回安徽，任皖南南芜宣党总支青年委员。1939年2月任中共南芜宣县委宣传部长兼青年部长，4月到孙家埠开展抗日工作，成立中共宣城特别支部，任书记；9月建立中共宣城县工委，任书记；11月调回皖南特委。其后历任繁昌县委书记、苏中三地委组织部长兼如西县委书记、南芜宣县委宣传部长兼青年部长等职。

1945年10月随新四军北撤，后被调任山东新汶煤矿和鲁中区党委调研室副经理、副主任。1947年7月回安徽，任中共黄西工委书记、皖南军区政治部副主任。新中国成立后先后担任南京警备部队政治部副主任、南京市财政局局长兼税务局长、南京市财经委员会常务副主任，上海市建工局局长、党委书记、市政建设委员会副主任、上海市人委公用办副主任、上海市三线工程建设总指挥等职。"文革"中遭迫害。1978年6月，任上海市建设委员会副主任。1985年11月离休。2007年2月病逝。

王荣春（1915—1939），又名王金秋，福建上杭人。1930年加入共青团，1932年转入中国共产党，1933年8月参加中国工农红军，参加过闽西地区3年游击战争。抗日战争爆发后，任新四军第2支队3团1营政治指导员，第2支队政治部统战科科长。1939年1月6日，在当涂博望对日作战中不幸牺牲。

林开凤（1915—1942），曾化名胡明山，福建永定人。1936年夏参加中国工农红军闽西南抗日讨蒋第7支队新兵连，同年冬加入中国共产党，参加了南方3年游击战争。1938年春，任新四军第2支队3团3营9连司务长。1939年年初任3团民运股长、营长，改任第3支队5团副团长，参加繁昌保卫战、九郎庙反"扫荡"、泾县保卫战等战斗。1941年1月在皖南事变中被俘，1942年6月19日在集中营迁移途中，于福建崇安虎山庙旁英勇就义。

何其杰（1915—1943），原名何品浩，宣州区孙埠镇水巷人。中学文化，曾任小学教师。1938年参加新四军并接受培训，结业后派赴江苏茅山地区，任新四军第1支队文化教员，后历任连指导员、营教导员。1943年7月任中共茅东县委组织部长，积极发动民众开展反"清乡"活动；11月，率薛晓春、王炎等到建昌下蔡村一带活动，被内奸告密，遭日军围捕，突围过河时不幸中弹牺牲。

邱子华（1915—1945），又名邱启化，福建上杭人。1930年加入共青团，1932年转为中共党员并参加中国工农红军。1938年1月，编入新四军第2支队，任政治部宣传队分队长。3月调任4团政治处技术书记。部队进入苏南后，调任1营2连指导员。1939年到军部教导队受训，结业后任军政治部组织部干部科科员。1940年调任第3支队5团政治处特派员。皖南事变中率领18名战士冲出重围，编入新四军第7师。随后入华中党校第一期党训班学习，结业后分配到第1师第2旅政治部任锄奸科科长。1943年年初任茅山专署公安局局长。1944年9月，任新四军浙东游击纵队政治部锄奸科科长。1945年2月22日，在上虞反击日伪军作战中不幸中弹牺牲。

刘别生（1915—1945），原名刘达林，曾化名方自强，江西安福人。1928年9月参加中国工农红军，1929年2月加入共青团，1932年转为中共党员，参加了第一至四次反"围剿"战斗，坚持了3年游击战争。抗日战争初任新四军第1支队2团3营副营长，1940年11月任新四军军部特务团团长。皖南事变时，率部突围至苏南，任新四军第1师第2旅4团团长。1943年年初任第16旅48团团长，开辟郎广长抗日根据地。1945年1月任苏浙军区第1纵队第3支队支队长，6月初任苏浙军区第1纵队第1支队支队长，6月4日在新登战斗中，率部

与顽军第 79 师浴血奋战牺牲。

朱昌鲁（1915—1989），安徽当涂人。1935 年考入上海复旦大学，参加"一二·九"学生运动。"八一三"事变后回家乡组织"当芜青年抗日救亡团"，开展抗日救亡活动。1938 年 6 月参加新四军并加入中国共产党，7 月任当涂县第四区抗动会宣传股股长，10 月参与筹建新四军第 2 支队特务大队，任大队长。1939 年 2 月，特务大队改编为第 2 支队特务营，任营长。后历任第 2 支队司令部参谋、江南指挥部参谋、后方留守处主任。皖南事变后，先后任新四军第 6 师第 16 旅教导大队大队长、旅部参谋、皖南行署第三专署当南办事处主任、宣当办事处主任、中共宣当县委委员、高淳县委委员兼军事科长、苏南第一军分区宣当警卫团团长等职。解放战争时期，任华中野战军第 8 纵队 70 团参谋长、第 1 师教导大队大队长、华东野战军第 4 纵队教导团副团长、第 23 军教导团副团长、宣城军分区参谋长。新中国成立后，任华东军区空军后勤部修建供应部部长、华东空军后勤部大建公司总经理。1952 年转业到地方工作，历任南京市建筑公司副经理、江苏省建筑工程局副局长、江苏省城市建设厅副厅长、江苏省建材工业局副局长等职。1989 年 5 月病逝于南京。

杜屏（1915—2008），湖南长沙（今望城）人。1936 年加入共青团，参加中国工农红军，并转为中国共产党党员，历任中央军委总政治部统战部干事兼俘管训练队队长、前敌总指挥部特务团连长、副营长等职。1938 年 9 月后，历任新四军教导总队第 7 队队长、第 2 支队教导队队长、江南指挥部教导大队大队长、江南指挥部 2 团参谋长等职。1940 年任苏北指挥部第 2 纵队参谋长。皖南事变后，历任新四军第 1 师第 2 旅参谋长兼第 2 军分区参谋长等职。解放战争时期，历任华中野战军第 7 纵队参谋长、第 21 旅副旅长，华东野战军第 6 纵队参谋长、第 4 纵队第 12 师副师长、第 10 师师长，第三野战军第 67 师师长等职。新中国成立后，任第 23 军副军长，参加了抗美援朝战争。1955 年被授予大校军衔，1961 年晋升少将军衔。先后任总参装备计划部副部长、装备部部

长。2008 年 2 月 19 日在北京逝世。

彭冲（1915—2010），原名许铁如，福建漳州人。1933 年 3 月加入共青团，次年 8 月转为中国共产党党员，曾任中共漳州地区地下党支部书记、组织部长。抗日战争爆发后，任新四军第 2 支队宣传队副队长、政治部民运科科长、当芜县委书记。皖南事变后，任新四军第 6 师第 18 旅 48 团政治处主任、独立团政委。解放战争时期，任第 6 师第 18 旅 52 团政委、第 6 纵队第 18 师政治部主任、副政委等职。新中国成立后，历任福建省委秘书长、南京市长、江苏省委书记、上海市委第三书记，1977 年当选为第十一届中央委员、政治局委员，1978 年任全国政协副主席。1979 年任上海市委书记、市长，1983 年任全国人大常委会副委员长等职。2010 年 10 月 18 日在北京逝世。

顾鸿（1915—2016），又名顾节鼎，安徽庐江人。1933 年 1 月秘密参加革命，1935 年 6 月加入中国共产党，1936 年 5 月参加中国工农红军，曾任中共皖西北特委委员、皖西北游击师特务队队长。1938 年 3 月调赴新四军，历任新四军第 3 支队 6 团民运股股长、5 团特务大队大队长，江北游击纵队营长、营政治委员，独立团副团长、团长。皖南事变后任新四军第 7 师 56 团副团长、57 团团长、政委。解放战争时期，任华东野战军第 7 纵队 62 团政委，61 团政委，第 4 纵队 33 团政委、团长，先遣纵队第 9 支队副司令员，皖北军区警备第 2 旅副旅长，第 15 旅副旅长。新中国成立后，历任副师长、代师长，第十六步兵学校校长、工程兵学校副校长、南京工程兵学校校长等职。1955 年被授予大校军衔，1964 年晋升为少将。2016 年 1 月 26 日在南京逝世。

邱相田（1916—1984），福建上杭人。1929 年参加农民运动，1930 年加入共青团，1935 年转入中国共产党，1936 年转入红军部队。抗日战争时期，任新四军第 2 支队 4 团政治处民运股股长、组织股股长、苏皖支队政治部组织科科长、新四军军部特务团政委、浙东区四明地委书记兼四明自卫总队队长、政委等职。解放战争时期，任华东野战军 1 纵第 3 旅 7 团政委，旅政治部主任，旅副政委，第 3 师政委。新中国成立后，任某军政治部主任、副政委，华东军区装甲兵副政委，济南军区装甲兵政委，装甲兵学院政委，中国人民解放军装甲兵政治部主任等职。1955 年被授予少将军衔。1984 年 8 月 20 日逝世。

潘友宏（1916—1984），原名潘由洪，别名潘樵夫，江西吉安人。1929 年 5 月加入共青团，同年 8 月转入中国共产党，1933 年 5 月参加中国工农红军，参加了南方 3 年游击战争。1939 年 7 月，任新四军第 2 支队 3 团供给处主任。皖南事变后，任新四军第 7 师 55 团供给部会计科科长。1945 年 8 月起，历任军分区供给部部长、军后勤部部长。1950 年 9 月，任华东军区海军后勤部参谋长；次年 6 月，任该部部长。1955 年 11 月，任海军南海舰队后勤部部长。1957 年 6 月，任海军青岛基地后勤部部长。1961 年 1 月，任北海舰队后勤部部长。1969 年 9 月，任国务院交通部军管会主任。1978 年 12 月，任北海舰队副司令员。1955 年被授予大校军衔。1984 年 11 月 7 日在青岛病逝。

陈子谷（1916—1987），又名陈子鹄，广东澄海人。泰国华侨。1932 年秋考入中国大学经济系，1933 年转外国文学系。1934 年12 月去日本，参加东京"左联"。1937 年 8月在延安陕北公学学习。1938 年 1 月参加新四军，任战地服务团第 3 大队副队长、第 1 支队政治部敌工科干事、第 2 支队政治部敌工科科长。1940 年奉叶挺军长令回泰国募得巨款为新四军提供后勤给养。皖南事变时被捕，1942年 5 月越狱，后重回新四军，任军政治部敌工部伪军工作科科长。解放战争时期任胶东军区政治部联络部副部长。新中国成立后任中共中央对外联络部副处长、北京地质学院副院长、地质部教育司副司长等职。著有《皖南事变前后》《上饶集中营》等。

程望（1916—1991），广东台山人。同济大学肄业。1938 年参加新四军，同年加入中国共产党，任新四军第 2 支队参谋处通讯参谋、江南指挥部参谋处通讯科副科长，新四军军工部工务科科长，第 1 师军工部部长。抗日战争后任山东军区军工部部长、华东军区军工部副部长、山东财委工矿部副部长。新中国成立后，历任华东军政委员会工业部副部长，第一、第三机械工业部船舶工业局副局长，煤炭部机械制造局副局长，国务院造船统筹办公室副主任，交通部水运工业局副局长，交通部副部长，上海船舶工业公司总经理、董事长，中国船舶工业总公司副董事长。1991 年 12 月 18 日在上海逝世。

廖成美（1916—2001），原名廖福来，福建龙岩人。1934 年参加游击队，1935 年编入红军，同年转入中国共产党，参加了闽西 3 年游击战争。抗日战争时期，任新四军第 2 支队 4 团 1 营教导员，江北游击纵队新7 团副团长兼政委、2 团政委。皖南事变后，任新四军第 2 师第 6 旅 18 团政委。解放战争时期，任旅长、师政委。新中国成立后，任第三野战军特种纵队政治部副主任兼战车师师长，华东军区炮兵政治部主任、副政

委，解放军高级炮兵学校政委，炮兵工程学院政委，第二炮兵基地司令员、二炮副司令员。1955 年被授予少将军衔。2001 年 12 月 25 日因病在北京逝世。

王 直（1916—2014），福建上杭人。1931 年 5 月参加中国工农红军，1934 年 4 月加入中国共产党，历任宣传干事、政治处主任、交通总站站长、连指导员等职。抗日战争时期，历任新四军第 2 支队政治部宣传队队长、4 团组织股股长，3 团、4 团政治处主任，第 2 支队政治部组织科科长。皖南事变后任新四军第 6 师第 16 旅政治部副主任、47 团政委，苏南军区第 1 军分区副政委兼政治部主任，苏浙军区第 1 纵队第 3 支队政委等职。解放战争时期，历任新四军第 6 纵队第 16 旅政治部主任，华东野战军第 6 纵队第 16 师副政委，第 12 纵队第 35 旅政委，第 30 军第 89 师政委等职。新中国成立后，任第 20 军第 89 师政委，参加了抗美援朝战争，任第 26 军政治部主任。回国后，历任第 31 军副政委兼政治部主任、福州公安军政委、福建省军区副政委、陆军第 28 军政委，福州军区政治部副主任、副政委等职。1955 年被授予少将军衔。2014 年 4 月 7 日在福州逝世。著有回忆录《从闽西到浙西》等。

林高峰（1917—1941），又名林俊成，福建上杭人。1930 年 3 月加入共青团，1932 年参加中国工农红军，同年转为中国共产党党员。1934 年任福建军区第 2 军分区政治部干事。1938 年年初，任新四军第 2 支队 3 团政治处宣传教育股股长，4 月调任 4 团政治处宣传教育股股长。1940 年任第 2 支队政治部宣传教育科科长，7 月入军部教导总队学习，12 月任第 2 支队政治部青年科科长。1941 年 1 月在皖南事变中牺牲。

高黎明（1917—1943），台湾高雄人。1933 年参加中国工农红军，曾任闽南红 3 团后方医院医生。1938 年 2 月编入新四军，任第 2 支队 4 团卫生队队长，1940 年 3 月任皖南支队卫生队长，7 月任苏北指挥部军医处处长，1941 年 2 月任新四军第 1 师第 3 旅卫生部部长。1943 年在江苏如皋病故。

林少克（1917—1946），又名乌石降，福建平和人。1932年参加中国工农红军，1933年加入中国共产党，参加了南方3年游击战争。1938年2月，任新四军第2支队4团7连连长、营长。1945年年底，任华中野战军副团长、团长，参加了苏中战役；9月6日，在海安反击战中，被敌军炮弹击中，不幸牺牲。

谢镇军（1917—1964），广东梅县人。1934年就读于日本早稻田大学，1937年7月回国，9月加入中国共产党。1938年9月至新四军政治部工作，历任民运、敌工部组织干事、宣传干事，第2支队4团政治处敌工股长、第2支队政治部敌工科长。皖南事变后，任新四军第6师第16旅政治部敌工科长、苏中二地委城工部副部长。解放战争时期，历任山东青州市委副书记兼组织部长、山东益都县委第一副书记、华东南下服务团四大队政委等。新中国成立后，历任福建龙岩专署专员、地委书记、福建省供销合作总社主任、省委副秘书长等职。1964年12月病逝。

李东明（1917—　），广东梅县人。1937年1月加入中国共产党。抗日战争爆发后，任新四军第2支队政治部教育科科长，新四军教导总队党总支书记。1940年1月任新四军政治部组织部干部科科长兼新四军司令部军医处政治协理员，12月因病回原籍休养。1942年后在广东工作。解放战争时期，历任华东军政大学第5大队政治处主任、山东渤海军区第4分区政治部副主任、华东军区铁路警备司令部政治部主任。新中国成立后，任济南铁路局副局长、局党委常委等

职。1982 年 12 月离休。

张国英，安徽宣城人。1931 年参加张凯帆游击队，部队被打散，潜回原籍后被抓壮丁进入祁门、绩溪等地国民兵团。1942 年调回宣城，任宣城县国民兵团第 3 中队中队长，因不满国民党内部的勾心斗角，相互倾轧，1944 年初带枪逃离当时县政府驻地周王，加入宣城游击大队。10 月带队奇袭周王梅垅坑宣城县国民兵团驻地，夺得电台等战略物资。宣城县委成立特务大队，任大队长。1945 年 10 月随新四军北撤。解放战争时期，任第 24 军第 71 师侦察科长，参加了渡江战役。

张雍耿（1917—1995），福建宁化人。1931 年参加中国工农红军，同年加入共青团，1933 年转入中国共产党，坚持了闽西 3 年游击战争。抗日战争爆发后，任新四军第 2 支队 3 团特派员、政治处调查股股长，新四军教导总队政治处调查科科长，第 3 支队军法处主任。皖南事变后，历任新四军第 6 师政治部保卫部部长、苏南区委社会部副部长、苏南行署公安局局长、浙西军分区政治部主任、新四军第 1 师第 1 旅 1 团政委。解放战争时期，任师副政委兼政治部主任、师政委。新中国成立后，历任空军第 16 师政委，空 5 军政治部主任、副政委，福州军区空军政治部主任，空军福州指挥所政委，空 8 军政委，沈阳军区空军副政委、政委，济南军区空军政委等。1955 年被授予少将军衔。1994 年 1 月 7 日在南京逝世。

杜剑秋（1918—1941），湖南长沙人。中共党员。参加新四军后，历任第 2 支队 3 团参谋、第 2 支队司令部参谋，新四军军部参谋处科长、新四军教导总队教官。1940 年 12 月，任第 2 纵队新 3 团代参谋长。1941 年 1 月 9 日，皖南事变中，杜剑秋在敌前侦察地形时不幸牺牲。

王香雄（1918—1988），福建上杭人。1932年加入共青团，同年参加中国工农红军，1933年转为中共党员。参加了中央苏区第四、第五次反"围剿"和闽西地区3年游击战争。抗日战争爆发后，任新四军第2支队4团侦察参谋、第2支队司令部作战参谋、副官。皖南事变后，任营长、政治处副主任、团参谋长等职。解放战争时期，历任团参谋长、纵队司令部参谋处副处长、军司令部参谋处长、师参谋长等职。新中国成立后，任空军第4混成旅参谋长，参加了抗美援朝战争。回国后，历任空军第26师师长、空军第6军参谋长、副军长，第9军军长，济南军区空军副司令员等。1955年被授予大校军衔，1964年晋升为少将。1988年12月1日在北京逝世。

严根辉（1919—1941），又名严庚辉，浙江温州人。1937年前后参加浙南红军游击队，1938年加入中国共产党，随新四军北上，任第2支队4团3营文书、书记，第2支队司令部参谋。1941年4月任新四军第6师第16旅48团参谋长，带一支小部队在宜兴一带活动，8月在对敌作战中牺牲。

陈桂昌（1920—1982），福建龙岩（今新罗区）人。1934年4月参加游击队，1935年1月加入中国共产党。抗日战争爆发后，在新四军军部教导营学习；1938年8月任新四军第2支队排长；1940年4月起，历任副连长、连长、营长。抗日战争胜利后历任团参谋长、副团长、团长、师副参谋长、副师长。抗美援朝中任第23军第67师师长。1955年被授予大校军衔。1961年任第23军副军长。1965年2月任河南省军区第一副司令员兼郑州军分区警备司令部司令员。1982年9月逝世。

陈其全（1921—1992），福建龙岩人。1935 年 6 月参加中国工农红军，1938 年 3 月加入中国共产党，参加了闽西 3 年游击战争。抗日战争爆发后，历任新四军第 2 支队卫生员，47 团卫生队长，江宁县警卫连党支部副书记、区大队副大队长、警卫连指导员。抗日战争胜利后，任团供给处副主任、副营长、团参谋长、副团长。新中国成立后任第 23 军后勤部副部长，参加了抗美援朝战争。1955 年被授予上校军衔。1992 年 4 月 16 日因病逝世。

孙述踪（1921—　），宣州区城关人。早年就读于宣城师范学校，抗日战争爆发后避乱至水阳，受第 2 支队从事民运工作的陈立平、陈昂等影响，加入水阳民族解放先锋队，参加抗敌演剧队，进行抗日宣传工作。1939 年 1 月参加新四军，在第 2 支队战地服务团任演出组长。1940 年夏随军至苏北，调任"江抗"（后改为新四军第 1 师第 2 旅 6 团）文化干事，参加了黄桥战役、曹甸战役。1943 年春，因病回宣城休养，利用小学教师身份从事党的地下工作。新中国成立后参加县大队任队列参谋，1953 年夏调安徽省公安总队任文化助理员。1955 年肃反运动中遭批判，被下放至五河县杨庵农场"劳动教养"，1961 年春调嘉山县安淮圩农场戏剧团。1962 年 6 月解除"劳动教养"。"文革"中下放到养贤圩竹园大队劳动。1978 年被平反昭雪，恢复党籍、待遇，1982 年离休。

董南才（1922—　），浙江省玉环人。1938 年 1 月参加革命，4 月至新四军先遣支队司令部、第 2 支队司令部任见习参谋，12 月加入中国共产党。1939 年 9 月任江南指挥部司令部参谋。1940 年 1 月入新四军军部教导总队 1 大队学习，后任 1 队、2 队、干部队副政治指导员。皖南事变突围后任新四军第 7 师 56 团 2 连、57 团 3 营 4 连指导员。后历任 57 团 3 营教导员及皖南支队 2 团、第 7 师第 20 旅 59 团、58 团政治处主任。解放战争期间，历任两广纵队教导 1 团、华东野战军第 1 纵队炮团、第 20 军炮团政治处主任，华东海军警卫团副政委。新中国成立后，历任华东空军厦门基地场站、华东空军供应团、空军第 20 师蚌埠基地场站、空军 16 师 46 团政委，空军 12 师政治部主任，上海市科学技术大学、上海市工业品研究所党委副书记，上海市科委副秘书长、纪委书记，上海市机电一局政治部副主任，中国科学院有机化学研究所党委副书记，中国科学院药物研究所党委副书记、书记。1955 年被授予上校军衔。1984 年离休。

沈默君（1924—2009），笔名迟雨，安徽寿县人，出生于江苏常州。1938 年参加新四军，任第 2 支队政治部火线剧团演员、导演，文化教员、股长、文教科长、宣传干事等职。抗日战争胜利后，任华东野战军山东兵团第 9 纵队文工团副团长、华东野战军总后勤政治部文工团团长。新中国成立后历任总政文化部电影创作组组长、长春电影制片厂编剧、文化部剧本委员会委员兼创作组组长，是中国剧作家协会、中国电影家协会理事。创作的电影文学剧本主要有：《南征北战》（合作）、《海魂》（合作）、《渡江侦察记》、《台岛遗恨》、《自有后来人》、《孙中山与宋庆龄》、《孙中山广州蒙难记》，歌剧《七斤月饼》、《叶大嫂》，小说《夫妻英雄的故事》、《小号兵》等。2009 年 8 月 20 日在合肥逝世。

江洲（？—1946），宣州区孙埠江家场人，江干臣五弟。1938 年 12 月参加抗日工作，不久加入中国共产党。1940 年到新四军教导总队学习，结业后任新四军第 2 师第 5 旅 15 团侦察科长。1945 年 10 月随第 5 旅北上鲁南。1946 年 6 月又随第 5 旅南下淮南，11 月第 5 旅与山东野战军第 7 师 19 旅组建华中野战军第 7 师，任第 5 旅 15 团参谋长，12 月在江苏宿北战役中不幸牺牲。

第二节　游击队员传略

王文石（1903—1973），原名石崇孝，别名石怡光，安徽繁昌人。早年曾参加北伐军。1938 年 5 月，新四军到皖南后，积极参加抗日救亡工作。1939 年 10 月加入中国共产党，历任繁昌县平沟区委书记、繁昌县委委员、宣传部长、组织部长、新四军政治工作队副队长兼党支部书记。皖南事变中成功脱险，后任繁昌县委书记、南芜工委书记、泾南工委书记。抗日战争胜利后，任沿江中心县委副书记兼南繁芜县委书记、泾旌宁宣县委书记，开辟了泾旌宁宣根据地。积极配合解放军渡江作战。宣城解放后，任宣城县工委书记，负责宣城军管会政务处工作。新中国成立后，先后任皖南人民检察署副检察长，安徽省检察厅副厅长、上海新城区区长、普陀区天一印染厂党总支书记、武汉市纺管局委员会书记。"文革"中遭迫害，1973 年 10 月在成都病逝。

陈洪（1903—1991），湖南浏阳人。1926 年参加革命，1927 年加入中国共产党，历任区苏维埃财政部长、区委书记、白区工作部长、平浏长中心县委书记等职。抗日战争时期，历任皖南特委军事部长、县委书记、地委组织部长等职。1943 年 11 月任中共宣城县委书记，12 月任宣城游击大队政委。抗日战争胜利后，随新四军北撤。后渡江南下，任南下干部总队党总支书记、黄山独立大队政委、沿江工委副书记兼沿江支队司令员等职。新中国成立后，任宣城地委书记兼军分区政委、安徽省卫生厅副厅长、省政府监察委员会副主任、省委组织部副部长等职。1991 年 11 月 4 日病逝。

邓振询（1904—1943），又名邓仲铭，江西兴国人。1928 年春加入共青团，次年 2 月加入中国共产党，1934 年 10 月随中央红军长征。抗日战争爆发后，任中共江西省委副书记兼组织部长，参与新四军第 2 支队的组建工作，后任中共皖南特委书记、苏皖区委书记、江南区委副书记、书记等职，协助陈毅等开展统战工作。1942 年任中共华中局民运部长，1943 年 3 月再任苏皖区委书记、苏南行政公署副主任。1943 年 8 月 3 日，在江宁检查工作时与敌人遭遇，不幸牺牲。

江干臣（1906—1982），原名江涛，化名江瑞卿、江赋诚，宣州区孙埠镇江家场人。早年就读于安徽省立第四师范学校，北伐军至宣城，参与组建国民党（左派）宣城县党部，并担任组织部长兼农工部长。1927 冬加入中国共产党，创建了宣城第一个党组织——中共宣城领导小组（不久改为中共宣城独立支部），任组织委员。1931 年春任共青团宣城县委书记，后任中共宣城县委书记。1932 年冬赴上海，在中共闸北区委担任交通，兼做党的报刊和宣传资料发行工作。1933 年年初被捕，1936 年秋被营救出狱后返回宣城。1938 年 2 月，在孙家埠组织抗日游击队，出任沈村区区长。1939 年 7 月，重新履行入党手续，任中共宣城地方工作委员会统战委员。1940 年 10 月赴云岭皖南特委学习班学习，12 月被派往巢无抗日游击根据地工作，历任庐江第一区区长、无为第七区区长、铜繁办事处主任、湖东办事处主任、皖南行署代理专员、繁昌县长等职。抗日战争胜利后，随新四军北撤，在山东从事民运工作，曾任山东渤海地区粮食局科长。1948 年 4 月参加南下大队，负责后勤工作。渡江战役前，在巢无地区支前司令部负责组织船队、训练民工、筹集粮草工作。芜湖解放后，任军管会财经部长。1949 年 5 月，任皖南行署财政处处长。1952 年 8 月，任安徽省人民政府首任财政厅长，后历任省财委第二办公室主任兼财政厅党组书记、省委财贸部副部长。1964 年任全国农业展览馆党组书记兼馆长。"文革"后任安徽省财贸办顾问。1982 年 3 月在合肥逝世。

陈雨笠（1907—1966），原名陈兴汉，字正环，曾化名陈劲韬，安徽舒城人。早年就读于安徽大学与中华大学。1933 年 1 月加入中国共产党。抗日战争爆发后曾组织沪南青年救亡团，1938 年 3 月随粟裕闽浙边抗日游击总队开赴皖南，参加新四军，任先遣支队政训部敌工科科长。10 月任第 2 支队教导队政治教导员。1939 年 3 月调到浙江工作。1945 年 10 月北撤后任华东野战军第 1 纵队第 3 旅 8 团政治处主任。新中国成立后历任

浙江省委职工部副部长、浙江省高级人民法院副院长、浙江省人民检察院检察长等职。1966 年 11 月 25 日，在"文革"中被迫害致死。1986 年 4 月 4 日，其骨灰安葬在义乌吴店革命公墓。

江汉（1911—1992），曾用名江逢源，化名张世华，宣州区孙埠镇江家场人。早年读书时受江干臣影响，思想进步。抗日战争爆发后，积极参加中共宣城特支领导的抗日协会，并任亲睦乡协会负责人。1940 年 5 月加入中国共产党，任沈村区中心党支部书记，12 月任宣城县委委员。皖南事变后积极安排突围人员转移。1941 年 5 月调任南芜宣县委组织部长，1944 年 1 月任宣城县委委员兼组织部长、西进区队指导员，2 月兼任西进区委书记。抗日战争胜利后，随新四军北撤，任第 7 师第 20 旅组织科副科长、华东野战军 6 纵第 17 师政治部组织科长等职。新中国成立后，任第 7 师 213 团政治处主任、第 24 军政治部组织科长、第 72 师团政委、成都军区总医院政委等职。1965 年转业任安徽省卫生厅副厅长、党组副书记。1980 年 7 月离休，1992 年 7 月 23 日在合肥逝世。

上官绪德（1914—1997），曾化名张杨，宣州区孙埠镇人。出身于一个富裕农民家庭，1939 年 4 月经黄治华等介绍加入中国共产党，从事党的地下工作。1941 年 4 月采取灵活方式，从国民党第 25 军高口留守处 3 连购得首批武器；1942 年夏，与彭海涛、向阳等共同组建宣城游击队。1943 年初至无为抗大第十分校学习，并在新四军第 7 师观摩实习，9 月返回宣城。1943 年 11 月宣城游击大队成立后，任排长。1944 年 8 月，黄治华被叛徒杀害后，负责重新组建沈村区队。抗日战争胜利后，北撤至苏北，1947 年 7 月任华东军区机械处指导员。上官绪德在革命战争年代历经百战，多次负伤；1949 年 6 月回宣城工作，先后任孙埠区区长、宣城县民政科科长、供销合作总社第一副主任、人民电影院经理；1972 年后，相继担任宣城县茶厂副厂长、民政局副局长。1981 年 10 月离休。1997 年 1 月因病去世。

黄治华（1916—1944），宣州区孙埠镇西马下潘村（原属佳山乡）人。早年就读于私立皖南中学，1936 年结识江干臣，开始接受革命思想。1939 年 4 月，罗白桦、孙宗溶至孙家埠开展抗日工作，积极参加抗日宣传，7 月经孙宗溶等介绍加入中国共产党，并任潘村党支部书记，动员亲友参加革命，变卖田产解决革命活动经费。1940 年 3 月任中共佳山区委书记，为筹建宣城游击队做了大量工作。1942 年秋至无为新四军第 7 师学习，1943 年 11 月结业，任宣城游击大队沈村区队指导员。1944 年 2 月任中共沈村区委书记，8 月 13 日，因率部反击国民党顽军 52 师，夜宿沈村双尼庵，遭叛徒茆华田、茆华甫等杀害。

孙宗溶（1916—2004），安徽太平人，出生于芜湖。1937 年毕业于宣城高级师范学校，1938 年 3 月参加革命，同年 6 月加入中国共产党。1938 年 3 月赴延安抗日军政大学学习，同年 8 月毕业后分配到新四军军部，随即到中共皖南特委做青年工作。1939 年 1 月任泾县县委青委书记，1939 年 5 月任宣城工委委员、书记，1940 年 1 月任中共宣城县委书记，1941 年 1 月任皖南特委委员兼南芜宣中心县委书记，1942 年 8 月先后任皖南特委委员、组织部长、宣传部长，1945 年 1 月任南芜县委书记、南芜总队政委。1945 年 10 月任新四军第 7 师随营学校训练处副部长，1946 年 3 月任新四军第 4 纵队政治部联络部副部长，1947 年 6 月任皖南地委委员、皖南沿江工委书记兼沿江支队政委。新中国成立后，历任中共皖南芜当地委第二书记、芜湖市委副书记、安徽省文教委员会副秘书长、淮南煤炭专科学校党委书记、校长，合肥工业大学党委书记、校长，中共安徽省委委员、省委宣传部副部长，安徽省人民委员会副秘书长。1977 年 7 月任安徽省委副秘书长兼《安徽日报》社党委书记，1983 年 3 月任政协安徽省第五届委员会副主席、党组副书记。1986 年 3 月离休，2004 年 11 月在合肥逝世。

雷经民（1917—1942），宣州区向阳镇（原亲睦乡）后李村人。早年曾入潘筱凡私塾读书，接受进步思想。后结识江干臣等，思想更加倾向革命。1939 年 4 月，罗白桦、孙宗溶等到孙家埠宣传抗日，雷经民积极带头加入青年抗日救国协会，参加抗日演出，动员群众支援抗日活动；同年秋，加入中国共产党。1941 年年初，任中共亲睦区区委书记；11 月，因党员身份暴露，奉皖南特委指示，入新四军教导总队学习；结业后任某团指挥员；1942 年，在安庆至铜陵沿江一带与日军作战时英勇牺牲。

彭海涛（1917—1987），原名许道琛，又名许崇明，安徽广德人。早年受其兄许道珍、许道琦影响，进行革命活动。1938 年 6 月加入中国共产党，任广德县工委宣传部长。1939 年秋任广郎县工委宣传部长。1940 年秋任宣当芜中心县委宣传部长，12 月任宣城县委书记。1942 年 6 月建立宣城游击队。1943 年 11 月任宣城县委副书记，12 月兼游击大队副政委。1944 年 9 月，任宣城县办事处主任。1945 年 9 月新四军北撤以后，继续留在宣城坚持游击斗争，11 月被捕并被送往杭州集中营关押。1946 年 2 月成功越狱，回宣东一带恢复和发展党的组织，先后任中共郎广分工委委员、广宁孝县工委书记兼县长、路南分工委委员等职。1949 年 4 月奉命到浙江参加接管工作，历任长兴、崇德县委书记兼县长，浙江省委宣传部办公室主任兼宗教事务处处长，衢州化工厂电化分厂厂长，省化工研究所党委副书记、副所长等职。"文革"中遭迫害，1979 年平反昭雪。1982 年离休，1987 年 5 月 18 日在杭州病逝。

唐佑伟（？—1940），宣州区水阳镇（原属雁翅乡）凤联村人。早年在水阳、宣城求学，接受进步思想影响。1938 年夏，新四军先遣支队和第 2 支队进驻宣当芜地区，积极响应共产党的抗日救国主张，在金宝圩组织青年读书会、青抗会、农抗会等群众抗日团体，任青年读书会主任，宣传党的抗日政策，动员群众参加新四军。后曾担任保长，积极为新四军筹措物资。1940 年 7 月，被中共宣当芜县委任命为金北乡防匪团团长，多次配合新四军在水阳一带打击日军和土顽势力，保障人民生命财产安全。9 月 10 日，在"金宝圩"事件中，与葛秉志、徐良金、唐人双等同时遭敌人杀害。

江兴（1918—1945），原名江正兴，宣州区孙埠镇阮家滩人。早年就读于宣城师范，抗日战争爆发后学校停办，回家后积极参加抗日救亡运动，1939 年 7 月加入中国共产党，1940 年 9 月至 10 月在新四军教导总队学习。皖南事变中被捕，关押在上饶集中营，1941 年 4 月寻机逃出，前往江北寻找党组织。1945 年 4 月，受南芜宣县委派遣任芜湖县方村区长；同年 8 月 18 日，受方村游击队叛徒内奸陶能金谎骗，在谢王村（今属芜湖县政和乡）遭国民党芜湖县警保队绑架，8 月 23 日在赵家村河中被杀害。

汤富林（1918—1945），苏南人。1938 年秋在家乡参加新四军，任军部收发员。皖南事变中不幸被捕，在押往上饶集中营途中寻机逃脱，历经数月再次与皖南党组织取得联系，1941年6月任中共皖南山地中心县委警卫班战士。1942年加入中国共产党，并任警卫排长。1943年冬随吕辉至泾宁宣地区开展工作，不久任泾宁宣游击队党支部书记，协助吕辉建立了溪口山区党组织；后任宣城游击大队南山区区队长，后任一中队中队长。1945年在峰山板桥对日作战中英勇牺牲。

方休（1918—1968），原名方修，字仲年，曾用名刘斯达、王世林、方世林等，上海宝山人。1935年年底参加中共领导的抗日救亡运动，1938年1月在岩寺加入中国共产党，同年3月参加新四军，先后任新四军战地服务团宣传科长、南陵三区敌后工作组组长、服务团学习队副队长。1939年6月任铜陵沙洲工作组长兼游击大队政治教导员，1940年10月任新四军第3支队政治部民运科长。皖南事变时被捕，后逃脱回新四军，任第7师第19旅政治部统战科长、调研室调研科长。1943年冬任中共"宣当"县委书记、"宣当芜"工委书记，为恢复宣当敌后抗日工作做出了积极贡献。1945年1月任苏皖区党委南京市特派员。1946年5月任中共南京市委委员兼城南区委书记。1948年1月后调上海工作，曾任上海市政工程设计院院长、城建部给水排水设计院第一副院长等职。1968年8月在甘肃造反派批斗会上因病不幸去世。1979年被平反。

李春甫（1919—1942），宣州区向阳乡（原亲睦乡）前李村人。早年在孙家埠师从潘筱凡先生学习世界语，1939年4月，罗白桦、孙宗溶等到孙埠宣传抗日，李春甫积极参加青年抗日救国会并成为骨干，同年秋加入中国共产党。1940年1月，任中共亲睦区区委副书记，年底受中共皖南特委指派入新四军教导总队学习。结业后调繁昌县进行党的地下工作。1941年下半年调无为县。1942年春，在白茅洲与敌遭遇，英勇牺牲。

章来旺（1919—1946），又名章文祥、章达仁，宣州区溪口乡章家湾人。1935年参加阙怀仰领导的皖南独立团，在塌泉、章家湾一带进行革命活动。1944年由吕辉介绍加入中国共产党，先后担任党支部书记、交通员、联络员、武工队指导员。1946年4月6日，下山为隐蔽在九峰坑的游击队伤病员筹集食物，不幸遭敌杀害。

向阳（1921—1945），原名张企衡，曾用名张禾，化名杨星如，江苏常州人，随父迁居南京。1938年投身抗日救亡运动，同年加入中国共产党。1940年

11 月，中共皖南特委派向阳到宣城孙家埠一带活动，任宣城县委委员、宣传部长。1942年，领导创建革命武装，开展抗日游击战争，发展壮大党的组织。1943 年年底，"皖南支队宣城游击大队"成立，任副大队长兼西进区队队长，西进区队主要以亲睦乡为中心开展活动。向阳率游击队智擒匪首"清乡队"队长伍先有，公审了大土匪郁世明，得到人民的支持，由秘密走向公开。1945 年 6月 10 日，向阳率一个排在板桥阻击日军，身负重伤。抗日战争胜利后，任中共郎广工委委员。1945 年 10 月，率部在鸦山活动时，突遭国民党顽军第 145 师袭击，部队被打散。11 月，在宣城洪林桥林家岗，遭遇国民党一支反动武装，壮烈牺牲。

杜维佑（1921—2006），安徽歙县人。1938 年初在歙县岩寺七政训练班学习，毕业后以蓝田小学教师身份配合新四军工作。1940 年加入中国共产党，曾在新四军教导总队、皖南地委财经会等处工作。1944 年春受皖南地委书记黄耀南委派至宣城游击区工作，任中共宣城县委财经委员会主任，为保障游击队后勤供给，巩固和发展宣南根据地作出了重要贡献。1945 年 9 月随苏浙军区会合渡江北撤。1949 年 1 月任中共歙县县委书记兼县长。新中国成立后历任徽州行署专员、地委书记，安徽省财贸部副部长，六安地委书记、马鞍山市委书记、安徽省人大常委会副主任等职。

吕辉（1923—1948），原名严晖，曾化名严维，江苏扬州人。早年就读于扬州省立第八中学，抗日战争爆发后，积极参加抗日救亡活动。1937 年冬参加管文蔚领导的新四军挺进纵队，在扬中县挺进纵队教导队学习，结业后被分配到皖南新四军军部，任第3 支队某部 1 连文化教员。皖南事变中被捕，后乘机脱逃。数月后与胡明取得联系，任皖南游击队文化教员，不久加入中国共产党。

1943 年 7 月，至泾旌宁宣边区开展工作，向群众宣传革命道理和党的抗日主张，经过艰苦努力，建立了以板桥、涌溪为中心的泾旌宁宣边区游击根据地。1947 年 10 月任泾旌宁宣县委副书记。1948 年 2 月 17 日，在旌宁交界的蜡烛山与国民党宁国县自卫队遭遇，被冷枪击中，不幸牺牲。

钦欣怀（？—1946），宣州峄山乡松棵人。1943 年参加抗日活动，不久加入中国共产党。1944 年参加向阳领导的西进区队，任排长。1945 年 10 月，新四军北撤，随彭海涛、向阳坚持宣城的武装斗争，11 月队伍被打散后，加入吕辉游击队，继续担任排长。1946 年 5 月下旬，游击队在宁国杨村活动时，叛徒李金狗、李树成趁吕辉外出之机，胁迫其他战士叛逃，钦欣怀坚决不从，不幸被叛徒杀害。

附　　录

新四军及游击队宣州编年纪

1937 年（民国二十六年丁丑）

9 月 28 日，国民政府军事委员会宣布，任命叶挺为国民革命军陆军新编第四军军长。

10 月 2 日，国共两党通过谈判，将南方八省红军游击队（海南琼崖游击队除外）改编为新四军。

10 月 12 日，国民政府军事委员会正式宣布新四军番号。

11 月 9 日，叶挺自延安至武汉，在汉口大和街 26 号成立新四军筹备处。

12 月 14 日，中共中央政治局会议决定，在南昌成立东南分局，项英、曾山任正副书记，新四军归东南分局领导。同时成立中央军委新四军分会，项英和陈毅任正、副主席。

1938 年（民国二十七年戊寅）

1 月 6 日，新四军军部自武汉移至江西南昌。

1 月 8 日，国民政府军事委员会同意新四军编为 4 个支队，陈毅、张鼎丞、张云逸、高敬亭分任第1、2、4支队司令员。

年初，阙怀仰、杨汉生率宣南红军游击队70余人，自溪口戴扬村出发，到达婺源瑶里镇，改编入新四军第1支队2团3营。

2月12日，水阳张大银率乡人击毙日军多人。

2月16日，项英向中共中央报告各支队编组情况，闽西南张鼎丞部及闽南、汀瑞游击队、浙南刘英部改编为第2支队，在福建龙岩白土镇组建成立。

2月27日，第2支队在龙岩白土镇举行北上抗日誓师大会，发布《国民革命军新编第四军第二支队全体指战员为出发抗敌告别父老书》。

3月1日，第2支队从龙岩白土出发，开赴皖南抗日前线。

3月初，江涛、陈光甫等于孙家埠一带组织抗日动员委员会。

4月4日，新四军军部自南昌进驻歙县岩寺，军部及政治处设在后街的金家大院内。

4月上旬，新四军第2支队3团到达歙县潜口。

4月18日，粟裕率新四军第2支队4团到达歙县岩寺，支队司令部设在琶塘村。

4月28日，第2支队副司令员粟裕率先遣支队，先期开赴苏南，进行敌后侦察。

4月下旬，邢璧贵等率壮丁36人在水阳附近遭遇日军，与敌搏斗，牺牲16人。

4月30日，第98师在水东、孙埠、双桥等处与日军鏖战4昼夜。新四军第3支队司令员罗炳辉率两个团兵力配合作战，第98师师长王甲本为新四军补充子弹20万发。

5月7日，新四军军部自岩寺移驻太平县仙源麻村。

5月上旬，罗白桦、孙宗溶在孙家埠建立中共宣城特别支部，孙宗溶在罗汉寺召开千人动员大会，作抗日救亡动员报告。

5月中旬，粟裕率新四军先遣支队，经宣城进入苏南敌后战场。

5月13日，先遣支队到达江宁县铜山镇西南的叶家庄，粟裕派张藩、张钰秀、王培臣各带1个小组，分别往南京、镇江、常州方向侦察。

5月26日，新四军军部移驻南陵县土塘村。

5月，第2支队4团团长卢胜调新四军军部参谋处，陶勇接任4团团长。10月，卢胜仍调回4团，任政委。

夏，晨，日机3架轰炸狸桥镇，东街住民老幼被炸死10余人（童姓全家被炸死，陈姓有妇女1人）。当天日机还在狸桥镇上空巡逻数次。

6月1日，陈毅率新四军第1支队司令部及2团自南陵出发，经过宣城境内，向苏南茅山地区进发。

6月2日，第1支队跨过宣芜铁路，经东门渡到达狸头桥。

6月3日，傅秋涛率第1支队1团通过宣芜铁路封锁线，到达狸头桥，和第1支队司令部及2团会合。粟裕专程从溧水赶回狸桥，向陈毅等汇报了先遣支队挺进江南的情况。次日第1支队进入高淳境内。

6月8日，第1支队与粟裕的先遣支队在溧水县新桥胜利会师。

6月上旬，第3支队6团至金宝圩，驻井湾高家祠堂，并召开金南乡军民联欢大会，会上，第3支队政治部主任胡荣、6团团长叶飞作了动员报告。会后，6团成立地方工作委员会，叶飞兼任书记，顾节鼎等任委员。

6月14日，第1支队到达茅山地区。

6月15日夜，粟裕率部奇袭下蜀火车站，破坏了车站铁路和电气、通信设施，并向车站员工进行抗日宣传后撤离。

6月17日晨，粟裕率先遣支队在镇（镇江）句（句容）公路间的韦岗设伏，击毙日军少佐土井、大尉梅泽武四郎以下13人，伤8人，毁军车4辆，缴长短枪、军刀、军服等大批军用物资。

约6月，狸头桥余四海、余光魁"自卫队"枪支被新四军收缴。

7月6日，第2支队3团组成突击队，在芜湖—当涂铁路线上伏击日军火车一列，歼敌40余人，缴获大量军用物资。

7月6日，第2支队3团配合第1支队1团，在江宁朱门地区剿灭"江南游击队"土匪武装朱永祥部，经3小时激战，全歼该部800余人，缴获大批军用物资；活捉"司令"朱永祥、"副司令"韩令昌，将其解送国民党第三战区司令长官部法办。

7月，新四军军部迁至云岭，第3支队接替国军第144师，担任南陵、宣城红杨树—峨桥—青弋江一线防务。

7月，第3支队6团民运股长顾节鼎与王继槐、杨伊林在金宝圩积极开展工作，一直活动到清水河、黄池一带，发展共产党员，并陆续建立了查定圩、下坝、三河坝、虾子棵、惠明棵、中兴陈埠、五猖庙、张家村、张桥村、笪把村、东村、西村、百子窝、新庄村等13个党支部，有党员70多人。

7月，第2支队4团1营改为军部警卫营。

约7月，原泾旌宁宣游击队部分战士加入新四军第1支队。

7月15日，第2支队4团一部，在镇江西下蜀附近歼灭伪军100余人。

7月中旬，新四军第2支队司令部由泾县田坊出发，经宣芜铁路到达当涂大公圩马家镇，司令部驻俞氏宗祠，3、4团驻马桥周围。

7月中旬，第2支队3团与川军溃兵余宗陈部在黄池发生摩擦，当即将其缴械，计获步枪150支、轻机枪7挺、重机枪2挺、迫击炮2门、电台1部、子弹4万余发。

7月，第2支队由狸头桥至江宁铜山镇谢村与第1支队会合，遭日伪军5000余人围攻，2支队在歼敌40余人后撤退。

7月，粟裕、王直在率部准备夜袭芜湖日军机场未果后，在芜湖东永安桥伏击一小队日军巡逻队，毙敌10余人，俘虏2人，其中一人即后来著名的反战人士——冈本进。

7月，应群众请求，叶飞率新四军6团一部，夜袭南湖郑村孙毛头（孙保清）土匪部队，毙匪7人，俘20余人，缴枪20余支。孙毛头因事夜宿南姥嘴朱开运家得以逃脱。

约7月底，谭震林率新四军第3支队进抵宣城县西河镇，部队分布于西河、马家园、红杨树、金家阁、奎湖一带。在南芜宣地区发动群众，以第3支队民运科副科长王猷安为首成立了西河抗日动员委员会。

8月2日，新四军军部由南陵土塘移驻泾县云岭。

8月初，第2支队司令部移驻当涂县塘南阁。

8月，第2支队政治部决定编印《火线报》，成立了以王集成为主任、王绍杰和陈立平为副主任的《火线报》社委会。《火线报》8开2版，5日一刊。

8月中旬，卢胜、叶道志率第2支队3团团部及3营由南陵到达塘南阁，与第2支队司令部会合。

8月，邱金声率3团一部夜袭当涂石马矿区，活捉汉奸吴常章。

8月17日，第2支队3团在芜湖东永安桥与日军遭遇，俘获日军士兵田畑作造。

同日，第2支队4团一部在芜湖——当涂铁路线上，击毁日军巡道车1辆。

8月中旬，罗白桦在孙家埠石山殿召开千人群众大会，动员抗日救国。

8月下旬，张鼎丞率部分工作人员自云岭到达第2支队司令部。

8月，新四军第3支队5团特务大队在金宝圩成立，顾节鼎任大队长，副大队长唐伟亚（后叛变），教导员田永春。

8月，湾沚日军千余人，分数路向红杨树、马家园新四军防地进攻，第3

支队在谭震林指挥下，与敌激战3天，取得马家园大捷。

8月，第2支队政治部在马桥开办训练班，主要培养文化教员、班级干部和地方群众工作干部等，时间约40天。陈雨笠、傅狂波、粟裕、王集成等都在训练班作过报告。

秋，李祥麟（芜湖人）在大官圩参加第2支队政治部战地服务团，转战宣城等地。

秋，第2支队司令部移驻慈溪上冯村，民运科长彭冲在该村组织上冯村农抗会。

8月，水阳镇抗战动员委员会成立，下设总务、组织、宣传、勤务、情报5个部。

8月22日，日军集中4500余人分八路围攻小丹阳、鸡笼山一带新四军第2支队驻地。第2支队在第1支队配合下，机动灵活地打击敌人，共击毙日军20余人，击伤30余人，缴获喷烟筒60余个、军用品一批。至8月26日，日军被迫退却。

9月8日，第2支队一部进击江宁镇，毙敌20余名，俘虏伪警3名，缴获步枪10余支。

9月，陈松茂到水阳，先在民运科，后在宣传科工作。次年1月回军部养病。

9月，水阳农抗会在金宝圩开展减租减息活动，共减稻谷300余万斤。

9月，当涂县自卫大队一中队欲投降日寇，被宣当芜游击队消灭。

9月中旬，宣当游击队与金宝圩农民抗敌服务团互相配合，在水阳、雁翅一带先后袭击日军过往军需船只汽船3只、帆船24只。

9月中旬，第2支队4团在青山、黄池等地毙伤来犯之日伪军60余人。

9月17日，第2支队3团3营7连在当涂塌桥以南1.5公里处伏击日军押道车，击毙伤日军3人，伤2人。

9月18日，第2支队3团3营9连在当涂东袭击驻和尚桥伪军，毙伤伪军40余人，同时，3团1营2连袭扰驻霍里矿山伪税警队，迫使其逃散。

9月下旬，第2支队4团在当涂大官圩地区粉碎了日军的四路合围"扫荡"，毙伤敌60余人。

10月1日，傅秋涛率第1支队1团经宣城重返云岭新四军军部。

10月1日，叶飞率第3支队6团（缺1个营）由水阳进至茅山地区。12月23日，新四军军部决定将该团拨归第1支队建制。第2支队4团奉令接替水阳镇防务。

10月2日，第2支队3团一部在江宁县禄口附近伏击日军，击毙日军10余人。

10月4日，廖海涛率第2支队4团接替原1团防务，布防于以句容郭庄庙为中心的江溧句地区。

10月7日，根据第三战区长官部命令，新四军第3支队担任青弋江西侧防务，支队司令部和6团3营驻南陵蒲桥，5团团部驻宣城西河镇，1营驻西河镇王家桥，2营驻南陵马家园及宣城红杨树一带，3营驻南陵金家阁一带。

10月上旬，第3支队5团2营侦察员袭扰驻红杨树日军，敌不知虚实，遂撤离，新四军乘机收复红杨树。

10月，第3支队5团和国军第108师联合攻打湾沚日军，5团由谭震林、孙仲德指挥，组成突击队，一度攻入湾沚。川军第144师在方村、埭南一线阻击增援日军，激战两个多小时。后因日军援军赶到，新四军后撤。

10月22日，第2支队4团3营在江宁上坊镇攻袭伪军据点，毙伤敌23人，俘11人，缴获大量军事物资，并破坏通往南京的公路桥1座。

10月30日，日伪军1000余人自湾沚进犯新四军第3支队防区。

冬，第2支队政治部民运科长彭冲，动员宣当芜10余名青年学生参加新四军，组成新四军第2支队大官圩战地服务团，后编入第2支队战地服务团。

冬，为进一步加快建党工作，新四军民运工作组分期分批将新共产党员和入党积极分子如沈明义、王宏钧、张源才、兰照华等，送入军部或第2支队政治部党训班学习。

11月3日，日伪军占领马家园，第3支队5、6团各一部展开反击，毙伤日伪军300余人，收复马家园、红杨树等地，迫使其于次日下午撤回湾沚。

11月14日，日军汽船4只、步兵数十在杨泗渡登岸，被第2支队3团一部击退。不久敌由乌溪镇增援130余人、汽船4只，新四军撤退。

11月16日，湾沚敌步炮兵60余，附机炮各2架，强渡寒泥沟，被第3支队一部击退。敌伤亡不详，新四军伤2名。

11月17日，晚，第3支队一部激战4小时，收复红杨树。

11月18日，日军步炮兵百余由乌溪返黄池，被第2支队黄火星团一部伏击，毙敌4名、伤3名，新四军随即撤退。

11月，江苏吴县周蔚昌等5人至狸头桥加入新四军第2支队。

11月25日，第2支队黄火星团1班战士于24日至黄池侦察，被汉奸告密；

25 日，敌 80 余将该班新四军包围，该班警觉预先离开此地，当即向包围该村之敌猛烈射击，毙敌 5 名，新四军仅轻伤 1 人。

11 月 30 日，湾沚敌 200 余进犯红杨镇，被第 3 支队一部守备击退，敌退回崔家山与新四军对峙。10 时许，敌又由湾沚增援 300 余，分四路向新四军进攻。寒泥沟被敌占领，进攻夫子决、夏高桥、清水潭之敌均被新四军击退。敌伤亡 50 余，新四军伤亡 15 人。

冬，新四军第 2 支队 3 团 2、3 营奉命伏击途经水阳的 200 日军，击毙 30 余。

冬，朱昌鲁率第 2 支队特务大队奔袭裘公渡，在第 3 支队侦察连协助下，经半小时激战，全歼驻裘公渡的伪军 1 个中队，俘伪队长杨某以下 40 余人，缴机枪一挺，步枪 30 余支。

冬，中共皖南特委派董兴华到孙家埠开展工作，董兴华以水巷小学教师身份从事地下抗日工作，几个月后被调走。

12 月 8 日，日军 70 余出扰，黄火星团一部埋伏横岗桥附近（今属芜湖县花桥镇永兴村），毙敌 5 伤 6，旋因敌援至，新四军撤回，伤 1 人。

12 月 11 日，第 3 支队孙仲德 5 团一部袭扰湾沚。

12 月中旬起，日军 2000 余人分四路对横山地区进行"扫荡"，第 2 支队 3 团和各地游击队紧密配合，共歼敌 200 余人，缴获轻机枪 6 挺、步枪 1000 余支，取得横山反"扫荡"的胜利。

12 月，第 3 支队被调离青弋江阵地，转至铜陵、繁昌地区开展游击战争。

1939 年（民国二十八年己卯）

1 月 1 日，第 2 支队机关报《火线报》改为 3 日刊，扩大发行。

1 月 6 日，第 2 支队参谋长罗忠毅率 3 团 1 营 2 个连由狸头桥前往伏击当涂博望镇日军，激战 1 小时，毙伤敌 16 人，俘虏 1 人。新四军无一伤亡。

1 月 7 日，秣陵、禄口等地日军 400 余人，分三路进攻横山，与新四军第 2 支队 3 团一部激战约 7 小时，新四军共毙伤敌 50 余人。

1 月 7 日，粟裕率第 2 支队 3 团 2 连和 4 团 1、8、9 连自张家村出发，在雁翅镇伏击由水阳镇折回的日军，激战 3 小时，击毙日军 31 人，残敌逃向黄池，遂收复水阳镇。

1月8日，第2支队3团一部在江宁横山地区，伏击前来"扫荡"的日军，毙伤50余人，俘7人，并将驻陶吴镇之伪绥靖队70余人全部缴械。

1月12日，项英自云岭军部出发，赴溧阳水西村一带视察新四军第1、第2支队。2月5日返回军部。

1月，进步作家、《新华日报》特派记者黄源、石西民、骆耕谟、汪瑛等至新四军第2支队驻地参观，后又参观了第1支队茅山根据地。

1月，中共南芜宣县委在南陵蒲桥成立，属皖南特委领导。金文萍、罗锋、王敬之、沈鹰、金厚初先后任书记，下辖蒲桥、西河（蒋祥云任书记）、金阁、奎湖、奚滩5个区委会。

1月16日，第2支队第4团侦察班在狸头桥附近与山中的土匪遭遇，将其击溃，击毙数名，获短枪1支。

1月21日晨，粟裕率第2支队3团一部奔袭官陡门，仅战斗8分钟，歼敌300余人、俘敌57人，缴步枪67支、短枪10余支、机关枪4挺。新四军轻伤2人。

1月21日，湾沚日军40余人乘汽车2辆赴宣城，被第3支队第5团一部伏击，后九里山敌援至，新四军转移。敌伤亡数名，新四军伤亡5人。

1月22日，新四军第2支队3团一部在官陡门战约2小时，击溃夏明才部200余人，敌伤亡40余、被俘30余；新四军伤亡16名，缴获步枪45支、轻机枪3挺、驳壳枪5支、子弹500余发及其他军用品。

1月23日，第2支队3团一部在官陡门战斗后，退至亭头修整，晚遭黄池、横山之敌两路夹击，双方混战一夜，次晨各自撤退。新四军伤亡副营长、队长以下36名，损失步枪31支、轻机枪1挺；敌伤亡不详。

1月24日，第2支队3团一部袭击湾沚与九里山之间的花墩树（当为今欢墩子），战约1小时，因湾沚之敌增援，新四军撤出战斗。敌伤亡不详，新四军无伤亡。另破坏公路一段，电线数里。

年初，顾节鼎等返回第3支队，第2支队陈立平、余孟诚等7人至金宝圩，在三河坝、总管庙、下官圩一带开展抗日宣传工作。

2月5日，第2支队侦察连夜袭黄池，守敌200余顽强抵抗，侦察连撤回。敌伤亡4名，侦察连伤2名。

2月7日，夜，第2支队4团3营突袭湖熟伪绥靖队，毙伤敌6人，缴获步枪4支、驳壳枪2支及其他军用物资。

2月14日，为改善和充实《火线报》的印刷设备，第2支队领导和狸头桥地方组织负责人发起"2分钱运动"，组织募捐。张鼎丞为《火线报》第53期题词："加紧瓦解敌军工作，给敌人以致命打击。"

2月17日，第2支队4团在句容县郭庄庙镇，伏击出扰之日军15师团及伪江浙绥靖军一部，击毙日军18人，全歼伪军1个中队。

2月19日，第2支队一部潜伏黄池镇南街附近，突以手榴弹猛袭守敌，随即撤回，敌以机枪乱射3小时。

2月19日，第2支队一部突袭九里山守敌80余，敌以机枪、步枪乱射，新四军因敌凭工事顽抗，故破坏电线5里后即撤回。

2月19日，第2支队3团一部，在小丹阳附近遭遇30余名土匪，当即将土匪击溃，俘虏4名，缴步枪8支。

2月，第2支队司令部在狸头桥整训地方武装领导人，参加整训的有1大队刘一鸿、潘田和3大队黄宪章、周福绥等10余人。

2月，原活动在金宝圩一带的抗日游击大队被整编为新四军第2支队特务营。

约2月，第2支队政治部成立南漪湖工作组，在南漪湖以北包括郎溪、高淳部分地区发动组织群众。6月撤销。

2月26日，新四军第2支队3团副团长邱金声，因旧伤复发，在太平县（今黄山区）小河口新四军医院不幸逝世。时在新四军视察的周恩来赞扬他："代表了多年奋斗、至死不息的革命者的意志，是不畏强寇勇往直前的青年政工人员的模范，他们的精神永耀于新四军，光辉于全民族。"

2月，第2支队3团由苏南调回皖南，归军部直接指挥，担负保卫军部的任务。

3月3日，芜湖、水阳之日伪军数百人对狸头桥地区进行"扫荡"，烧毁房屋10余家，在金山三家嘴（沙家嘴）汪村遭国军挺进队阻击。民众死数人（张家冲梅考之新婚儿、媳2人，塔山刘修文母女2人，刘村周长有，不知名过路青年1人等）。

3月3日，南漪湖土匪赵君辅部被国军第33旅收编，易周部由新四军第2支队收编。

3月14日，第2支队第3团侦察连夜袭黄池，敌因守顽抗，侦察连遂撤退。是夜敌枪炮声不绝。敌伤亡不详，侦察连无损失。

3月15日，第3支队侦察连破坏湾沚附近电线5里。

3月21日，湾沚敌进攻东门渡国军第108师驻地，第2支队侦察连闻讯后即增援夹攻，击沉敌船1只，淹毙数名。敌逃回湾沚。此次敌伤亡20余人，侦察连伤6人、牺牲5人。

3月22日，陈毅自云岭由水阳江返苏南，遥望敬亭山，作诗《由宣城泛湖东下》。

3月26日，日伪军400余人包围第2支队3团2营营部及1、2连驻地云台山下的曾庄，激战4小时，营长邱立生、教导员王荣春等65人牺牲，突围出27人。

3月29日，第2支队4团3营一部夜袭禄口伪军据点，战斗两个半小时，毙伤敌30余人。

4月，中共皖南特委派罗白桦、孙宗溶到孙家埠建立党组织，开展抗日工作，孙宗溶任中共宣城县委书记。

4月，刘一鸿率"苏皖边区抗日自卫大队"到狸头桥整训，后改编为"新四军第2支队特务营"。

4月10日，日军集中1600余兵力，从溧水、当涂、芜湖、湾沚分数路进攻新四军第2支队司令部驻地狸头桥，第2支队第3、第4团各一部在九龙山阻击敌人，掩护司令部转移，激战6小时，击毙日军40余人，击伤30余人。

4月下旬，东南局曾山派王一凡、陈辛和姚路3人至狸头桥，筹备建立苏皖特委。

4月，彭海涛赴苏皖特委，在井头村被国军第40师及地方大刀会包围，突围至金宝圩，留任宣当芜中心县委宣传部长。

4月，新四军第2支队帮助下在狸头桥建立宣郎高县委，张一平任书记，周峰任宣传部长。

4月24日，第2支队4团一部，在江宁郭庄庙与来袭之日军300余人激战4小时，毙伤敌20余人，缴获电线5公斤余。

4月，金宝圩下坝区委成立，王宏均任区委书记（5月改刘碧波）。5月5日（农历）又成立下坝防匪团，王宏均任团长（不久唐佑伟任团长，王宏均改任副团长）。

5月1日，陆郎、朱门日军向第2支队3团一部驻地进攻，战斗4小时，毙伤敌25人。因谷里之敌增援，新四军随即撤退。

5月5日，第2支队3团7连突袭黄池镇南街，猛烈冲击数次，敌甚恐慌，同时敌援赶到，7连遂转移。此次敌伤5亡3人，7连伤2人。

5月8日，第2支队4团一部夜袭守备湖熟的日军，战斗8小时，毙敌25人、伤7人，缴获步枪8支、炸弹8枚及其他军用品，并将据点烧毁。

5月，4团从第2、3营中抽调3个班为骨干，和小丹阳地方武装吴福泽的游击队组编成第4团新1营，营长吴福泽、教导员张玉辉。

5月，新四军军部修械所派焦立德等10余人至狸头桥筹建修械所。8月，第2支队修械所正式建立，焦立德任所长，后发展成为江南指挥部修械所。

5月，张鼎丞赴延安汇报工作，并准备出席中共"七大"；行前在狸头桥召开全支队干部会议，会上张鼎丞作了关于当前形势的报告，并对第2支队近期抗战情况作了初步总结。

5月中旬，在狸头桥井头村建立第四兵站，黄公道任站长。

5月16日，第2支队4团一部袭击南京东郊高桥门日军，战斗约半小时，毙伤敌33人，俘2人，缴获机枪1挺、驳壳枪1支。

5月，罗白桦至宣城建立特别党支部并任书记。

5月下旬，谭启龙到狸头桥第2支队驻地，筹建苏皖特委。

6月5日，第2支队4团一部分袭湖熟、淳化、土山3处日伪军据点，战斗1小时，破坏公路10段、电线5公里余。

6月，西河、寒亭两个抗战宣传特别工作团成立。

6月23日，第2支队一部突袭下乡骚扰之汤山伪警2班20余人，毙10余人，俘虏12人，缴获步枪10支、驳壳枪2支。

夏，第2支队政治部主任罗化成在驻地横路章村召开群众大会，宣传抗日。

7月1日，日军出动飞机12架轰炸新四军军部驻地云岭、中村等地。

7月9日，第2支队4团一部袭击淳化日军，战斗1小时，毙伤敌6人，破坏电线2.5公里。

7月，苏皖特委在狸头桥成立，书记谭启龙，组织部长李华楷，宣传部长陈立平，青年部长王一凡，妇女部长凌菲，彭冲亦为特委委员。

7月，新四军第2支队将宣郎高县委改由苏皖特委领导。8月，宣郎高县委改称宣郎高中心区委，张一平任书记，周峰任组织部长。9月，改归中共宣当芜中心县委领导。

7月29日，第2支队一部配合第108师将进攻东门渡之敌击溃，敌亡10余人，新四军伤亡5人。

7月31日，第2支队4团一部在溧水县曹村地区，粉碎日军进攻，击毙日军11人，击伤日军21人。

7月底，美国人、英国《曼彻斯特卫报》女记者史沫特莱在沈其震、方练白陪同下，到狸头桥第2支队驻地参观，了解我军训练活动等情况。

8月8日，第2支队4团一部在汤山伏击日军20余人，敌伤亡7名。

8月15日（农历七月初一），李华楷、许道珍等在水阳丁湾祠堂召开千人大会，动员抗日"双减"工作。

8月，因第2支队司令员张鼎丞将赴延安，新四军军部决定，第1、第2支队由陈毅统一指挥。

9月，中共宣当芜中心县委成立，书记许道珍，鲍涌泉任组织部长，陈滔（江坚）任民运部长，下辖当芜、宣郎高县委和金宝圩上坝、下坝、新丰区委。

9月，第2支队3团调驻泾县杨村，负责保卫新四军军部。

9月24日，湖熟日军300余人分两路进攻淳化第2支队直属队，战斗2小时，直属队毙伤敌40人。

10月4日，第2支队4团在沪宁铁路龙潭——仓头段，炸毁日军军用列车1列，击毙日军118人，迫使铁路中断3天。

10月14日，第2支队一部进袭龙潭伪绥靖队，伤敌10余人，缴获步枪、驳壳枪16支。

10月，宣郎高中心区委恢复原名宣郎高县委，周峰任书记，侯光任组织部长。1940年9月金宝圩事件后，宣郎高县委被迫停止活动。

11月14日，第2支队4团团部及2营北渡长江，与新四军挺进纵队一部合编为苏皖支队，在扬州、仪征、六合、天长一带开展抗日斗争。

11月中旬，江宁日伪军偷袭第2支队3团9连驻地，罗化成率部反击，激战3小时，毙敌60余人，俘虏10余人。

11月27日，第1、第2支队领导机关合并，在溧阳县水西村成立新四军江南指挥部。下辖2、4团，新编3、4、6团，江抗总指挥部、挺进纵队、苏皖支队及苏南地方武装，共约1.4万余人。

年底，当芜游击小队调至金宝圩，改称宣当芜中心县委警卫连，次年扩编为宣当芜游击大队。

年底，新四军军部李子芳、朱镜我、彭柏山、张倩、孙晓梅、田荒等一行，经宣城、郎溪到达茅山抗日根据地，参加新四军第一次青年工作会议。

12月19日，苏皖区党委在金坛县蔡家口成立。

12月30日，第2支队4团一部在七里岗诱敌出击，毙敌18人，伤8人。

1940 年（民国二十九年癸卯）

1 月，罗忠毅、罗化成等率第 2 支队机关进入句容北地区活动。

2 月，以原第 2 支队机关为基础，组成新第 2 支队。

3 月 9 日，新第 2 支队直属一部于京建路东渡村，伏击禄口出扰之敌，战约 1 小时，毙伤敌 20 人。

3 月，苏皖区党委和新四军江南指挥部党委召开联席会议，划宣、当、芜、郎、高 5 县边沿区为独立游击区，属宣当芜中心县委领导。

3 月，周峰调任宣当芜中心县委青年部长，侯光任宣郎高县委书记。

4 月，彭海涛赴苏皖特委，在井头村被国民党第 40 师及地方大刀会包围，突围至金宝圩，留任宣当芜中心县委宣传部长。

5 月 14 日，廖海涛率新第 2 支队 4 团 3 营特务连，在句容县赤山毙伤日军中队长吉田以下 130 余人，俘虏 2 人，缴获步枪 60 余支、九二步兵炮 1 门。

5 月 20 日，顽军第 52 师一部袭击新四军第四兵站，打死 2 人。

5 月，新四军江南指挥部派特务营营长杨洪才率侦察连（连长姓马）来金宝圩，配合中心县委开展对敌斗争。

约 5 月，李志高、杨帆、兰荣玉等率"新四军参谋旅行团"一行约 80 人，为勘察东进路线，从云岭出发，经宣城、郎溪，到达溧阳新四军江南指挥部。

夏，宣当芜中心县委在水阳召开群众大会宣传抗日，会后成立农抗会，丁宗南任会长，副会长何昌海，监事沈明义。下辖乾兴、杨泗、官坝、雁翅、辽丰、惠民、丁湾、裘公、九十店、徐村、陇上、双庙、总管庙等 13 个分会。新丰、查士圩、狸桥等地也相继成立了农抗会组织。

夏，第 2 支队杨洪才侦察连在下坝防匪团配合下，在金宝圩陈沟团伏击日军汽艇，毙伤日军 26 人，侦察连伤亡 6 人（含防匪团 2 人）。

6 月 11 日，井头村第四兵站遭顽军汪国栋挺进团某营袭击，被迫撤至金宝圩，兵站人员整编为独立连，由杨洪才统一指挥。

6 月，宣当芜中心县委划归东南局直接领导。

6 月，国民党挺进队驻塔山某部 3 营营长张某，在狸桥南街甘向荣门前无故抓捕 1 名新四军战士（丹阳人），后将其在塔山野蛮活埋。

7 月 7 日，宣当芜中心县委以战地服务团名义在金宝圩丁湾召开抗战 3 周年纪念大会。会后，李华楷、金厚初分两路往泾县向东南局汇报工作。

约 7 月，新四军丹阳支队副官（原 3 大队大队长）张泰前往新四军军部汇报工作，行至狸头桥，为顽军所害。

7 月，新四军江南指挥部主力北渡，改名苏北指挥部，陈毅、粟裕分任正副指挥。留苏南部队重新建立江南指挥部，由罗忠毅、廖海涛任正副指挥。

7 月，苏皖支队与部分地方武装合编为新四军苏北指挥部第 3 纵队。

9 月 6 日，驻宣城国军第 108 师某营，与当涂县常备队中队长鲁振五、金北乡副乡长兼乡中队长唐伟亚，制造了"金宝圩事件"，包围袭击宣当芜中心县委和宣当芜游击大队，造成重大损失。

约 9 月，新第 2 支队 4 团 1 营 1 连指导员王鑫甫，在溧武路上与国军第 40 师发生摩擦，不幸牺牲。

10 月，宣城县委派送江干臣、秦守忠等赴新四军军部学习。

11 月，宣当芜游击大队 2 排排长蓝照金在老坝头战斗中牺牲。

11 月 10 日，新第 2 支队 4 团 3 营在丹阳县东界牌、大成桥一带，粉碎日伪军 200 余人的进攻，毙伤日伪军 40 余人。

11 月 16 日，上官云相偕第 25 军军长张文清、第 108 师师长戎纪五抵达宣城周王村开会。次日，叶挺由第 52 师师长刘秉哲陪同前来参会，会议两天，商议新四军北上事宜。

11 月，新四军军部部署北移，将皖南部队编成 3 个纵队，老 3 团和新 3 团合编为第 2 纵队（也称新 2 支队），司令员周桂生、政委黄火星、副司令员冯达飞。

11 月，皖南特委北移，成立新的皖南秘密特委。

11 月下旬，向阳、彭海涛等受中共皖南特委派遣，来孙家埠一带开展抗日工作。

11 月，国军第 108 师配合孙埠区政府迫害革命群众，桂峰乡乡长何立真、进步人士何鸣皋、王作梅等均遭杀害。

11 月，新第 2 支队 4 团在镇江宝埝镇（今属丹徒县）附近伏击出扰之日军，击毙 20 余人，缴获汽车 1 辆。

12 月 4 日，新四军太平兵站站长刘开福、指导员唐裴率 20 余人至夏家渡，恢复建立第四兵站。

12 月 5 日，刘开福、唐裴率第四兵站工作人员在孙家埠附近水阳江上架设浮桥，以便新四军军部人员和物资的转移。

12 月初起，有零星新四军部队自泾县经夏家渡、孙家埠、洪林桥东移苏南。

12 月 11 日，新四军教导总队一部约千人经杨柳铺、水东东撤。宋裕和任指挥，汤光辉、薛暮桥任副指挥。

12月12日，新四军一部经章村、马头、奚家滩、施家渡、寒亭东进。

12月，国军第108师在宣城、双桥、敬亭山、青弋江一带布防，准备围剿新四军。

12月16日，中共东南局和皖南特委机关曾山、陆璀（饶漱石夫人）、谢振国等150余人，由泾县丁家山，经马头、杨柳铺、孙家埠（18日）、郎溪毕家桥兵站（19日）、梅渚镇（20日），到达新四军新第2支队驻地荫棠村。

12月中旬末，新四军章家渡总兵站站长叶进明率兵站全体工作人员及物资，经夏家渡兵站向苏南转移。

12月下旬，刘开福率第四兵站全体工作人员及物资，离开夏家渡前往溧阳水西村江南指挥部驻地。

12月下旬，孙宗溶调回皖南特委，彭海涛任宣城县委书记，向阳、江汉等任委员。宣城县委派朱志发到溪口地区开展工作。至次年春，朱志发在洪家湾等地发展唐庆美、赵万才等11人入党。不久，因叛徒告密，组织遭破坏。

1941 年（民国三十年辛巳）

1月，遵照中共中央军委命令，新四军江南指挥部及所属部队改编成新四军第6师，新第2支队改称新四军第6师第16旅（辖46、47团及独立第2团），第6师参谋长罗忠毅兼任旅长，政治委员廖海涛。第3支队改称第18旅。

1月初，麻岭坑兵工厂人员突围至宣城，吴运铎、罗克绳等被迫分散化装前往江北。

1月中旬，新四军军部文委委员、《抗敌》杂志主编黄源随新3团直属队部分战士突围至宣城，春节后经丹阳回上海。

1月12日，章家渡兵站原站长王乐平与汪家瀚、陈殿成、方保坤、胡庆源等撤退至宣城境内，仍被顽军抓捕。

2月5日，新第1支队司令员傅秋涛率汪克明、陈斐然（傅妻）、韩石生、汪其祥、孔诚、吴继安、戈曰章、刘泳涛（傅秋涛警卫员）一行12人突出重围，由宣、宁交界的新岭、老虎坪，绕过第52师封锁线，到达孙家埠，乘船往当涂。后又撤至南漪湖，2月10日，到达新四军江南指挥部。

2月17日，新第2支队一部在"太漏李"山地区反"扫荡"作战中，歼灭日伪军200余人。

3月，第16旅击退日伪军对太（湖）漏（湖）地区的"扫荡"，歼敌200余人，并消灭乘机进袭的忠义救国军一部。

4月4日，第16旅在宜兴和桥发布成立通电，表示要与江南同胞戮力同心，建立一支坚强之正规军，争取反"扫荡"、反摩擦的伟大胜利。

4月上旬，第16旅返回茅山，恢复抗日根据地。

4月，中共南芜宣中心县委成立（次年7月撤销），书记孙宗溶，副书记沈鹰。下辖南芜宣、泾南、宣城3个县委，分别由沈鹰、许英汉、彭海涛（许道琛）任书记。

4月，曾希圣派江汉至休宁接黄耀南至宣城，后去江北与李步新会合，在无为白茆洲建立中共皖南特委机关，李步新任特委书记，黄耀南任副书记兼组织部长（9月接任书记）。

5月21日—24日，第16旅在溧阳西北黄金山，击退了顽军第40师118团的3次进攻，歼敌近千人，缴获各种枪支800余支（挺）、炮18门、子弹10万余发，乘机恢复了溧阳、溧水、江宁、句容根据地。

5月26日，中共宣城县委在孙家埠东南茶花岭正式宣布成立山里游击队，向阳任队长，队员有张扬、黄治华、龚光启等。

5月，中共皖南特委重建，皖南秘密特委同时撤销，南芜宣中心县委归属皖南特委领导，书记孙宗溶，中心县委机关先设在南陵的奚滩。下辖南芜宣县委（江汉任组织部长）、南陵工委、宣城县委。

6月，罗忠毅率第16旅回师茅山，经3个多月作战，连续拔除日伪军据点30余处，恢复金（坛）武（进）及茅山根据地。

8月24日，中共中央华中局致电皖南特委李步新、黄耀南："皖南特委只需由步新、耀南、方彬、维烈4同志组织之，其余不参加……胡明指导旌德区，冯定指导徽州区，孙宗容（溶）指导宣城等地党工作均同意。"

9月，苏皖区党委巡视员金厚初至宣当芜地区恢复和重建党组织，成立中共宣当芜工委，金厚初任书记。

11月28日，日伪军3000余人突袭驻溧阳西北塘马村的第16旅旅部，旅长罗忠毅、政委廖海涛等270余名指战员在战斗中英勇牺牲。新四军军部通电全军沉痛悼念。第6师师长谭震林电令46团团长黄玉庭暂兼第16旅旅长，46团政委钟国楚暂兼第16旅政委。

11月底，中共中央军委决定，第6师第18旅划归第1师建制，第16旅划归第1师指挥。

12月上旬，第6师师部率52团、警卫1团等部，由苏南北渡长江，抵达江（都）高（邮）宝（应）地区。

1942 年（民国三十一年壬午）

春，谭震林主持重整第16旅，谭震林兼第16旅旅长，钟国楚任政委兼政治部主任，张开荆任参谋长，王直任政治部副主任。

4月，钟国楚任第16旅旅长，江渭清（原第18旅旅长）任政委。

5月，中共皖南特委决定，将宣当芜工委改为宣当工委；秋，直属苏皖区党委领导。

6月，宣当工委派钱忠义至金宝圩了解情况，返途中在支埂被伪乡长于尚旺派大刀会杀害。

6月，向阳和郎广游击队李大成部配合，在孙家埠水巷将叛徒何其雄（原中共宣城县委组织部长、宣南县委宣传部长）处死。

6月，第16旅先后攻克当涂博望、江宁小丹阳等日伪据点，恢复横山以南江当溧抗日游击根据地。

6月，宣当工委恢复和建立水阳、杨泗、狸头桥等7个区（一说5月中旬），分别由王先齐、徐才、吴明潭等人负责，联络总站设在南阳圩大屋基。

7月，中共南芜宣中心县委撤销。

8月间，向阳在桂峰乡南山区坚持游击斗争。

10月23日，伪江苏省保卫师4团进驻宣、郎、高交界区，企图切断宣北狸头桥和外界的联系。25日，第16旅47团三面展开反击，经半天激战，全歼伪军4团，俘房数百人，其中有200余人经教育后参加了新四军。

10月26月，第1、6师领导机关合并，归粟裕统一指挥，谭震林调任第1师政委，对外仍保留第6师番号。

冬，第16旅46团为支持宣、当、高敌后斗争，曾一度进至狸头桥地区，当南自卫大队亦随后而来，旋即撤出。

1943 年（民国三十二年癸未）

1月16日，第1师第2旅4团及旅教导队自苏中渡江南下，在溧水里佳山与第16旅会合，不久合编入第16旅。旅长王必成，副旅长钟国楚，政委江渭清，参谋长张开荆，副参谋长陈铁军，政治部主任魏天禄。

3月，根据中共中央精兵简政、实现党的一元化领导的指示精神，中共皖南特委改为皖南地委，书记黄火星（6月后为黄耀南），副书记黄耀南、梁金华，组织部长曾希圣。下辖南芜宣、宣城等6个县委和芜湖市、江流、泾南3个工委及皖南山地（泾旌太）中心县委。以新四军第7师57团为基础，成立皖南支队兼皖南军分区，辖铜陵、繁昌、宣城等6个大队。

4—6月，国军第三十二集团军副司令陶广指挥13个团的兵力，进攻溧水、溧阳抗日根据地，第16旅多次打退顽军进攻，歼灭其1个多团，因兵力悬殊，被迫撤出溧水、溧阳地区。

4月20日，第16旅发布《为呼吁团结抗战，公布友军"清剿"真相，告江南同胞及友军官兵书》。

4月28日，第16旅旅长王必成、政委江渭清再向国民党江南行署、第三十二集团军发出《为反对进攻新四军、残害江南人民、破坏团结抗战，向友军提出严重抗议书》。

5月8日，第16旅47团攻克镇江包巷（今属丹徒县）日伪军据点，全歼日军1个小队及伪军70余人；独立第2团于宜兴县李山地区设伏，击毙日军小队长以下20余人。

5月，新四军宣南游击队成立，吕辉、张克标等负责。

7月，宣当工委改属中共京芜中心县委领导。

7月21日，第16旅48团奔袭丹阳县延陵镇，俘获伪"清乡"工作团分团长及伪军官兵70余人。

7月23日，第16旅46团1营教导员祝立平率侦察员李振鹏等4人至金宝圩侦察敌情。

7月29日，因教导员祝立平叛变，新四军老4团1营3连在金宝圩（一说当涂乌溪戴家坝）遭日伪军夹击，损失惨重，连长吴家元（吴江潮）牺牲。

7月，苏南行政公署副主任邓振询率第16旅46团转战至横山地区，8月3日在江宁遭敌袭击，不幸牺牲。

9月14日，第16旅48团在句容县尚村设伏，全歼日军1个小队。

9月，繁昌游击大队在董南才、陈木寿带领下，护送陈洪、段广高到宣城任职，经马头镇、邓村到达董村沟；然后前往郎溪，在芦塘找到新四军第6师第16旅，接收10万发子弹，仍从董村沟经宣、泾交界处长龙山回繁昌。

9月中旬，在第16旅46团支持下，狸桥、水阳一带成立宣当办事处，归苏南区行政公署领导。朱昌鲁任主任，方休任政委，甘世杰任军事科长。下辖漕塘（后改昆山，蒋贻常任区长，王耀坤任区委书记）、永保、金宝圩、大官圩、新丰和特区（横岗桥）等6个区；设区、乡政权，开展抗日和"双减"活动。沈村、丹桂一带农抗会会员发展到4000多人。

9月下旬，日军向苏浙皖交界地区大举进攻，第16旅尾敌西进，收复宣郎广部分地区。

9月底，日伪军向苏浙皖边区发动进攻，第16旅积极向郎溪、广德、溧阳、高淳等沦陷区进击，开辟新的抗日游击区。

11月，中共皖南地委派陈洪、段广高来宣城加强县委工作，成立宣城中心县委，书记陈洪，副书记彭海涛，军事部长段广高，宣传部长向阳；同时在桂峰乡茶花岭成立宣城抗日游击大队，大队长段广高，副大队长向阳，政委陈洪，副政委彭海涛。

11月22日，在政委江渭清、副旅长钟国楚指挥下，第16旅46团和旅部特务营发起溧（水）高（淳）战斗，先后攻克新桥、邰村、漆桥等日伪军据点，击毙日伪军40余人，俘获伪副师长陈炎生以下160余人，缴获轻机枪3挺、长短枪100余支。

11月，第16旅进驻狸头桥一带。中共宣当工委、当南办事处、当南人民抗日自卫大队从大官圩迁至狸头桥。宣当工委、当南办事处改为中共宣当县委（书记方休）、宣当行政办事处（主任朱昌鲁），当南自卫大队亦改为宣当人民抗日自卫大队，陶家财任大队长，徐德建任政委，下辖宣当警卫连（甘世杰兼连长）和漕塘区中队。

11月，向阳游击队将桂峰乡外出敌武装人员一网打尽，缴枪16支、子弹600余发。

12月，第16旅攻克广德以东重镇泗安。

1944 年（民国三十三年甲申）

年初，宣城游击大队在董马塘、丁店、茶花岭3地设立税务所，以解决生活物资供给困难问题。

1月，宣城游击大队开展肃匪活动，西进区队处决了亲睦乡匪首伍先有、郁世明；随后南山、沈村区队也分别将民愤极大的匪首张立寿和周大安、林朝玉等镇压。

春，日伪军4000余人对郎溪、广德地区进行"扫荡"，第16旅多次挫败敌人的进攻。

春，宣当县委将宣当自卫大队扩建为宣当人民抗日自卫总队，朱昌鲁兼总队长，方休兼政委，甘世杰任副总队长，下辖宣当警卫连、昆山区大队、永保区大队。

2月8日，晚，宣当自卫大队在陶家财、徐峰率领下，从狸头桥张村出发，夜渡固城湖，奇袭高淳永保区伪区公所，伪区长宋心山被俘，其余10多名伪军投降。

2月，宣当县委直属苏皖区党委领导；6月，划归苏南3地委领导。

2月，南芜游击队夜袭红杨区太丰圩十甲任村伪军据点，缴枪20余支。

2月，宣当自卫大队40余人自花山长途奔袭高淳伪沧溪区公所，俘敌30余人。

2月，孙家埠日伪军进犯磨盘山，向阳率游击队进袭敌后，全歼驻峥山伪军1连。

春，皖南地委将南芜宣县委改为南芜工委，驻奎潭。王文石任书记（5月后改金厚初），金厚初任副书记。

春，皖南地委书记黄耀南派杜维佑至宣城工作，在峥山姚古店被国民党行动队抓捕关押，后乘间逃往江家棚子找到江汉，与宣城县委陈洪等取得联系。

2月，中共宣城县委在董村沟召开会议，组建了3个区委会：南山区（周集武任书记，区队长汤富林，指导员樊全九）、沈村区（黄治华、魏耀卿、赵德美相继任书记）、西进区（江汉、洪涛先后任书记，向阳任区队长，副队长王平后叛变）。

3月，南湖抗日游击队成立，队长丁杰三。

3月21日，第16旅在广德北杭村，伏击"扫荡"日伪军，毙伤70余人，缴获九二式步兵炮1门。

4月，宣城游击大队与郎溪游击队配合，一举歼灭盘踞在毕家桥的王兆武、刘老木匪军900余人，俘匪首刘老木（王兆武漏网）。

4月，宣当抗日自卫大队接连消灭了在宣郎高边界活动的4股较大的土匪，将以孙毛头为首的20多名罪大恶极的土匪头子处决，对民愤不大的夏梦兰等土匪头子，经教育予以释放。

5月，绩溪县游击队抽调33名游击队员，由戴吉祥带领至孙家埠东瑶村，与宣城县委书记陈洪会合，编入宣城游击大队。

5月，宣城游击队击毙到孙埠河西地区抢劫的4名日军。

5月，1个连的伪军由水阳向昆山区进犯，在白马山被当地民兵和增援部队击退。

6月，向阳、王平（周青）率两个主力班至亲睦乡以西的双马铺、莲塘铺、杨柳铺、寒亭一带开展工作。

上半年，宣城县委在西进区举办党员短期培训班，提高党员干部对党的抗日方针政策的认识，增强抗战必胜的信心。

7月，宣当芜办事处警卫连发展为警卫团，共有800余人。

7月，宣城游击大队在沈村龙图山（龙头山）下的杨家凹举办军事干部训练班，洪德才任训练班队长，共开设3个训练班，约30人。陈洪、彭海涛等均曾担任政治课教员。

8月13日，黄治华率沈村区队宿营双尼庵，被叛徒茆华田、茆华甫等杀害，并胁迫10余人带长枪19支、短枪3支到双桥投敌，沈村区队遭到重大损失。沈村区队吸取教训，不久，肃清了另一叛徒于化干。

8月23日，第16旅发起长兴战役，历时3天，先后攻克长兴外围据点13个，并一度攻入长兴县城，共歼灭伪军第1师4个营，迫使1个连伪军投降。

8月30日，宣城县东觉乡正式成立农民抗敌协会，主任胡金山；其他乡农抗会也随后相继成立：金牛乡主任王先齐、慈溪乡主任朱家鸿、昝村乡主任郑家后。

9月1日，中共宣城行政办事处在洪北乡新龙巷成立，陈洪任主任，彭海涛任副主任，下辖南山、西进、沈村3个区，公开征粮收税，筹集抗日物资。

10月5日，宣城游击大队上官绪德、张国英率张扬、洪德才、张向明、王平等12名战士，奇袭周王梅垅坑国民党宣城县国民兵团驻地，夺得电台1部，缴枪8支、子弹800余发。

10月，中共宣城县委成立特务大队，张国英任大队长。

10月23日，第16旅向溧阳西周村发起进攻，全歼伪军第1师1个团，俘伪团长以下600余人，收复了溧南地区。

10月29日，驻洪林桥日寇抓了约200民夫，到宣城运水泥钢筋。第二天突降大雪，约有30多人被冻死，很多是滑进破城河冻死。

10月，指导员洪某率游击队在亲睦乡殷村沙子头伏击日军运输船，押船日军跳水逃走，游击队缴获船只12只，黄表纸、粉丝、桐油等物资一批。

11月15日，昆山区农民抗敌协会成立，主任沈明义，副主任王先齐，朱家鸿、胡金山、徐培康、徐德椿、蒋大云等 5 人任委员；同时建立了区武装中队。

11 月，昆山区中队的 1 个排在南漪湖小金山伏击日军运输汽艇 1 只，毙敌 4 名，缴获子弹 20 多箱。

冬，方休调任，张光接任宣当县委书记。

11 月 29 日，国军第 52 师、64 师、挺进军等共 7 个团，向宣长公路以北抗日根据地发动进攻。第 16 旅坚守牛头山阵地，激战 3 个日夜，歼顽军 600 余人，巩固了郎广根据地。

12 月 14 日，第 16 旅进击泗安，全歼伪第 34 师第 143 团 2 个营及长兴保安团 1 个营，缴获甚多。

12 月中旬，新四军第 7 师皖南支队渡江南下，与泾旌绩游击队取得联系，重新开辟了青弋江以西游击根据地。

12 月，中共皖南地委机关由无为白茆洲迁至铜陵舒家店。

年底，宣城县游击大队在新四军第 6 师 1 个排的支援下，攻打沈村龙头山伪军谢志远部，拔除了伪军据点。

1945 年（民国三十四年乙酉）

1 月，粟裕率新四军第 1 师 7 团，刘先胜、陶勇率特务第 1 团、4 团渡江南下，与第 6 师第 16 旅在长兴仰峰岕会合。

1 月初，陈洪率宣城游击大队 200 余人进攻双沟镇（距孙家埠 20 多里）伪军。

2 月初，陈洪率宣城游击大队及吕辉部旌泾宁宣游击队在叶家湾附近，击毁日军汽车 3 辆，俘虏日伪军各 10 余人，缴枪 20 余支。

2 月 5 日，苏浙军区在长兴温塘村成立，司令员粟裕，政委谭震林（未到任），副司令员叶飞，参谋长刘先胜，政治部主任刘期光。下辖 4 个纵队，第 16 旅改称苏浙军区第 1 纵队，司令员王必成，政委江渭清，参谋长陈铁军，政治部主任刘文学，下辖 3 个支队。

2 月 10 日，新四军苏浙军区第 1 纵队向浙西莫干山敌后挺进，第 3 纵队（司令员陶勇）进至广德誓节渡以南地区。

2 月，苏南一、三地委合并为苏南一地委，宣当县委隶属苏南一地委领导。

2 月 15 日，向阳游击队利用玩狮子灯，将孙家埠 9 名日伪军诱至河西潘村，打死3人，其余带伤逃回孙家埠。

3月1日，国军第192师、62师、52师、忠义救国军等部共12团，向孝丰地区的新四军发起进攻。苏浙军区第1、3纵队奋起反击，激战20余日，至27日共歼顽军1700余人，并乘机控制天目山东、西地区和临安县城。

3月，宣城县游击大队三区队在莲塘铺袭击伪军，俘敌17名，缴枪13支。

3月，中共皖南行政专员公署成立，江干臣任代理专员（4月江靖宇任专员）。

3月22日，驻东坝日军约500人由漕塘乡向涧西乡（下湖乡）实现"扫荡"，46团一部在朱家山望牛磴进行伏击，毙伤日军5人，后因敌炮火猛烈，被迫撤退。日寇丧心病狂，烧毁横路村147户房屋。

3月底，孙家埠日伪军到乡下抢粮，宣城游击大队1中队（中队长汤富林）、旌泾宁宣游击队4名战士及民兵200余闻讯阻截，在峰山发生激烈战斗。游击队阵亡70余人（中队长汤富林牺牲）、伤100余人（大队长向阳重伤，后送新四军第6师医院治疗），击毙日伪军130余人（其中日军80余人），俘虏部分伪军。

4月23日，叶飞率新四军第1师教导旅和地方干部300余人自苏中渡江南下，在孝丰东白水湾与苏浙军区会合。叶飞改任苏浙军区副司令员，教导旅改称苏浙军区第4纵队。

5月，宣城游击大队摧毁莲塘铺日军炮台，俘获30多人枪。

6月，南芜游击大队600余人进攻红杨区太丰圩大刀会失利，大队副李寿和与宦守根、朱华夏等被俘，后宦守根逃脱，李寿和、朱华夏被杀害。

6月11日晚，陈洪、张国英率特务大队及南山区队、西进区队，围攻刘文瑶驻地上塔，刘文瑶弟刘文杰（副团长兼2营营长）被打死。

6月25日，驻高淳日军和伪独立15旅189团（团长阎斌）及大刀会（大队长温海清），从东坝、固城、港口分三路大举进犯狸头桥、漕塘等地。当日中午，狸头桥等地失陷。宣当人民抗日自卫总队和区、乡地方抗日武装分散坚持原地斗争，不断消耗敌人的有生力量。

6月底（一作7月初、7月7日），汪伪航空训练处中校飞行教官黄哲夫、秦传家等至孙家埠，与新四军侦察员和中共宣城县委书记彭海涛联络，联系驾机起义事；后与黄致和等6人驾驶汪精卫座机"解放号"由扬州飞赴延安。

7月中旬，宣当警卫连一部全歼狸头桥南姥嘴伪军据点守敌。

7月，南芜游击大队在临江团配合下，再攻太丰圩大刀会，摧毁其总坛。

7月，苏浙军区第3纵队司令员陶勇率第7、8、9支队及其他游击支队，活动于水东等浙皖交界地区。

7月，张国英率宣城县委特务队活动于黄渡地区。

7月底，昆山区大队主动出击高淳卫家祠堂，毙伪军8人、大刀会会首1人。

8月，宣当人民抗日自卫总队改编为宣当警卫团，朱昌鲁任团长，宣当县委书记张光、副书记徐德建兼任正副政委，参谋长邢浩，副参谋长甘世杰。全团500余人，编为3个连和1个直属特务队。

8月9日、10日，王必成指挥苏浙军区第1纵队发动"东坝战役"。驻狸桥之伪军15旅189团被第16旅47团和宣当地方武装全歼，取得"狸头桥反扫荡大捷"。

8月11日，粟裕、叶飞、金明电令："二、三纵队即令九支两个营即回宣宁地区，配合陈洪部队确保苏南与皖南之联系，留一个营仍在广南地区活动。"

8月25日，苏浙军区部队解放郎溪县城。

8月28日，苏浙军区部队解放高淳、广德县城。

8月，南繁芜游击总队与苏浙军区的部队在黄池、水阳一线胜利会师，皖南和苏南根据地开始连成一片。

9月，苏浙军区第3纵队第9支队在司令员俞炳辉、参谋长黄胜率领下，进入宣当地区，在宣当警卫团配合下，相继拔除新河庄、油榨沟、水阳、鲍家店、黄池、乌溪等伪军据点。

9月上旬，宣当办事处与高淳县政府合并。

9月，宣城游击大队大部北撤过江，编入新四军第7师第20旅58团、60团，仅留彭海涛、向阳率30余人仍坚持本地斗争。

9月，吕辉和太平县委书记刘贵生率皖南游击队经孙家埠根据地，至苏浙军区司令部，粟裕司令员赠送两挺机关枪交吕辉带回。

10月初，昆山、沧溪两个区大队编入宣当警卫团，全团共700余人，不久自高淳双塔出发随新四军北撤。

10月，苏浙军区第1纵队奉命北撤至苏中地区，改编为华中野战军第6纵队。

10月，苏浙皖边特委成立，对外称"新四军江南留守处"，书记陈立平。下设4个工委，郎广工委书记张思齐，辖郎溪、广德、宣城、长兴等县。同时成立苏浙皖边区司令部，熊兆仁任司令员，陈立平兼政委，倪南山任参谋长。

11月初，彭海涛、向阳等烧毁鸡头岭国军碉堡及部分弹药。

11月初，向阳至洪林桥镇林家岗，被当地保长和国民党情报员陈华章探悉，次日下午，遭新7师与县常备队一部合围，不幸身中数弹，壮烈牺牲。

11月，川军第21军第145师由宁国县至水东，抓捕何二木匠等7人并枪毙。彭海涛亦在桂峰乡小王村被435团捕获，后解往万福村第21军军部、杭州监狱。

1946 年（民国三十五年丙戌）

5月，第6纵队与苏中军区独立旅合编成华中野战军第6师，下辖第16旅（旅长钟国楚，政委罗维道）、第18旅（旅长饶守坤，政委刘文学）。

9月20日，熊兆仁率苏浙皖边区司令部一部，在郎广工委配合下，袭击了郎溪毕桥乡公所，击毙反动乡长江世云，缴获步枪11支、子弹数百发。

10月，胡明派喻家顺、周明和、张超至水东，会合彭海涛、孙朝庭等，然后至郎溪迎接苏浙皖边区司令部部队。

11月初，熊兆仁率苏浙皖边区司令部在泾县樵山，与皖南特委胡明等胜利会师。不久，倪南山也率部分部队到达泾县涌溪。

11月，皖南地委在泾县涌溪召开扩大会议，贯彻华中分局"七一"指示精神，成立苏皖军政委员会，胡明任主席兼政委，熊兆仁任司令兼军事部长。

冬，中共南京市委派徐祖一（徐仲白子，南京临时大学选修班学生）回宣城开展组织建设工作。

1947 年（民国三十六年丁亥）

1月，第6师改称华东野战军第6纵队，司令员王必成，政委江渭清，副司令皮定均，副政委陈时夫，参谋长杜屏。下辖第16、17、18共3个师。

1月，熊兆仁、倪南山、程灿等率部队再次到达泾县樵山，与胡明游击队第二次会师。

1月30日，新四军番号正式撤销。

历史文献及回忆录选辑

新四军抗战始末

陈　毅

现在让我来叙述下党在新四军和华中工作的历史，以及八年抗战的情形，可以看出我们共产党人在伟大的抗战工程上前进了好远。

东进抗敌，回忆当初

南方各省的红军游击队是新四军的前身。党领导这些游击队在湘粤闽赣浙皖鄂豫诸山区，度过了极其反动而严重的武装"围剿"的年代。这一时代起于1934年10月红军由江西苏区长征，至1937年抗战爆发后直到是年10月方获得国内和平为止。在整整3年的长期游击战争中，党领导游击队，击破了数百次的严重进攻……

我们共产党员就在那种穷山野林风雪饥寒之际，仍然不是孤立的，整千整万的老百姓仍然与我们保持密切联系。我们共产党与广大人民这种钢铁的结合，就粉碎了一切反动进攻。

而我们南方各省边区游击队达到了保持阵地，保持武装，保持党的组织，保持大批干部的伟大成果。与人民大众渡过重重难关，而诞生今天光荣抗战的新四军。

1937年秋抗战爆发，在党中央命令之下，南方各省游击队接受国民政府改编，东进抗敌，以符合我党的团结抗日的新政策。这样，南方各省游击队便毅然离开其多年血战保持下来的革命根据地而远征敌后。

当新四军出动之前，我党在华中以及东南各省早保持了地下工作，这是在各种国内迫害之下所保存下来的骨干。抗战爆发以后，我党领导了以南京、上海为中心的民众抗日运动。京沪沦陷后，我党一面保持着上海的工人运动和文化运动的据点，一面分散在京沪杭三角洲的农村进行抗日游击战争。同时，许多出狱的共产党亦归田乡里，高举武装斗争的旗帜，反对日寇侵入农村。此外，华中各地更有党外人士亦徒手起自田间作保卫家乡的抗战工作。因此，在华中我党的地下力量与当地人民结合，早就组织了许多游击武装，准备着华中敌后抗战的胎盘。新四军东进，使骨干与外围力量两相汇合，便强有力建设了横贯江淮河汉遍及大江南北的华中解放区大战场。

侵略、投降与反抗之交织

华中解放区，包括苏、皖、浙、鄂、豫、赣、湘诸省地区，贯穿长江中段和长江下游，位置恰在江淮河汉之间。敌寇进军以即盘踞京沪武汉诸大城市，努力经营，认为"华中是大东亚战争的屯兵场，中日满协同体高度结合地带，是和平反共的模范地区"。在政治上，敌寇保留了汪精卫式的"国民党""国民党革命军""三民主义""政治反共""清乡反共""拥护最高领袖""最高领袖万岁"的中国式法西斯全套把戏。同时敌寇还在形式上"承认"汪伪政权。在军事上，敌寇除自己的军事控制之外，还着手建立伪军以作为进攻我国之前导，以政治诱降和伪逆为媒介，策动国民党军队投敌。在经济上，敌寇是以华中振兴株式会社总揽华中经济掠夺事业。这个会社是与华中派遣军的头脑各重要军官保持密切联系。军事侵略与经济掠夺配合得十分好。华中振兴会社下面已设立了14个子公司，计有华中铁道、华中矿业、华中水电、上海内河轮船、上海恒产、大上海煤气、华中水产、华中蚕业、华中纺织、淮南煤矿、华中公共汽车、华中电讯、华中盐业、华中振兴住宅组合等。这些庞大的侵略组织先后始于1938年。近年已逐渐完备，企图由城市深入乡村，据初步估计，总投资额在20万万元以上，其中部分吸收了中国股份。在文化上，提倡"中日文化交流"，"文化联欢"，提倡"读经救国"，"孔孟道统"，反对英美自由主义和"共产主义邪说"等。敌军所到之处，组织随军文化征集队，来搜集中国文化古物，如字画、古书、金石、钟鼎之类，作大规模的文化盗窃，京沪杭公私收藏，为之罄尽。

因此，这样就确定了敌我之间针锋的斗争。所以，我们以政治上民主设施以对抗敌伪之黑暗虐杀；以解放区生产建设，安居乐业来对抗敌人的经济掠夺；以解放区之大众抗日文化运动来对抗敌汪的报复古文化和麻醉文学；以我党领导的全体军民的坚持抗战来粉碎敌人的"扫荡"；以敌后抗战的艰苦成就来遏阻敌汪掀起的投降潮流。

抗日战旗，遍插华中

1938 年 5 月，我江北军第四支队 5 月进抵敌后巢无地区。第五支队随后继进，越津浦路进入苏皖交界地区。是年六七月，我江南军第一、二支队进入苏南，直抵镇江南京城下，9 月以后，东进入苏锡，1939 年更东进抵达淞沪近郊。1938 年武汉徐州开封相继沦陷，我党我军即留在敌后及侧翼领导抗日游击战争。1938 年为我党我军开辟华中敌后解放区的一年，抗日战旗便普遍竖立于华中各沦陷区。

这个时候，国民党大军败北，退如水洗，国民党的各级政府卷旗而逃，国民党党部销声匿迹，其中还有不少败类相率投敌，卖国求荣。我新四军之闯入敌后，如对巢县、无为之袭击，卫岗、龙潭之攻取，丹阳、武进、句容之围攻，江都、大桥、扬中等地横渡长江之穿梭游击等，这些战绩乃使敌寇知道中国军队中有一支新四军之存在，我军得着广大人民的帮助，便如虎添翼，开辟了大江南北的敌后抗战的伟大场面。

1938 年春，敌寇十五师团驻金坛的金子联队长推称："新四军的游击战术是百战磨炼过的回旋打圈的游击战术，皇军不可轻敌。"

反扫荡与反投降

从 1939 年起到 1941 年 1 月皖南事变为止，这一阶段是敌寇与国民党反共军对我党我军的夹击阶段。汪逆精卫于 1939 年以儿皇帝的姿态位南京，煽惑国民党军队分批投敌，更助长敌寇凶焰。敌汪对我军进行了疯狂的联合扫荡。在这个时候，国民党见我军在敌后打开局面，站稳脚跟，知道敌后战局大有可为，乃分批遣军插入敌后，向我军作所谓收复失地的工作。我军临此危局，一面对敌汪的联合扫荡举行有力的反扫荡，一面对国民党反共军的武装进攻采取严肃的自卫方针。1939 年苏南的迭次反扫荡战役，1940 年秋淮南反扫荡战役，1940 年春皖南铜繁反扫荡战役，1941 年春苏北讨伐李长江、杨仲华叛国投敌的泰州战役，便粉碎了敌伪的进攻，这一胜利教训了敌伪：知道华中新四军和华北八路军一样不是几个扫荡可以消灭和赶走的，这一胜利教训了国民党反动派，知道新四军不是好欺侮的，乃决心由国民党最高统帅部订出了歼灭新四军在皖南部队的计划。他们是先以计诱，督促叶、项率队过江，然后以 7 万大军围歼我军于行军途中。严格说来，皖南事变不是一个什么战争，而是国民党头子蒋介石利用其抗战统帅地位，布置陷阱以歼灭其部属的罪恶阴谋。叶、项的错误不在于违抗命令，而在于忠实地服从其命令。皖南事变是新四军在皖南的部队计九千余人，大部被歼，突围者千余，即今天新四军的第七师，现在有了几年发展，已有 2 万余人。又皖南事变的损失仅及当时全军 10 万人的九分之一，故新四军在敌后的地位和实力并未损伤。经过皖南事变，全世界全中国的公论，指出了国民党反动派举行皖变的目的，在与敌汪配合反共，而新四军经过此役则成为具有国际荣誉的抗战军队。

回想这几年的抗战局势，我们共产党为坚持抗战，对一切民族败类，都在口诛笔伐和兴兵剿办之列。没有我党我军历年来这种坚决反投降的精神和部署，要克服投降潮流，要坚持八年抗战是不可能的。

残酷的清乡和敌进我进

1942 年以后，敌寇把其失败了的分路扫荡计划提高为集中全力进行大规模的残酷清乡。其进行步骤：第一，军事清乡，企图击破我军力量；第二，政治清乡，企图摧我之地方党部地方政权和群众团体；第三，经济和文化清乡，后行各种捐税榨取和物资没收，以及自首自新的投降归化革命，同时进行建设"东方王道乐土"的各种文化麻醉和欺骗。

在这样敌伪清乡扫荡新阵势下，严重地考验我党我军。从 1943 年春到 1943 年末在江南如苏州、无锡、武进、镇江、丹阳、江宁等地，在江北如泰州、江都、泰兴、靖江、如皋、南通、海门、启东、东台、盐城、潜江等地，进行两个整年的清乡与反清乡的残酷斗争。这些地区的敌我斗争成为华中敌后的最前线决定胜负的场所，其紧张斗争的场面正与敌寇进攻的华北各解放区的残酷达到同等程度。我党我军执行毛泽东同志和党中央分散游击战的战略方针，执行了精兵简政政策，执行了武装斗争与非武装斗争相配合的新斗争办法。主力兵团的相机转移和相机突击，地方兵团和民兵的就地游击就地坚持，地方党政机关的全部军事化游击化，在任何情况下，留原地分散隐伏坚持斗争，任何情况下保持与人民的联系，使自己的抗日指导不致中断。

在 1943 年秋以后，我党我军知道敌寇清乡之伎俩日新月异，为了制止其凶焰，乃进一步采取敌进我进的办法。

我可以引几则敌寇方面对我军反清乡的观察来做一个证明。1944 年 3 月敌寇上海"每日新闻"文友月刊日人武克所著《共军内幕之分析》一文内称："皇军占领的地方，也是新四军出没的场所，他们盘踞广大农村造成对皇军据点的包围，不断扰乱皇军领区的后方，进行交通破坏，用以孤立和封锁城市，使皇军一无所获，而皇军的补充接济也受到阻碍与阻隔。"又称："共军以小股游击吸引其他处各地的皇军部队，而以大力集中以围歼某一路皇军，其唯一目的便是控制据点以外广大农村，置于其统治之下。"1944 年 1 月敌寇上海驻军第十一军团司令部派参谋团对我苏中地区的清乡视察报告书上说："新四军进入苏北，历史虽短，但其影响民众，不可忽视，苏北清乡敌人最大的为新四军。"足见我党我军的铁拳已把日本帝国主义教训得多少老实一些了。

（本文节选自 1945 年 5 月 10 日陈毅在延安中共第七次代表大会上的发言）

从皖南到江南

——忆新四军第 2 支队北上抗日

王　直

（一）1938 年 4 月中旬，新四军 2 支队全体指战员在张鼎丞司令，谭震林、粟裕副司令统率下，先后胜利到达了皖南岩寺和潜口集结。用半月到 20 天的时间，进行了整编，其中成立第 4 团团部，以闽南新建的红 3 团为第 1 营，以坚持永（定）（平）和（南）靖斗争的红 9 团为第 2 营，以坚持浙南的游击纵队为第 3 营，加上团直属连共 1200 余人。

团的领导是这样组成的，团长卢胜，副团长周桂生（后叶道志），参谋长王胜，政治处主任廖海涛。这期间的主要任务是：总结从闽西到皖南一路行军的经验；召开支队排以上干部会议，传达党中央和军分区的指示；布置部队整训工作。

5 月 6 日，支队领导机关和 3 团、4 团全部移驻安徽泾县田坊、汀潭一带，继续进行部队整顿训练，做好部队政治动员和东进的准备。5 月 15 日，支队政治部召开了连以上干部会议，张鼎丞同志作了《关于目前抗战形势和我支队今后的任务》的报告，粟裕同志作了《关于抗日游击队的战略战术》的报告，王集成同志作了《战时政治工作》的报告，罗忠毅同志作了关于部队编制、武器装备补充（连以上干部配发新的驳壳枪）和发放夏服、"抗敌"徽章、管理教育等问题的报告。填写了干部登记表、指战员花名册，初步建立了一些规章制度。在田坊整训期间，张鼎丞同志亲自带领机关干部深入连队，调查研究，帮助工作。他经常找干部战士谈心，了解情况。由于领导带头调查研究，带动了支队和团机关干部，深入基层，调查研究。

5 月 18 日，军部决定由粟裕副司令统率 1、2、3 支队的侦察分队和一部分团以下干部，组成东进先遣队，首先挺进江南敌后，进行战略侦察。接着，张鼎丞同志亲自作动员，还与侦察连长钟春山、参谋王培臣、庄鹤生等同志谈话，部署到敌后的任务和要注意的事项。张鼎丞同志还告诉他们，粟副司令是当年红军抗日先遣队的领导人之一，打了许多胜仗，今天他带领新四军先遣队必定旗开得胜。经过短期准备后，先遣队于 5 月下旬出发，沿途经过南陵、宣城、溧阳、溧水等地区，最后到达了目的地——茅山地区。一到该地，他们立即开展工作，迅速打开了局面，6月17日，先遣队在江苏镇江崐仑山下的卫岗伏击敌寇，击毁汽车4辆，毙伤少佐以下官兵40余人，缴获机步枪30余支、活捉鬼子两名，缴获日军军旗一面，日币数万元，和其他军用品。首战告捷，胜利的消息像春风一样吹遍了京沪杭，广大军民无不欢欣鼓舞。陈毅同志为此写了一首诗，赞曰："抗日旌旗到江南，终夜惊呼敌胆寒；镇江城下初遭遇，脱手斩得小楼兰。"这首诗充分表达了新四军指战员对首战胜利的兴奋情绪，也形象地反映了我军初到江南敌后的真实情况。

6月5日，张鼎丞司令、罗忠毅参谋长、王集成主任等领导同志亲自率领2支队机关和第3团、第4团，先后由泾县田坊出发，经南陵马家园，通过宣（城）湾（沚）铁路封锁线，于6月中下旬全部（除4团1营外）进入江南敌后。京、芜铁路以东，京杭国道以西的江宁、溧水、芜湖、当涂、宣城、高淳、句容、天王寺等县。按计划支队领导机关以大官圩、金宝圩为中心。3团以小丹阳、云台山、秣陵关、横山为中心。4团以溧水白马桥的李巷、南曹和句容的郭庄庙为中心，进行活动。

东进途中，我们到处宣传群众，召开军民联欢会，张鼎丞、粟裕等领导同志亲自参加各界人士的座谈会，大张旗鼓宣传党的抗日民族统一战线主张和我军宗旨，同时对敌情、民情、地形以及社情，进行了详尽的调查研究。在行动中充分发扬了我军艰苦奋斗的光荣传统，做到了不怕苦不怕死，严格执行三大纪律八项注意，不拉夫，不扰民，不派款。获得了江南广大人民群众的热情赞誉。

当我2支队经过东门渡时，由于群众受敌人的欺骗，对我军不了解，所以民船都撤走了，只有两条摆渡的小船，如果这样摆渡就是一整天也解决不了问题，张鼎丞同志看到此情景，决定派民运科长王荣春等几十个同志到各处动员民船。经过宣传发动群众，不到两个小时就把浮桥架起来了，结果，不到一个上午，部队全部过渡完毕。当部队要付船工钱时，很多船工拒绝不收，他们说：新四军来江南打鬼子，救国救民，我们船工出点力还不应该吗！

6月下旬的一天晚上，第3团团长邱金声、副团长黄火星率领3团指战员北渡石白湖，到安徽当涂、博望横山和江宁秣陵关地区活动，支队机关和4团3营到当涂大官圩的亭头、黄池镇活动。7月初，廖海涛副团长和王胜参谋长率领4团团部和第2营、学兵队、到溧水李巷、南曹、邹家山、经巷等地活动。8月1日由我和范钦洪同志率领第4团3营挺进到江苏句容、郭庄庙、湖熟、上坊和南京郊区一带活动。

　　江南地大物博，人口众多，地形平坦，湖沼河道纵横交错。国民党长期统治这个地区，社会情况复杂，反动统治基础雄厚，后来沦陷后，又成为日寇侵略中国的大本营。驻扎了日本侵略军第十三军团15师团和江浙绥靖军等，大量兵力驻守，多次进行大"扫荡"，构成交通铁路网，利用河川水网，封锁我军行动，筑起无数的炮楼、碉堡，限制我军活动。日寇肆无忌惮，烧杀抢掠，推行怀柔政策，到处召开所谓"和平会"、"中日联欢会"，鼓吹建立反共阵线，宣扬所谓"王道"。各地汉奸卖国贼也应运而生，到处组织"维持会"，悬挂太阳旗，一些地区的豪绅地主，上层人物公开宣扬失败主义，进行妥协活动。土匪猖獗，到处自封所谓游击司令，各据一方，胡作非为，群众愤恨至极，骂他们是小日本鬼子。

　　国民党反动派为了实现"借刀杀人"的阴谋，把我江南部队限制在东西100公里、南北60公里的沼江狭小地带，无理勒令我军不准越界，妄图与日寇配合，置我军于死地。

　　不久，张鼎丞、粟裕同志根据党中央关于独立自主发展敌后抗战的指示，立即召开团以上干部会议传达贯彻。同年秋季为了开展敌后抗战，在安徽当涂县博望等地分别召开了爱国民主人士和工农群众座谈会，决定成立江宁、当涂、溧水、高淳四县抗敌自卫委员会，以朱昌鲁、刘一鸿、曹明亮、曹德辉等同志，分任正副主任（这个机构初期是抗敌救亡群众性组织，以后逐渐转为抗日民主三三制政权性质的组织）。通过这个组织，进一步开展了抗日统一战线的联络工作，广泛地争取、团结各阶层、各社会力量，发展了江南敌后的斗争。

　　（二）部队驻在安徽狸头桥的时候，支队根据党中央1938年5月4日的指示，为配合各支队继续深入敌后，发展抗战，钳制进犯华中之敌，配合正面战场作战，决定在宁沪、宁芜铁路及公路干线、敌占据点开展游击战，积极打击敌人，据支队司令部1938年7月到1939年12月底统计，全支队（除4团1营外）共进行大小战斗119次，毙伤敌伪3942人，其中日军1739人，俘虏敌人453人，其中日籍官兵15人，缴获轻机枪49挺、重机枪4挺、步枪1125支、迫击炮2门、掷弹筒4个、各种子弹27万发、各种炮弹242发、电台2部、电话机11部、日钞12万元、军用毛毯392床、军呢大衣233件、烧毁火车1列、汽车24辆，缴获的其他军用品甚多。下面列举几个战例：

　　6月17日，我先遣支队在镇江西南的卫岗战斗中的胜利成为尔后江南、皖南各支队一连串胜利的良好开端。

　　7月6日，我2支队3团1营和支队侦察连伏击安徽当涂至芜湖之间，击毁敌军用火车一列。缴获大批军毯、军呢大衣和其他军用品甚多。

8月17日，我3团歼灭盘踞小丹阳伪匪朱永祥、余宗诚部，毙伤敌100余人，俘敌247人；缴获步枪150余支、轻机枪7挺、重机枪2挺、迫击炮2门、电台1部、电话机4部、各种子弹4万余发。

9月6日，我3团3营和江宁抗敌自卫队夜袭当涂石码矿区守敌，毙伤敌10余名，活捉汉奸吴之章，摧毁伪警察所，缴获手枪2支、步枪7支，摧毁汽车1辆，缴获摩托车2辆。

9月15日，我4团2营一部夜袭溧水洪兰埠，击毙鬼子数名，缴获三八式步枪2支、子弹100余发、军用品一部分。

10月4日，我4团3营夜袭湖熟镇，歼灭伪军40余名，其中俘敌10余名，缴获轻机枪1挺、步枪20余支、手枪2支、子弹7000余发、电话机1部、皮电线3捆，同时捣毁湖熟"维持会"，破坏京湖公路桥1座。

11月13日，我3团在博望反扫荡战斗中，毙伤敌40余人，俘敌3名，缴获步枪10余支。

11月15日，我3团2营在黄池镇伏击下乡扫荡之敌，歼敌20余人，俘敌2名，缴获机枪1挺、步枪10余支、军旗1面、指挥刀1把。

11月20日，我4团侦察部队，在溧水方边袭击下乡抢劫、强奸之敌，当场击毙敌4名，活捉2名，缴获步枪4支、手枪1支、子弹600余发。

同一天，4团3营夜袭南京上方镇之敌，打死敌人7名，打伤2名，缴获轻机枪1挺、步枪4支、子弹300余发、炸弹8个，毁公路桥1座。

12月18日，我3团侦察部队在参谋王培臣率领下泅渡石白湖，遭遇敌人炮艇，歼敌10余人，俘敌2名，缴获机枪1挺、步枪7支、子弹2000发、炮艇1艘。

12月22日，4团2营一部袭击天王寺下乡抢劫之敌，打死打伤敌人12人，活捉2名，缴获步枪8支、手枪1支、子弹300余发，被敌抢劫的财物全部归还群众。

1939年1月6日，我3团2营和支队警卫连，在水阳镇伏击下乡扫荡敌人，毙敌31余名，伤敌不详。

1月21日，我3团一部夜袭芜湖飞机场的官陡门敌据点，毙伤敌190余人，俘敌57名，其中日籍2名，缴获日式歪把机枪1挺、步枪70余支、电话机3部、军用品甚多，摧毁汽车2辆。

1月17日，我4团一部在溧水白马桥伏击扫荡之敌，打死打伤敌40余人，敌人狼狈缩回溧水，我追击敌人中缴获步枪4支、军用品一部分。

2月11日，我3团一部在高淳固城湖附近，袭击下乡"扫荡"之敌，毙伤敌70余人，其中击毙敌大佐军官1名，缴获步枪9支、掷弹筒1个、军用品一部分。

3月1日，我4团一部再次袭击溧水洪兰埠，活捉鬼子1名，破坏公路桥1座，割电线7华里。同一天，我当涂地方武装破坏了黄池镇以西的五里桥。

3月18日，南京、溧水、句容敌人大举"扫荡"以郭庄庙为中心的我4团部队。我4团获悉后，决定打击敌人一路，打死打伤敌50余人，粉碎了敌人的扫荡计划。

4月11日，我3团一部在云台山遇敌扫荡，被敌包围，我军指战员英勇善战，给敌人重大杀伤。但因敌众我寡，激战终日，我也伤亡很大，营长邱立生、教导员王荣春等60余人光荣牺牲，其余全部突围。

5月19日，我4团一部在溧水桑园蒲战斗中，歼敌40余人，俘敌7名，其中日籍1名，缴获三八式步枪数支、机枪1挺。

6月6日，我3团一部在南京雨花台，夜袭敌人警察所，打死敌3人，活捉1名，缴获步枪2支，并散发了宣传品。

7月2日，我4团一部配合地方武装在龙潭、下蜀之间伏击炸毁敌火车1列，毙伤敌数十余人，缴获机枪1挺、步枪10余支、药品7箱、布料45尺、其他军用品一部分。

8月14日，4团一部在京杭国道攻击，击毁敌汽车1辆，消灭车上鬼子12名，缴获步枪6支、机枪1挺。

9月初，我3团奉命先后调回皖南整训。

10月2日，我4团一部伏击溧武路，击毁敌汽车1辆，毙伤敌8名，缴获三八式步枪8支、子弹千余发，汽车司机受伤后生俘。

同月某日，4团一部和2营由团长卢胜、副团长陶勇率领渡江苏北。

以上是列举的新四军2支队深入江南敌后一年零五个月主要战例。

新四军在江南战场上，虽然遇到不少新情况、新问题，但在党的领导和支队首长的亲自指挥下，依靠江南广大人民群众的支援和指战员的努力，终于克服了重重困难，赢得了胜利。

张鼎丞同志对2支队在江南一年多的抗日游击战争进行了初步总结，他特别指出两条：第一，要进行像江南战场这样的艰苦与困难的抗日游击战争，就必须使部队有高度的政治觉悟，就是要坚决拥护与执行自己的抗战职务，不怕敌人，不怕艰苦，不怕牺牲，不受引诱，任何情况下不动摇，不灰心，才能完成任务。我军在这方面是十分重视的。部队建立与健全了政治工作，不断地进行政治教育。指战员们发扬了英勇顽强、艰苦奋斗的优良传统，各次实战看出了指战员们政治上的坚定性。第二，要坚持江南敌后抗战，必须部队与民众的亲密团结，才能取得广大人民群众的拥护和帮助。才能适应发展自己的战略战术，造成主动，以胜利战胜敌人。

（三）新四军2支队进入江南一年多来，在党的领导下，积极配合兄弟部队打击敌人，开展统一战线，发展、团结、改造各抗日人民武装，配合地方党，发动群众，建立政权，发展党的组织，从而迅速打开了江南敌后的抗战局面。初步建立了以茅山为中心的抗日根据地。开展了江宁、句容、当涂、芜湖、宣城、高淳、溧水、溧阳等县的群众工作，为今后坚持发展江南敌后抗战奠定了有利的基础。在异常频繁的战斗环境中，我2支队张鼎丞、粟裕等领导同志，对武装建设十分重视，坚持抵制了项英同志所谓"精兵主义"和关门建军的错误方针。根据党中央和毛泽东同志的建军路线、方针、原则，提出了一边打仗、一边建军的口号，采取了大量吸收知识青年，扩大我军主力，以工农为骨干发展地方武装。其中有朱昌鲁同志领导的当涂抗敌自卫大队300余人；有刘一鸿、胡品山领导的江当溧抗敌自卫团和自卫大队400余人；有江宁赵家淦领导的抗敌自卫队100余人；有两溧地区吴福泽领导的抗敌自卫团300余人；有巫恒通、洪添寿领导的抗敌自卫团500余人；有孙爱之领导的独立大队100余人；还有各县的区大队、县的武装。对这些武装部队，逐步加强他们的领导，派出得力干部帮助训练部队，建立军事政治工作，通过各种渠道进行团结改造，不断提高了部队的战斗力。到1939年4月，支队由1700余人发展到6000多人（4团1营到江北发展未计在内）。实践证明，坚决地贯彻执行党的建军方针，是保证部队得以迅速发展和巩固的可靠保证。相反，过早实行"精兵主义"，关门建军，无疑是束缚自己的手足，限制了自己的发展，1939年5月，支队在狸头桥的党委扩大会议，总结了这条经验教训。

除3团2000余人调皖南，4团500余人东进外，又迅速补充第4团，成立新4团和支队特务营、直属连队。

1939年冬，国民党实行分裂投降、限制我军发展的方针，不断制造摩擦，袭击我军兵站杀害我军人员，依附敌伪企图打通苏北与韩德勤联系，阻碍我军向北发展。为了打破敌伪顽的夹击，开展大江南北的抗战，1939年11月，党中央决定江南新四军第1、第2支队领导机关合并，成立新四军江南指挥部。陈毅、粟裕同志分任正副指挥，统一领导指挥第 2 团、第 4 团、新 3 团、新 6 团、江抗、丹阳游击纵队以及其他地方武装一万余人。同时成立苏皖区党委，统一领导苏皖、苏南、苏北 3 个特委。指挥部成立以后，为贯彻执行党中央向北发展的方针，以 4 团团部和第 2 营与挺进纵队一部合编为苏皖支队，由陶勇、卢胜同志率领，向扬州、仪征、天长、六合地区发展，不久与皖东第 5 支队打通了联系，从此，足跨长江两岸，促成发展苏北的形势。

我 2 支队在坚持江南抗战中，坚持执行了党中央和毛泽东同志关于深入敌后，去创造根据地，然后继续向东、向北发展的方针和政策，因而在异常复杂困难的京沪杭三通地区和敌伪顽三角斗争中，取得了对敌斗争、统一战线、发展抗日武装力量、发动群众、发展党的组织，建立根据地等项任务的胜利完成。

（作者系原新四军第 2 支队政治部宣传队队长，1955 年被授予少将军衔，本文选录时有删节）

开辟金宝圩的抗日工作

顾节鼎

我原名顾节鼎，1937 年到延安，1938 年 3 月 29 日由延安赴皖南。上级分配我到新四军政治部做民运部工作，部长由邓子恢兼任。没过几天，3 支队又留下我到 6 团担任民运股长，团长是叶飞。民运主要是做地方工作，帮助地方建党。

一次在从芜湖到宣城的公路上，我们 6 团碰上了国民党朱永祥残部，当时天黑，部队很疲劳，但朱永祥匪军更疲劳。叶飞团长命令 6 团掉转头和他们一起走，天上有朦胧的月光，在他们疲惫不堪时，许多战士过去帮助他们扛重武器，结果在天快亮赶到吴村时，毫不费事地全缴其械。由于当时是统一战线，我们只留下枪支，对其骨干人员送交三战区处理。搞垮朱永祥匪军，群众称快。但三战区司令顾祝同反而以此质疑，谭震林以"他们要投敌"挡了回去。

我们在水阳以北 3 华里的东边埂（属江苏）住下，6 团派我到金宝圩开展工作。我去之前还没谁来过，2 支队虽比我们 3 支队早个把月挺进敌后，但他们还没派人到这里工作。我是以金宝圩、查土圩为活动中心，一直延伸到清水河、黄池一带。工作重点主要在杨泗渡、裘公渡、东门渡及以南的桃园村。

我们是 1938 年 6 月初到达的。在水阳召开过一次统战性质的大会，会上成立"动员委员会"，3 支队政治部主任胡荣在会上讲了话，叶飞也讲了话。会后，6 团在党内成立了地方工作委员会，书记叶飞，我为委员。

水阳地区江北人多，我就利用宗族关系，摸清情况，在 6 月内建立了两个支部：一个是查土圩支部，支书金泽东，委员有艾立富、顾节康；另一个是雁翅陡门支部，支书陈玉喜，家住小陈家祠堂。这两个支部的党员除宣城境内有，高淳也有，党员比较分散，东门渡有几个人，桃园村有几个人。支部任务是扩军、收买枪支充实部队。

8、9 月间，我在这里组建了 3 支队特务大队。谭震林任命我为大队长，田永春为教导员。我们经常和 3 支队秘书长杨益林联系。后来 3 支队住繁昌县，离我们远了，特务大队和整个 6 团归 2 支队领导。此后，特务大队改名为 5 团特务大队，经常和 2 支队政治部主任王集成联系。活动地点仍以金宝圩小陈家祠堂为中心。特务大队最初是从 3 支队带来的一个排，后发展到百余人。为开展统战工作，经上级同意，请金宝圩当时开明人士唐伟亚担任特务大队副大队长。特务大队有一次伏击日军汽油划子，缴了很多军用物资，当地大刀会趁机搞了不少军大衣，我们出钱把它买下全部上交了。6 团离开这里时，叶飞要我和他一起走，军部不同意，仍要我留在金宝圩，直至 1939 年 2 月 15 日我才回到 3 支队。我调走时，张鼎丞特地召见金泽东，留他吃饭，指示工作。我手上的组织关系交给了陈立平。

（作者系原新四军第 3 支队第 6 团民运股股长，1955 年被授予大校军衔，1964 年晋升少将军衔）

第 2 支队司令部驻狸头桥

董南才

新四军先遣支队于 1938 年 4 月底从皖南潜口出发，挺进江南敌后执行战略侦察任务。粟裕任先遣支队司令员，钟期光任政治部主任。我当时在司令部任见习参谋。先遣支队完成任务后，司政机关人员和 1、2、3 连分别归建。原 2 支队司政机关部分人员和 2 连组成野战司令部，在小丹阳一带活动。1 支队 1 团打朱永祥，粟裕司令员组织部分人员参加了这次战斗，稍有收获。

不久张鼎丞司令员率新四军 2 支队进入江南敌后。张、粟会合后，开始在小丹阳一带活动。在日军海、陆、空军大举进攻横山前，2 支队司令部转移到大官圩马家桥、塘南阁，在此过了夏天。日军到官圩"扫荡"后，2 支队司令部于九、十月份转移到宣城的慈溪、狸头桥、塔山、横路章村等地。1939 年 9 月成立新四军江南指挥部，粟司令调任指挥部副指挥，我也随粟司令去指挥部工作。2 支队司令部仍在原处。

第 2 支队所属部队的活动，3 团在金宝圩、大官圩、当涂、采石、马鞍山以东，南京以南地区活动，以横山为中心与驻繁南 3 支队相连。4 团在南京东南句容、天王寺、溧水、江宁东部、溧阳西北部一带活动，与在茅山的 1 支队相连。

一年多的时间，进行的战斗很多，我所记得的有水阳战斗、官陡门战斗、打陈德功部队、横山反"扫荡"、禄口战斗、博望杨家店战斗、横山战斗、六郎桥战斗、黄池战斗、日军进攻狸头桥与我袭击宿营之敌、横山突围等。

第 2 支队司政机关驻在马家桥、慈溪、狸头桥、横路章村期间主要的活动：

1. 指挥部队在敌后广泛开展游击战争。

2. 发动群众、组织群众，建立动员委员会；组建农、青、妇和工人组织；建立地方武装。

3. 发展党员，建立党组织。主要由政治部和政治机关负责此项工作，后来配合地方党组织进行组织建设。

4. 动员参军，各部队都有此项任务。其方式有个别扩军，有派出少数同志招兵，有组建游击队，有部队改编等。

5. 经常开干部大会，由司令、主任作形势任务报告，有时开军人大会。

6. 集训部队。前方部队轮流抽一两个营，集训两至八个月。集训内容：军事以射击、投弹、刺杀等四项技术为主，辅以队列、战术训练，总结战斗经验；还有政治、文化学习。每周会操，粟司令到场，有时还亲自喊口令指挥操练。集训结束时还进行评比和总结。

（作者系原新四军第 2 支队参谋，1955 年授上校军衔）

日本人的铁蹄

史沫特莱

七月末，我到达了芜湖南部以及南京西南的宣城地区。北边五公里就驻扎着一支强大的日本军队，除此之外，沿着通向扬子江的公路上还驻扎着其他的部队。我和随行人员所走的公路大部分是中国政府多年以前修建的。从这个位置一直到海岸线的地区就是这个国家的主战场之一。在这个区域，战事很多，时不时地就有一场战斗打响。

宣城已经被双方多次反复占领，最后一次刚好是我到达之前，日本人劫掠了当地的粮仓，抢走了200 000～300 000担（1担相当于50公斤）大米到芜湖。在这次占领中，日本人从芜湖带来了几百个伪军、一些日本以及朝鲜浪人。这些豺狼们为他们的主子抢走了一切东西，然后他们的主子允许他们保留了一部分战利品。

日本人所没有摧毁的，他们的爪牙全都烧光了。整个地区就像是在噩梦中一样。散乱的烧毁的汽车，大炮底座，以及带着红十字标识的救护车一路都是。整条路上都是装着半坑水的弹坑和壕沟，到处是散乱的汽车、骡子的尸体以及大炮的零部件。被烧成灰烬的村子在公路两旁随处可见。少数衣衫褴褛的人像鬼影一样在废墟中穿来穿去，希望找到一些花生或是开水。

当我们走到宣城的郊区时，黑暗降临了，倾盆大雨也哗哗落下。在逐渐黯淡的天色中，是烧黑的断壁残垣、毁坏的车辆、破烂的轮胎、散架的加农炮。在一些墙的外面，人们利用露出的横梁以及生锈的油桶铁皮建起了小房间——都像是羊圈一样。随着黑暗的降临，这些可怜的人都开始入睡，在低矮的开口前，人们用树枝当作门，来防止野狗的闯入。

一条宽阔的河流在这个老城设有炮眼的城墙边流过。两座横跨河流的石桥上已经装上了火药；其中一座已经被彻底炸毁了，我们走过的另一座桥上面铺着摇摇晃晃的木板，当日本人进攻时可以随时抽走。

在战前，宣城有十万人口，但是有一万人已经在空袭中被杀死，只有少数人留了下来。在一条光滑的鹅卵石街道上，有许多矮商店被部分修复，用黯淡的火把或是装满花生油的灯碗照明。在日本人被赶走后，在这条街上的一间房子里发现了许多赤身裸体的中国妇女的尸体。在面对街道一边的门楣上，有个标识依然可以看见："大日本帝国军的慰安所。"

走出来，到了一条主街道，我们看到了一栋低矮的灰色石头建筑，入口处是美国卫理教派的名字。墙和屋顶依然矗立在那里，但是窗子都不见了；从门上的瞭望孔看进去，我们发现里面已经彻底被毁坏了。这栋建筑被日本人用作军事法庭，在这里中国俘虏们都被带来接受"检查"，希望从他们身上榨取有用的军事信息。

从教会横穿街道，有一个古老的井，像许多其他的井里一样，里面填满了中国士兵和平民的尸体。城市里的水源都已经被污染了，许多民众都染上莫名其妙的流行病。军队填满了井水，然后用混凝土密封起来。教会旁边的井上的混凝土仍然是潮湿的。井后有堵墙，墙上日本人所留下的红色的标语依然清晰可读："为了大东亚的新秩序。"

我看着井和标语，然后看着教会里黑暗的内部，现在看起来充满了死者的灵魂。专制的幽灵又开始盛行，我开始回忆起日本人经常骄傲地转过头去看成吉思汗，甚至试图去探测他在内蒙古的坟墓。中国政府将他的灵柩迁移到了内地。

我们所住的两层楼的客栈曾经是美国的油站。屋顶和前面都已经被炸飞了，仅仅是粗略地修理了一下。从我的房间，我可以穿过宽宽的裂缝看到楼下的街道上去。除了横放在锯木台上的木板外，房间里什么都没有。一个侍应生端着一盆热水进来了，而当我疑惑地看着它时，他向我保证所有的水都是从上游的河流里挑来的。

我在木板上解开了我的毛毯，换上了干净的制服。我几乎换完了衣服，这时两位军队军官来找我了。其中一个是满洲里第108师的上校，他所属的部队正驻守着这座城市及其周围地区。像许多中国东北人一样，这两个人都高大而英俊，非常有礼貌。在听说我到了以后，他们说，他们马上就跑过来欢迎我了。在前线，一次欢迎总是能温暖人心。前线总是像一块充满着无私的爱心的土地，有时超越了普通的友谊和爱情；你总是向那些即将献身的人——或是为生存而斗争的人伸出双手。这两个人问我是否能马上走，到几条街外的他们团部训练营所在地去。

我们正准备吃晚餐，因为从早晨以来我们除了一些花生以外什么都没吃过，而路途上又炎热又是瓢泼大雨，现在我们都已经精疲力竭了。他们坚持邀请我们做他们的客人，而在他们的团部吃过晚饭后，我们到了他们的训练营。一百位没有战斗任务的军官以及五十名左右的政治工作者在这个机构里学习。跟着他们团部的指挥官，他们在黑暗的庭院里集合了，因为这里灯光很少而且非常危险。当他们走进来时，我看到了一队强壮的、肩膀宽阔的男人，因为黑暗，只能看到模糊的外形和黑黑的、冷酷的脸。

在黑暗中，我试图给他们传递一个能激发他们勇气和信心的信息，因为他们必须战斗而且很可能会永远倒下。我将自己国家的混乱隐瞒起来——在我的祖国，贪婪的掠夺者和对于法西斯主义的姑息者正试图扑灭自由主义者和工人们的抗议声——我试图规划一个画面：几百万普通民众以及少数开明的领袖如罗斯福总统、Pittman 参议员和 Henry Stimson 上校都同情和支持中国。我说的不全是事实，我将发生在加利福尼亚、加拿大、英格兰以及荷兰的孤立的海事工人反对向日本输送战争资源的罢工、抵制日货行动以及为中国捐款的活动放在了一起。

（本文节选自美国著名记者、作家史沫特莱《中国的战歌》第六章《在游击区》）

1940 年末新四军过境宣州电文选

（国民党部分）

第六督察专署给皖南行署的电文

行署：〇〇新四军先头部队百余人于冬晚过境，向马头、阳柳铺一带前进。江晚有政工队百余过泾，余尚未动。军参鱼印。

1940 年 12 月 6 日

宣城县长王介佛关于新四军经过宣城县境情形的报告

屯溪皖南行署主任黄：密件。案奉安徽省第六区行政督察专员公署军参真电，饬将新四军行动去向、兵力、番号、集结地区随时具报等因，遵将侦得该军经过本县情形胪陈于后。

（一）本月四日奉知新四军经过本县夏家渡饬派员协助军运等因，遵即令派杨柳区警察所巡宫高尚志于五日午赶至孙家埠，督率民夫，将该镇大河浮桥搭架完成后，六日辗转往夏家渡，与该军兵站处所长刘开福、副所长唐裴洽商军运事宜。估计约需民夫一千六百名，于一星期内运输即可完毕，并规定每夫每日发给伙食，计油、盐、柴等费一角五分，米老秤一斤半。六、七两日共动用民夫五百余□□□□。

（二）六日上午十二时，有该军宣传队二百余，内有青年妇女二十余，臂章为"训练"二字，枪十余支，马十余匹，由夏家渡经孙家埠，在该镇群贤旅馆前空场休息。一小时许，并散发朱、彭总司令，叶、项军长致何、白副总参谋长电文一纸及《抗敌》半月刊等宣传品，随即向洪林桥开去。

（三）七日上午十时，该军有武装士兵二十余，枪七八支，马十余匹，率领民夫挑运行李及军用品，仍向洪林桥开去。又晚间该军十余名，长短枪六七支，率民夫五十余宿孙家埠泾县会馆内，翌晨向洪林桥开去。

（四）八日，有该军士兵十二名，女二名，步枪三支，手枪二支，率夫挑运子弹箱及煤油箱等向洪林桥运去。查该军行动异常诡密，每日仅见男女阵行之军人，或十名、二十名、三五十名不等，均无符号，官兵难分。

（五）自六日起至十一日止，该军经过本县，计已动用民夫一千三百余名，尚有军用品五百余担，在夏家渡待运。又据报，该军此次除大部经过本县外，闻尚有一部由泾县及青阳夜行，并觅小路经过芜湖渡江，以免暴露目标，遭受敌机威胁。各等情前来，除饬属严密防范，并派探跟踪侦察，容再续报外，理合将新四军经过本县情形及动用民夫数目电呈鉴核备查。

宣城县县长王介佛保亥寒印。

1940 年 12 月 14 日

屯溪皖南行署主任黄：密件。案查新四军经过本县情形，业经以保亥寒代电呈报在案。兹续将侦得该军经过本县情形再陈明于后：

（一）本月九日下午一时，有该军男五名、女两名（无枪）率领民夫一百五十余名挑运子弹、电话器材及医药品等，由夏家渡经孙家埠向洪林桥、毕家桥开去。十日下午二时，该军武装士兵二十余率民夫百三十余，挑运俱乐器及铅字机、印刷品等，仍向洪林桥、毕家桥开去。是晚间五时，又有该军男女一百九十三名，内有一部系军医，枪一枝马两匹，民夫十八名挑运子弹、行李、药品等，夜宿孙家埠普济寺及泾县会馆内，翌晨向洪林桥、毕家桥开去。

（二）十一日下午四时，有该军士兵男十一名，女八名，枪二支，率夫九名，担架三副，行李三挑，在孙家埠停歇，旋即开走。

（三）十二日下午三时，有该军正式部队约两营（闻系该军教导师）计共千余名，内有青年妇女百余、马十三匹，多系短枪，仅有长枪九十余支，夜宿夏家渡。翌晨八时分两批经孙家埠向洪林桥、毕家桥开去，并散发该军自行出版之抗敌报纸多份。

（四）十四日上午十时，有该军士兵十四名，枪一支，率夫十一名，担架五副（抬有病兵），经孙家埠向洪林桥、毕家桥开去。

（五）夏家渡该军兵站刘站长开福现已离去，开赴前方指挥军运，所有该站事务，交由该军顾、吴两副官负责。又据探报，该军除已陆续经过本县开往毕家桥者外，闻尚有大部军队及军用品将由泾、南两县运经本县。

除饬属严密防范，并派干探跟踪侦察，容再续报外，理合将新四军继续经过本县情形电呈鉴核备查。

宣城县县长王介佛保亥梗印。

1940 年 12 月 23 日

（本文选自安徽省档案馆《皖南事变文电选编·国民党部分》）

参 考 文 献

1. 熊尚廉主编：《新四军在宣城县战斗史略》，中共宣城市宣州区委党史办公室、宣城市宣州区新四军研究会，2011 年。

2. 宣州市地方志委员会编：《宣城县志》，方志出版社 1996 年版。

3. 熊尚廉、章永林、周雨亭主编：《敬亭战歌》，中共宣州市委党史办公室编，安徽人民出版社 1991 年版。

4. 蔡长雁主编：《中国共产党宣城地方史》（第一卷），安徽师范大学出版社 2012 年版。

5. 李诸慎主编：《中国共产党宣城县地方史》（第一卷），黄山书社 2009 年版。

6. 朱东旭、李兵编著：《中国共产党泾县地方史》，2008 年。

7. 安徽省档案馆、安徽省博物馆、泾县新四军军部旧址纪念馆：《新四军在皖南》（1938—1941 年抗战史料选），1985 年。

8. 唐培吉著：《新四军和抗日战争》，"新四军研究"网，2012 年。

9. 蔡长雁主编：中共宣城市委宣传部、宣城市新四军历史研究会、中共宣城市委党史研究室，《新四军与宣城》，2008 年。

10. 政协宣城市宣州区委员会编：《宣州观鉴》，中国文史出版社 2010 年版。

后　　记

　　2017 年是中国人民解放军建军 90 周年、新四军建军 80 周年纪念年。在新四军长期战斗过的红色热土宣城市宣州区，区委、区政府举行了一系列隆重的纪念活动，缅怀革命先辈，传承革命精神。为进一步宣传人民军队的丰功伟绩和优良传统，宣州区新四军历史研究会（简称新研会）决定，于年内编撰一部新四军在宣州大地上抗击日寇、保家卫国、浴血奋战的历史长卷，以弘扬爱国主义精神和"铁军"精神，启迪新时代的宣州儿女奋发前行。5 月初，新研会把这一光荣而艰巨的任务交给了宣城文化家园工作室，由焦正达、李居白、童达清三位同志负责具体的编撰工作。

　　新研会将这部《宣州烽火——新四军在宣州》的编撰列为本年度重点工作，区政协副主席、新研会会长周启旺多次主持召开会议，专题研究部署，对本书的主题精神、思想内容、体系体例等提出了明确的要求。副会长兼秘书长张学良、副会长兼常务副秘书长张光邃等统筹安排相关事宜，他们协助搜集了很多历史资料，会同编撰者赴泾县、芜湖县新研会调研交流，到当年的新四军抗日战场实地走访考察等，为本书编撰的顺利进行提供了有力的支持。还有退下来的老领导熊尚廉、程树仁、陈仕南等同志，也向新研会提出了有益的意见和建议；特别是新四军在宣州"活动史"的研究专家、原宣城县党史办主任熊尚廉，热心草拟了编撰大纲、理出了历史脉络，对本书的编撰具有重要的参考价值。

　　多年来，我们几位同仁虽主编或参与编撰出版了数十部宣城文史、地域地情、文学艺术等图书，参与数种期刊报纸的编辑，但涉及党史、军史类的图书写作、编辑还是第一次，深感压力巨大。关于新四军的历史文献和研究成果，可谓浩如烟海，但与宣州直接、具体有关和我们能"接触"到的却不多，且大多是零零碎碎，甚至片言只语；而宣州现有的新四军、游击队老战士的部分珍贵的回忆录、口述史，由于年代久远，缺乏原始记录，加上人的记忆偏差等原因，难免有所脱漏、重叠、交叉，这种现象在地方党史等著作中尤其突出，导致一些资料混杂错乱、前后矛盾。本着高度的历史责任感和使命感，我们对各类资料进行认真梳理，反复对照，仔细甄别，谨慎考证，以尽可能减少偏差，务求史料翔实、逻辑缜密。我们投入了大量的精力，用三个多月的时间整理、"消化"现有资料①和搜寻挖掘新资料，并据此确定了本书的内容架构。

本书以新四军各部在宣州地域或涉及宣州的战斗、活动等为主体，兼及新四军领导或帮助组建的地方武装、地方党组织的战斗、活动等，力图较全面客观地展现那一段史实。全书正文共十章，同时编出"编年纪"，另附录一些历史文献，以便于加深读者对当时的历史背景和新四军的了解。在进入编写阶段时我们作了分工：引言，第一、二、三、四、九章，后记等由焦正达撰稿；第五、六、七、八章由李居白撰稿；第十章、编年纪、电文选由童达清编撰；全书的提纲结构、体系风格、统稿编辑、修订润色、历史文献的搜集整理、申报出版等由焦正达负责，焦正达、李居白、童达清等校对。2017年10月底，本书初稿完成，恰逢中国共产党第十九次全国代表大会胜利召开、南方八省红军游击队改编为新四军的月份，我们谨向党的十九大献礼，向革命先辈致敬。其后，新研会领导审阅了书稿，提出了具体的修改意见；根据各方面的意见和建议，本书数易其稿，于2017年12月底完成了全部的编撰工作。

在整个编撰过程中，新研会领导高度重视，保障得力，有效地推进了工作的开展。我们也得到了有关人士的热心支持，如皖南新四军研究专家、作家朱东旭、朱东辉，合肥工业大学出版社副社长、历史学博士朱移山等同志。写作时我们参考了大量的文献，充分利用了网络资源，穿插转引了一些专家学者、业内人士的整理、研究成果，选配了很多历史图片，书中未能一一注明出处；我们谨向所有关心、帮助本书问世的人士表示诚挚的谢意。由于时间紧，编者水平所限，书中难免有诸多疏漏不足之处，敬请方家、读者们不吝指正。

编　者

2017年12月

---

① 资料包括20世纪80年代中共宣城县党史资料征集委员会、中共高淳县委党史资料征集委员会，对当时健在的新四军老战士以及有关当事人、知情人的走访记录（原手录纸质文档复印件）。被访问人有：彭海涛、上官绪德、张国英、金厚初、雷鸣午、殷海明、秦绪成、洪德才、胡加才、欧秀芳（欧珍珠）、周集武、孟秀英、周惠兰、余华、张向明、刘冰、庄景余、刘碧波、于飞等；记录人为：熊尚廉、蔡善朴、章永林、赵万槐、詹垂棠、章荣科、章国伟、汪恩山、郭学桂、何叶清、胡秋南等。